日《に》本《ほん》の歴《れき》[illegible]人物《ぶつ》完《かん》全《ぜん》図《ず》鑑《かん》

永岡書店

はじめに

日本列島《にほんれっとう》に人間《にんげん》が暮《く》らすようになったのは、およそ2～4万《まん》年前《ねんまえ》。北方《ほっぽう》ユーラシア大陸《たいりく》からわたってきた人類《じんるい》が縄文人《じょうもんじん》となり、文明《ぶんめい》をきずいたといわれています。

その後《ご》、日本《にほん》にはじめて偉大《いだい》なリーダーが誕生《たんじょう》するのは2世紀《せいき》ごろのこと。邪馬台国《やまたいこく》の女王《じょうおう》として君臨《くんりん》した卑弥呼《ひみこ》です。卑弥呼《ひみこ》は、まじないで民《たみ》をおさめたといわれ、日本《にほん》に国家《こっか》としての礎《いしずえ》をきずきました。時《とき》がすすみ、聖徳太子《しょうとくたいし》が登場《とうじょう》すると、天皇《てんのう》を中心《ちゅうしん》とした中央集権国家《ちゅうおうしゅうけんこっか》が誕生《たんじょう》。さらに仏教《ぶっきょう》や神《しん》道《とう》などの宗教《しゅうきょう》も広《ひろ》まっていきました。

平安時代《へいあんじだい》、藤原氏《ふじわらし》をはじめとした貴族《きぞく》が政治《せいじ》の実権《じっけん》をにぎるようになると、貴族文化《きぞくぶんか》が隆盛《りゅうせい》。紫式部《むらさきしきぶ》の『源氏物語《げんじものがたり》』といった文学《ぶんがく》が流行《りゅうこう》しました。こうした貴族《きぞく》による政治《せいじ》をほろぼしたのは、平氏《へいし》や源氏《げんじ》に代表《だいひょう》される武士《ぶし》です。源　頼朝《みなもとのよりとも》が

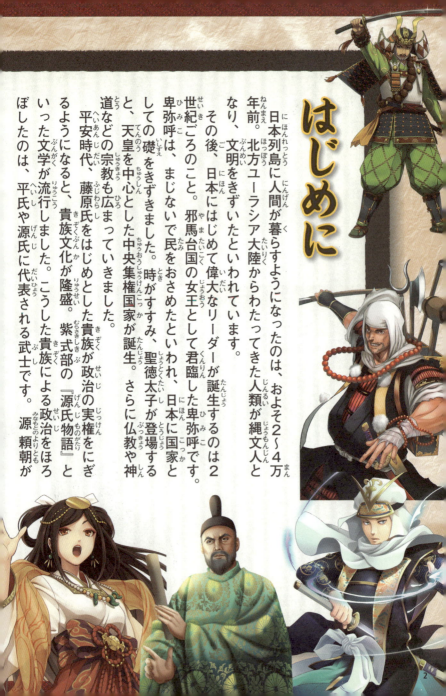

鎌倉幕府《かまくらばくふ》をひらいて以降《いこう》、武士《ぶし》の時代《じだい》に突入《とつにゅう》。戦乱《せんらん》の世《よ》をむかえると織田信長《おだのぶなが》、豊臣秀吉《とよとみひでよし》、徳川家康《とくがわいえやす》といった英傑《えいけつ》が誕生《たんじょう》して、江戸幕府《えどばくふ》がひらかれたのです。

太平《たいへい》の世《よ》といわれた江戸幕府《えどばくふ》は、坂本龍馬《さかもとりょうま》らの明治維新《めいじいしん》によっておわりをつげました。そして日本《にほん》は近代国家《きんだいこっか》としての道《みち》をすすみ、やがて世界《せかい》との戦争《せんそう》に参加《さんか》。太平洋戦争《たいへいようせんそう》にやぶれ、現代日本《げんだいにっぽん》がきずかれていきました。

こうした歴史《れきし》の転換点《てんかんてん》にはかならず偉人《いじん》の活躍《かつやく》がありました。本書《ほんしょ》は、日本《にっぽん》の歴史《れきし》をいろどった超重要人物《ちょうじゅうようじんぶつ》２８２名《めい》の功績《こうせき》を学《まな》ぶとともに、日本史《にほんし》の流《なが》れをわかりやすくつかむためのコラムを豊富《ほうふ》にラインナップ。定説《ていせつ》から新説《しんせつ》まで、日本《にっぽん》のことを楽《たの》しく知《し》ってください！

スタッフ一同《いちどう》

日本史上《にほんしじょう》のすごいものを時代別《じだいべつ》に一挙紹介《いっきょしょうかい》!!

日本史超重要遺産《にほんしちょうじゅうようゆいさん》

日本史上《にほんしじょう》に登場《とうじょう》するすごいモノたちがこちら。
日本《にほん》の歴史《れきし》ってとっても奥《おく》が深《ふか》いんだ！

BEST15!!

田《た》んぼから
お宝《たから》がっ!!

Number 1

国《こく》宝《ほう》

漢《かんの》委《わの》奴《なの》国《こく》王《おう》印《いん》

弥生時代《やよいじだい》（3世紀前半《せいきぜんはん》？）
福岡市博物館蔵《ふくおかしはくぶつかんぞう》

江戸時代《えどじだい》の天明年間《てんめいねんかん》（1780年《ねん》ごろ）に、農家《のうか》の人《ひと》が水田《すいでん》の耕作中《こうさくちゅう》に偶然発見《ぐうぜんはっけん》したといわれている。後漢《ごかん》の光武帝《こうぶてい》が奴《なの》国《くに》におくったという説《せつ》もある。

Number 2

Number 3

面積《めんせき》では世界《せかい》最大《さいだい》!!

世界三大墳墓《せかいさんだいふんぼ》

仁《にん》徳《とく》天《てん》皇《のう》陵《りょう》古《こ》墳《ふん》

古墳時代《こふんじだい》（3世紀《せいき》なかごろ～7世紀《せいき》ごろ）
伝仁徳天皇陵《でんにんとくてんのうりょう》／宮内庁《くないちょう》　写真《しゃしん》／もずふる

古墳《こふん》は、日本全国《にほんぜんこく》で現在《げんざい》161,560基《き》が確認《かくにん》されている。写真《しゃしん》は「前方後円《ぜんぽうこうえん》墳《ふん》」と呼《よ》ばれるもので、仁徳天皇《にんとくてんのう》のお墓《はか》（P56参照《さんしょう》）。

宇宙人《うちゅうじん》が
降《お》りてきた!?

重要文化財《じゅうようぶんかざい》

遮《しゃ》光《こう》器《き》土《ど》偶《ぐう》

縄文時代《じょうもんじだい》（紀元前《きげんぜん》14000年《ねん》ごろ～紀元前数世紀《きげんぜんすうせいき》）
東京国立博物館蔵《とうきょうこくりつはくぶつかんぞう》
写真《しゃしん》／Image Archives
作品番号《さくひんばんごう》／C0043544

まるで宇宙服《うちゅうふく》を着《き》たような人物《じんぶつ》の土偶《どぐう》。目《め》にあたる部分《ぶぶん》がイヌイットのもちいる遮光器《しゃこうき》のような形《かたち》をしていることから、この名称《めいしょう》がつけられた。

金銅造《きんどうづく》りの世界一大《せかいいちおお》きな大仏《だいぶつ》さま！

Number 5

国《こく》宝《ほう》

盧《る》舎《しゃ》那《な》仏《ぶつ》坐《ざ》像《ぞう》

奈良時代《ならじだい》（752年《ねん》）
東大寺蔵《とうだいじぞう》　写真《しゃしん》／奈良市観光協会《ならしかんこうきょうかい》

「奈良《なら》の大仏《だいぶつ》」として有名《ゆうめい》。盧舎那仏《るしゃなぶつ》の意味《いみ》は、「光《ひかり》をあまねく照《て》らす仏《ほとけ》さま」。密教《みっきょう》では大日如来《だいにちにょらい》と呼《よ》ばれる。

玉《たま》虫《むし》がうじゃうじゃいるよ!!

Number 4

国《こく》宝《ほう》

玉《たま》虫《むしの》厨《ず》子《し》

飛鳥時代《あすかじだい》（7世紀《せいき》）／法隆寺蔵《ほうりゅうじぞう》　写真《しゃしん》／便利堂《べんりどうどう》

「厨子《ずし》」とは、仏像《ぶつぞう》などをおさめる屋《や》根《ね》つきの工作物《こうさくぶつ》だ。装飾《そうしょく》に数多《かずおお》くの玉《たま》虫《むし》が使《つか》われている。有名《ゆうめい》な「捨身飼虎《しゃしんしこ》図《ず》」が描《えが》かれている。

世界最古級《せかいさいこきゅう》の女性《じょせい》の心理小説《しんりしょうせつ》!!

Number 7

国《こく》宝《ほう》

源《げん》氏《じ》物《もの》語《がたり》絵《え》巻《まき》

平安時代《へいあんじだい》（12世紀《せいき》）／五島美術館蔵《ごとうびじゅつかんぞう》　写真《しゃしん》／名鏡勝朗《めいきょうかつろう》

現存《げんそん》する日本《にほん》の絵巻《えまき》のなかでもっとも古《ふる》い作品《さくひん》。なお、『源氏物語《げんじものがたり》』そのものは、世界初《せかいはつ》の長編小説《ちょうへんしょうせつ》といわれており、海外《かいがい》からも高《たか》い評価《ひょうか》をえている。

豪華絢爛《ごうかけんらん》なお堂《どう》の内部《ないぶ》が美《うつく》しい!!

Number 6

国《こく》宝《ほう》

中《ちゅう》尊《そん》寺《じ》金《こん》色《じき》堂《どう》

平安時代《へいあんじだい》（1124年《ねん》）／中尊寺蔵《ちゅうそんじぞう》

浄土信仰《じょうどしんこう》にもとづいた平安時代《へいあんじだい》を代表《だいひょう》するお堂《どう》。内部《ないぶ》には阿弥陀三尊《あみださんぞん》を中心《ちゅうしん》に、６体《たい》の地蔵菩薩《じぞうぼさつ》、持国天《じこくてん》、増長天《ぞうじょうてん》が配置《はいち》された壇《だん》が３組《くみ》、計《けい》33体《たい》の仏像《ぶつぞう》がまつられている。

Number 9

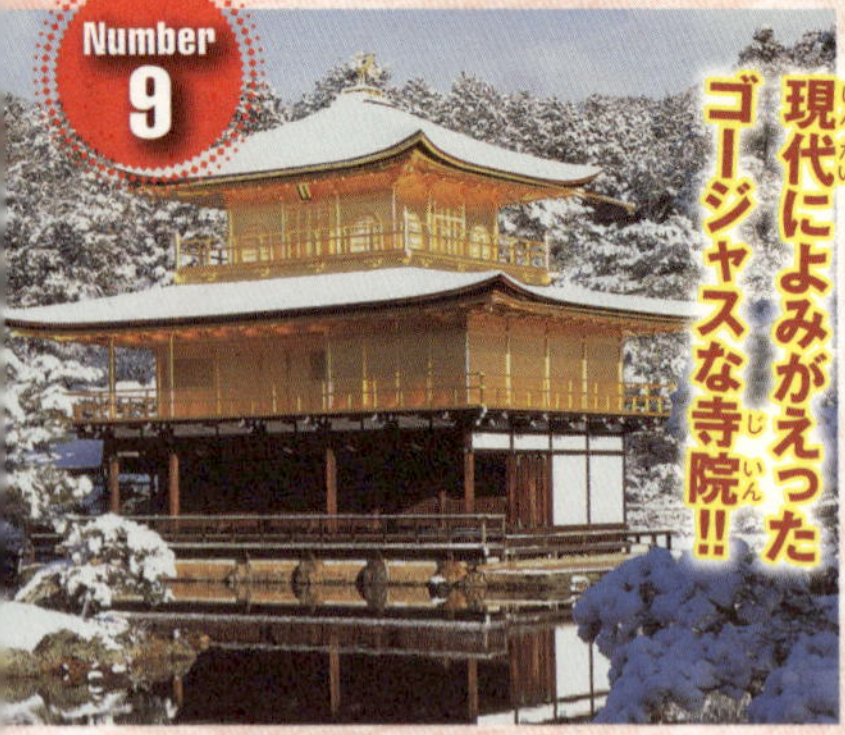

現代《げんだい》によみがえったゴージャスな寺院《じいん》!!

世界遺産《せかいいさん》

金閣寺《きんかくじ》

室町時代《むろまちじだい》（1398年《ねん》創建《そうけん》・1955年《ねん》再建《さいけん》）
鹿苑寺蔵《ろくおんじぞう》

全面金箔貼《ぜんめんきんぱくは》りの楼閣建築《ろうかくけんちく》で、世界《せかい》でもとても有名《ゆうめい》なお寺《てら》。昭和時代《しょうわじだい》に焼失《しょうしつ》しており、写《しゃ》真《しん》は再建《さいけん》されたものだ。

Number 8

ド迫力《はくりょく》の仁王《におう》さまがこちら!!

国宝《こくほう》

金剛力士像《こんごうりきしぞう》

鎌倉時代《かまくらじだい》（1203年《ねん》）
東大寺蔵《とうだいじぞう》　写真《しゃしん》／PIXTA

運慶《うんけい》と快慶《かいけい》が69日《にち》で彫《ほ》りあげたという仁《に》王像《おうぞう》。東大寺《とうだいじ》の南大門《なんだいもん》に安置《あんち》されている。写真《しゃしん》は阿形《あぎょう》（口《くち》を開《ひら》いている）のもの。

Number 11

信長《のぶなが》の愛刀《あいとう》!!

国宝《こくほう》

へし切《き》り長谷部《はせべ》

南北朝時代《なんぼくちょうじだい》（1336年《ねん》〜1392年《ねん》）
福岡市博物館蔵《ふくおかしはくぶつかんぞう》

織田信長《おだのぶなが》が、棚《たな》ごと茶坊主《ちゃぼうず》を斬《き》ってすてたという話《はなし》からこの名前《なまえ》がつけられた。そのあと、羽柴秀吉《はしばひでよし》、黒田長《くろだなが》政《まさ》と引《ひ》き継《つ》がれた名刀中《めいとうちゅう》の名刀《めいとう》。

Number 10

国宝《こくほう》／世界遺産《せかいいさん》

姫路城《ひめじじょう》

南北朝時代《なんぼくちょうじだい》（1346年築城《ねんちくじょう》）
姫路市《ひめじし》
写真《しゃしん》／姫路《ひめじ》フォトバンク

江戸時代初期《えどじだいしょき》に建《た》てられた天守《てんしゅ》や櫓《やぐら》などが、現在《げんざい》までそのままのこされている白《はく》亜《あ》のお城《しろ》。別名《べつめい》を白《しら》鷺城《さぎじょう》という。

白亜《はくあ》のお城《しろ》!!

Number 12

国宝《こくほう》

風《ふう》神《じん》雷《らい》神《じん》図《ず》

江戸時代《えどじだい》（17世紀前半《せいきぜんはん》）
建仁寺蔵《けんにんじぞう》　写真《しゃしん》／京都国立博物館《きょうとこくりつはくぶつかん》

俵屋宗達作《たわらやそうたつさく》の最高傑作《さいこうけっさく》。風神《ふうじん》雷神《らいじん》を一対《いっつい》にして描《えが》くというモチーフは仏教美術《ぶっきょうびじゅつ》で古《ふる》くから見《み》られる。日本《にほん》では力士風《りきしふう》に描《えが》かれている。

風《かぜ》の神《かみ》さまVS雷《かみなり》の神《かみ》さま

昔《むかし》は資源《しげん》がありました

世界遺産《せかいいさん》

石《いわ》見《み》銀《ぎん》山《ざん》跡《あと》

Number 13

江戸時代《えどじだい》（1600年《ねん》～）
石見銀山世界遺産《いわみぎんざんせかいいさん》センター　写真《しゃしん》／太田市教育委員会《おおたしきょういくいいんかい》

石見銀山《いわみぎんざん》は、鎌倉時代末期《かまくらじだいまっき》から知《し》られていたが、戦国時代《せんごくじだい》の争奪戦《そうだつせん》をへて、徳川家康《とくがわいえやす》の代《だい》になって江戸幕府《えどばくふ》が支配《しはい》するようになった。

Number 14

国宝《こくほう》

旧《きゅう》東《とう》宮《ぐう》御《ご》所《しょ》

明治時代《めいじじだい》（1909年《ねん》）　内閣府迎賓館《ないかくふげいひんかん》

現在《げんざい》は迎賓館《げいひんかん》として使《つか》われている。日《に》本《ほん》で唯一《ゆいいつ》のネオ・バロック様式《ようしき》の宮殿《きゅうでん》建築《けんちく》。写真《しゃしん》は、絢爛《けんらん》たる「朝日《あさひ》の間《ま》」。天井壁画《てんじょうへきが》も有名《ゆうめい》だ。

維新《いしん》華《はな》やかなりしころ

この光景《こうけい》を風化《ふうか》させないで!!

Number 15

世界遺産《せかいいさん》

原《げん》爆《ばく》ドーム

昭和時代《しょうわじだい》（1945年《ねん》）
広島市《ひろしまし》　写真《しゃしん》／PIXTA

日本《にほん》の終戦《しゅうせん》を決定《けってい》づけた原子爆弾投下《げんしばくだんとうか》の爆心地付近《ばくしんちふきん》。もともと「広島県産業奨励館《ひろしまけんさんぎょうしょうれいかん》」と呼《よ》ばれていた建物《たてもの》だ。広島平和記念碑《ひろしまへいわきねんひ》が正式名称《せいしきめいしょう》である。

もくじ

第《だい》1章《しょう》 弥生《やよい》～平安時代《へいあんじだい》

第《だい》2章《しょう》 鎌倉《かまくら》～室町《むろまち》時代《じだい》

第《だい》3章《しょう》 戦国《せんごく》・安土桃山《あづちももやま》時代《じだい》

第《だい》4章《しょう》 江戸時代《えどじだい》

第《だい》5章《しょう》 幕末《ばくまつ》・明治維新《めいじいしん》

第《だい》6章《しょう》 明治《めいじ》～昭和時代《しょうわじだい》

この本《ほん》の見《み》方《かた》

説明《せつめい》

偉人《いじん》たちの大《おお》まかな説明《せつめい》が書《か》かれています。

イラスト

偉人《いじん》たちの想像上《そうぞうじょう》のイラストを描《えが》いています。

第1章◆弥生～平安時代

内政・外交両面で大活躍

飛鳥時代に活躍した皇族で政治家。「聖徳太子」は死後におくられた名で、生前は厩戸皇子と呼ばれていた。

生まれてすぐに話すことができたという伝説があるほど幼少時から聡明で、さらに仏教にも通じ、仏教派の蘇我氏と反仏教派の物部氏が争うと、蘇我陣営につき、物部氏討伐の戦いに参加した。

592年に叔母の推古天皇が即位すると、太子はわずか20歳で摂政となり、蘇我氏とともに政治にあたった。外交面で、はじめ朝鮮半島での勢力回復しようと新羅に大軍をおくった。さらに隋にたいしては小野妹子を遣隋使として派遣。「日出ずる処の天子、書を日没する処の天子に致す」としたため国書をおくり、隋と対等の関係をむすぼうとした。

内政面では、天皇中心の政治をめざして、603年に冠位十二階をさだめ、才能を基準にして人材を登用。その翌年には十七条憲法をつくって臣下としての心構えをしめした。また、四天王寺や法隆寺などを建立し、仏教の信仰を国内に広めていった。こうした超人的な業績をもつ太子だが、本当に実在した人物なのか論争がつづいている。

聖徳太子の肖像

聖徳太子として親しまれてきた肖像だが近年は別人との説が

歴史のウラ側

もはやスーパーマン！ 伝説に彩られた聖徳太子

聖徳太子には多くの伝説やエピソードがある。イエス・キリストのように、生まれたのが馬小屋の前だった（だから厩戸皇子と名づけられた）。そして、もっとも有名なのが「10人が話した内容をいっぺんに聞き分け、理解することができた」というもの。また予言がよくあたることでも知られ、平安京への遷都や江戸時代の黒船来襲も予知していたというから驚きだ。

23

007/282

説的な天才政治家

聖徳太子

超人的な能力で朝廷を支えた摂政

出身	大和国
生没	574年2月7日～622年4月8日
重要度	90

能力パラメータ

カリスマ性 影響力 知力 運 名声

22

名前《なまえ》

偉人《いじん》の名前《なまえ》を表記《ひょうき》しています。

関連《かんれん》するコラム

偉人《いじん》にまつわるコラムが書《か》かれています。「歴史《れきし》のウラ側《がわ》」や「スクープ」そして名言《めいげん》などのコラムがあります。

基本《きほん》データ

偉人《いじん》の出身地《しゅっしんち》と生没年月《せいぼつねんがっ》日《び》、そして重要度《じゅうようど》がしめされています。

総合評価《そうごうひょうか》

偉人《いじん》たちの総合評価《そうごうひょうか》をSランクからCランクまで格付《かくづ》けしています。

能力《のうりょく》パラメータ

偉人《いじん》たちを下《した》の5項目《こうもく》で評価《ひょうか》しています。

カリスマ性《せい》	偉人《いじん》の魅力《みりょく》をあらわしています。
影響力《えいきょうりょく》	偉人《いじん》が歴史《れきし》にあたえた影響力《えいきょうりょく》をあらわします。
知《ち》力《りょく》	偉人《いじん》の知性《ちせい》をあらわしています。
運《うん》	偉人《いじん》の運《うん》の強《つよ》さをあらわしています。
名《めい》声《せい》	偉人《いじん》の評判《ひょうばん》の高《たか》さをあらわしています。
知《ち》力《りょく》	偉人《いじん》の知性《ちせい》をしめしています。

アイコン

偉人《いじん》たちの職業《しょくぎょう》や業績《ぎょうせき》をアイコンでしめしています。

- 政治家《せいじか》
- 文学者《ぶんがくしゃ》・漫画家《まんがか》・芸術家《げいじゅつか》
- 武士《ぶし》・軍人《ぐんじん》
- 天皇《てんのう》・皇族《こうぞく》
- 研究者《けんきゅうしゃ》・学者《がくしゃ》
- 商売人《しょうばいにん》・実業家《じつぎょうか》
- 僧侶《そうりょ》・宣教師《せんきょうし》
- スポーツ選手《せんしゅ》

※生没年月日《せいぼつねんがっぴ》はすべて太陽暦《たいようれき》を使用《しよう》しています。
※生没年月日《せいぼつねんがっぴ》や出身《しゅっしん》については諸説《しょせつ》ありますが、有力《ゆうりょく》だと考《かんが》えられるものを掲載《けいさい》しています。

第《だい》1章《しょう》

弥《やよ》生《い》〜平《へい》安《あん》時《じ》代《だい》

(紀《き》元《げん》前《ぜん》6世《せい》紀《き》ごろ〜1185年《ねん》)

おもな出来事《できごと》

200年《ねん》ごろ:邪馬台国《やまたいこく》誕生《たんじょう》

603年《ねん》〜604年《ねん》:冠位《かんい》十二階《じゅうにかい》、十七条《じゅうしちじょう》の憲法《けんぽう》制定《せいてい》

646年《ねん》:大化《たいか》の改新《かいしん》

794年《ねん》:平安京《へいあんきょう》へ遷都《せんと》

1086年《ねん》:院政《いんせい》がはじまる

1180年《ねん》:源平合戦《げんぺいがっせん》

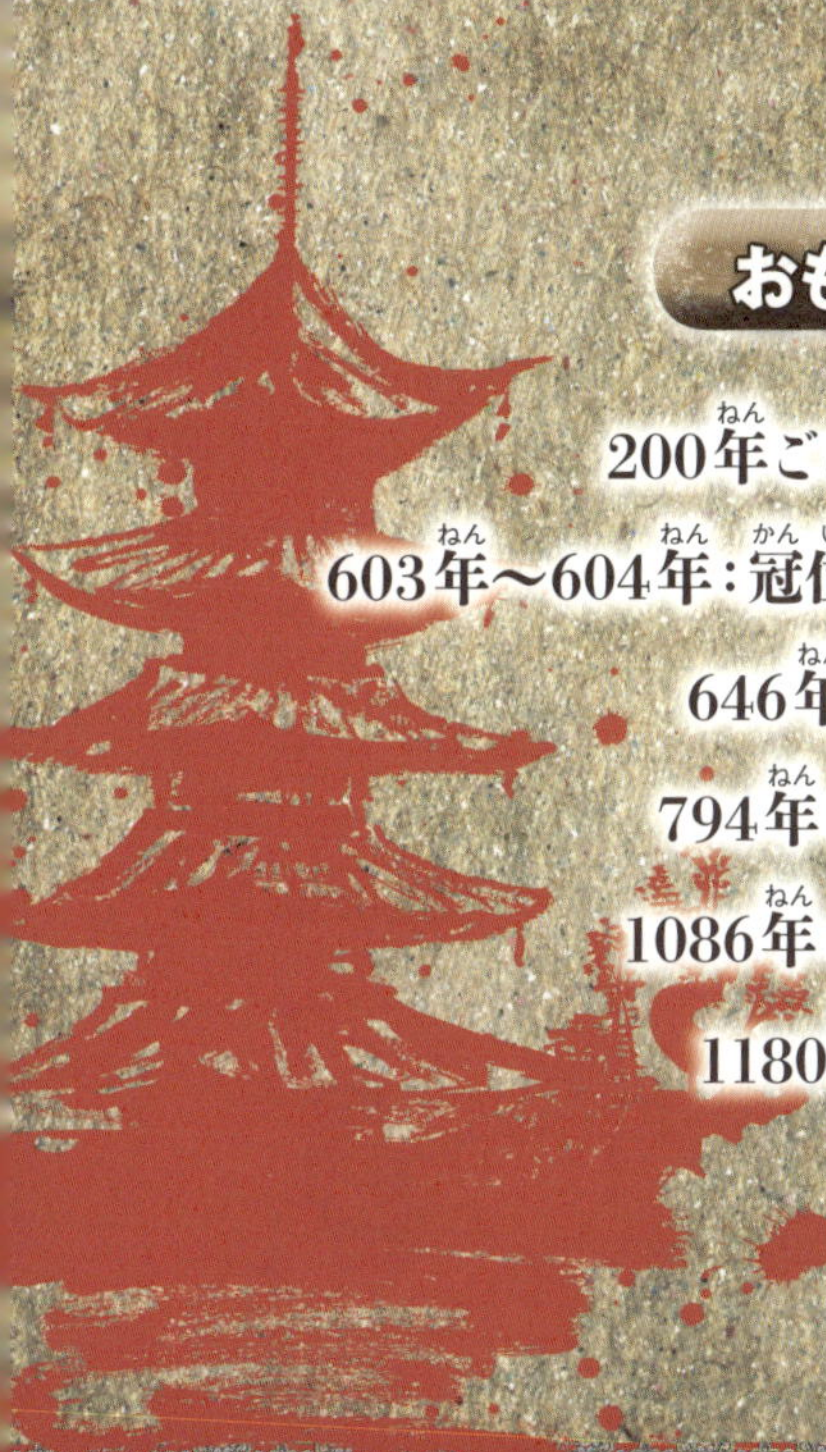

001
282

卑《ひ》弥《み》呼《こ》

邪《や》馬《ま》台《たい》国《こく》の女《じょう》王《おう》

倭《わ》国《こく》をひきいたミステリアスな女《じょう》王《おう》

出《しゅっ》身《しん》	不明《ふめい》
生《せい》没《ぼつ》	不明《ふめい》～248年《ねん》ごろ
重要度《じゅうようど》	100%

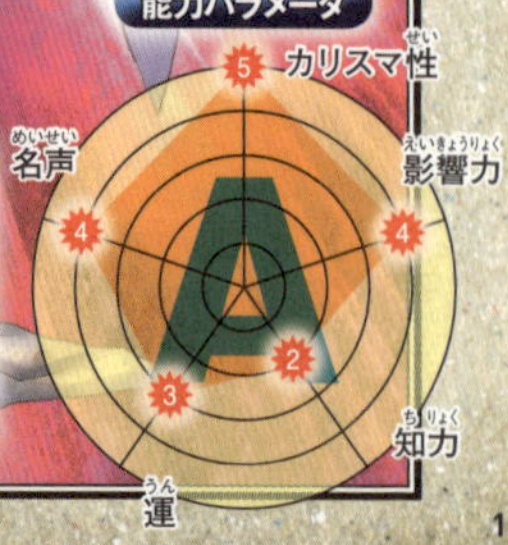

イラスト●トミダトモミ

倭国《わこく》に平和《へいわ》をもたらした

邪馬台国《やまたいこく》をおさめ、30あまりの国《くに》をひきいていたとされる倭国《わこく》の女王《じょうおう》。卑弥呼《ひみこ》についての記録《きろく》は『魏志《ぎし》』の倭人伝《わじんでん》をはじめとする中国《ちゅうごく》の歴史書《れきししょ》にしか記《しる》されていないが、その記事《きじ》によると、卑弥呼《ひみこ》は戦《せん》争《そう》によって王《おう》の地位《ちい》についたわけではなかった。

倭国《わこく》はもともと男子《だんし》を王《おう》としていた。その状況《じょうきょう》が70～80年《ねん》つづいたあと倭国《わこく》が乱《みだ》れ、おたがいに攻撃《こうげき》しあうようになった。そして戦《たたか》いにつかれた諸国《しょこく》の首長《しゅちょう》が共同《きょうどう》してひとりの女子《じょし》を王《おう》に立《た》てた。それが卑弥呼《ひみこ》である。

卑弥呼《ひみこ》は鬼道《きどう》をもちいることを得意《とくい》とし、人々《ひとびと》をおおいに魅了《みりょう》していたという。王《おう》になったときにはすでに年《とし》をとっていたが夫《おっと》はなく、弟《おとうと》が国《くに》をおさめる手助《てだす》けをしていた。王《おう》になってからの卑弥呼《ひみこ》に会《あ》ったものはほとんどなく、城壁《じょうへき》や木《き》の柵《さく》で厳重《げんじゅう》に守《まも》られた宮《みや》に住《す》んで、１０００人《にん》の侍女《じじょ》が身《み》の回《まわ》りの世話《せわ》をしていたという。

卑弥呼《ひみこ》は中国《ちゅうごく》の魏《ぎ》に使者《ししゃ》をおくり、「親魏倭王《しんぎわおう》」の称号《しょうごう》と金印《きんいん》をあたえられた。しかし、卑弥呼《ひみこ》が死《し》に、男子《だんし》が王《おう》に立《た》つとふたたび倭国《わこく》は乱《みだ》れ、首《しゅ》長《ちょう》たちは女王《じょうおう》（台与《とよ》）を立《た》てて倭国《わこく》を安定《あんてい》させたという。

石塚山古墳《いしづかやまこふん》

九州北部《きゅうしゅうほくぶ》にある前方後円墳《ぜんぽうこうえんふん》。推定年代《すいていねんだい》は３世紀中《せいきなか》ごろという

歴史《れきし》のウラ側《がわ》

近畿《きんき》か九州《きゅうしゅう》かそれとも……卑弥呼《ひみこ》のお墓《はか》はどこ？

卑弥呼《ひみこ》の墓《はか》はどこにあるのか？　という問題《もんだい》は、そのまま邪馬台国《やまたいこく》がどこにあったのか？　という日本史最大《にほんしさいだい》のミステリーにもつながってくる。邪馬台国《やまたいこく》の場所《ばしょ》は、江戸時代《えどじだい》から近畿《きんき》（大和《やまと》）か九州《きゅうしゅう》かで論争《ろんそう》がくり広《ひろ》げられてきたが、もし邪馬台国《やまたいこく》が畿内《きない》なら「箸墓古墳《はしはかこふん》」が、九州《きゅうしゅう》なら「石塚山古墳《いしづかこふん》」「平原遺跡《ひらばるいせき》」「宇佐神宮《うさじんぐう》が建《た》つ亀山《かめやま》」などを卑弥呼《ひみこ》の墓《はか》とする説《せつ》がある。

歴史《れきし》の転換点《てんかんてん》 その1

邪《や》馬《ま》台《たい》国《こく》の誕《たん》生《じょう》

女王《じょうおう》・卑弥呼《ひみこ》がおさめた倭国連合《わこくれんごう》の中心地《ちゅうしんち》

この出来事《できごと》が起《お》きた年《とし》

2〜3世紀

宗教指導者《しゅうきょうしどうしゃ》の卑弥呼《ひみこ》

2世紀後半《せいきこうはん》の倭国《わこく》では、王《おう》たちが争《あらそ》い、内乱《ないらん》がつづいた。しかし長年《ながねん》の戦《たたか》いにつかれた王《おう》たちは、倭国《わこく》を安定《あんてい》させるため、卑弥呼《ひみこ》を王《おう》に立《た》て、邪馬台国《やまたいこく》をおさめさせた。こうして卑弥呼《ひみこ》をリーダーとする邪馬台国《やまたいこく》が倭《わ》国連合《こくれんごう》の中心地《ちゅうしんち》となった。

邪馬台国《やまたいこく》での卑弥呼《ひみこ》の役割《やくわり》は王《おう》というよりも、宗教指導者《しゅうきょうしどうしゃ》に近《ちか》い。魏志倭人伝《ぎしわじんでん》に、卑弥呼《ひみこ》は「鬼道《きどう》をもちいる」と記録《きろく》されており、神《かみ》や祖先《そせん》の声《こえ》を聞《き》き、民《たみ》を救済《きゅうさい》することを仕事《しごと》にしていた。いっぽう政治面《せいじめん》は弟《おとうと》が担当《たんとう》し、国《くに》の統治《とうち》をたすけた。

この弟《おとうと》は、卑弥呼《ひみこ》の部屋《へや》に入《はい》ることができる唯一《ゆいいつ》の人物《じんぶつ》で、卑弥呼《ひみこ》の言葉《ことば》はいつも弟《おとうと》によって人々《ひとびと》に伝《つた》えられた。

中国王朝《ちゅうごくおうちょう》のうしろ盾《だて》をえる

邪馬台国《やまたいこく》は中国《ちゅうごく》の魏《ぎ》と国交《こっこう》をひらいていた。使者《ししゃ》を魏《ぎ》に派遣《はけん》し、魏《ぎ》から「親魏倭王《しんぎわおう》」の称号《しょうごう》をあたえられた。邪馬台国《やまたいこく》が魏《ぎ》のうしろ盾《だて》をほしがったのは、南方《なんぽう》のライバル・狗奴国《くなこく》に圧力《あつりょく》をかけるためでもあった。

カリスマ性《せい》をもった女王《じょうおう》・卑《ひ》弥呼《みこ》のもとで繁栄《はんえい》した邪馬台国《やまたいこく》と倭国連合《わこくれんごう》だが、狗奴国《くなこく》との戦《たたか》いのさなかに卑弥呼《ひみこ》が死《し》ぬと、たちまち内乱《ないらん》が起《お》こった。そこで卑弥呼《ひみこ》の親族《しんぞく》である台与《とよ》を女《じょう》王《おう》に立《た》て、安定《あんてい》をとりもどした。その台与《とよ》も中国王朝《ちゅうごくおうちょう》と外交《がいこう》をつづけるなどよく国《くに》をおさめたが、台与《とよ》ののち、邪馬台国《やまたいこく》の記録《きろく》はのこされていない。

ちなみに、日本《にほん》の古《ふる》い歴史書《れきししょ》である『日本《にほん》書紀《しょき》』を書《か》いた奈良《なら》時《じ》代《だい》の人々《ひとびと》は、神功皇后《じんぐうこうごう》を卑弥呼《ひみこ》だと考《かんが》えていたそうだ。神功皇后《じんぐうこうごう》は朝鮮《ちょうせん》に攻《せ》め入《い》るなど、当時《とうじ》の女性《じょせい》には珍《めずら》しく、精力的《せいりょくてき》な人物《じんぶつ》だったとされている。卑弥《ひみ》呼《こ》の正体《しょうたい》は今《いま》も謎《なぞ》に包《つつ》まれている。

●吉野ヶ里遺跡《よしのがりいせき》

邪馬台国《やまたいこく》はどこにあった!?

邪馬台国《やまたいこく》の場所《ばしょ》はわかっておらず、九《きゅう》州説《しゅうせつ》や奈良説《ならせつ》などがある。『魏志倭人《ぎしわじん》伝《でん》』によれば、邪馬台国《やまたいこく》の都《みやこ》は環濠集《かんごうしゅう》落《らく》だそうだ。有力候補地《ゆうりょくこうほち》には吉野ヶ里《よしのがり》などの環濠集落《かんごうしゅうらく》があげられる。

当時《とうじ》のおもな出土品《しゅつどひん》

邪馬台国《やまたいこく》と同時代《どうじだい》のものと考《かんが》えられる出土品《しゅつどひん》。とくに邪馬台国《やまたいこく》の候補《こうほ》地《ち》として有力《ゆうりょく》な奈良県《ならけん》・纒向遺跡《まきむくいせき》では、木製《もくせい》の仮面《かめん》や埴輪《はにわ》などが多《おお》く発見《はっけん》されている。その一部《いちぶ》を紹介《しょうかい》しよう。

古墳時代《こふんじだい》の文様《もんよう》が描《えが》かれた石《いし》で、弧文石《こもんせき》と呼《よ》ばれる出土品《しゅつどひん》

長《なが》さ約《やく》26センチ、幅約《はばやく》21.6センチの仮面《かめん》。木製《もくせい》としては日本最古《にほんさいこ》だと考《かんが》えられている

黒《くろ》いうるしで仕立《した》てられた弧文板《こもんばん》で、とても貴重《きちょう》なものだ

この鶏形埴輪《とりがたはにわ》は日本《にほん》最古《さいこ》・最大級《さいだいきゅう》の大《おお》きさをほこっている

桜井市立埋蔵文化財《さくらいしりつまいぞうぶんかざい》センター所蔵《しょぞう》

超重要人物《ちょうじゅうようじんぶつ》ファイル！

No.001

日本神話《にほんしんわ》の登場人物《とうじょうじんぶつ》

『古事記《こじき》』や『日本書紀《にほんしょき》』などに登場《とうじょう》する高天原《たかまがはら》の代表的《だいひょうてき》な神々《かみがみ》を紹介《しょうかい》！

太陽《たいよう》の神《かみ》である最高神《さいこうしん》

アマテラス

生《せい》　没《ぼつ》▶不明《ふめい》

父《ちち》はイザナギ、母《はは》はイザナミ。神々《かみがみ》が生活《せいかつ》する天上界《てんじょうかい》の最高責任者《さいこうせきにんしゃ》にして太陽《たいよう》をつかさどる神《かみ》。現在《げんざい》は三重県《みえけん》の伊勢神宮《いせじんぐう》などに祀《まつ》られている。弟《おとうと》のスサノオの常識《じょうしき》はずれの行動《こうどう》に罪《つみ》の意識《いしき》を感《かん》じ、天《あま》の岩戸《いわと》にとじこもったエピソードが有名《ゆうめい》だ。

イラスト●麻亜沙《まあさ》

超人的武力《ちょうじんてきぶりょく》をもった軍神《ぐんしん》

ヤマトタケル

生《せい》　没《ぼつ》▶不明《ふめい》

景行天皇《けいこうてんのう》の子《こ》。ヤマトの反抗勢力《はんこうせいりょく》である熊襲《くまそ》・東国征伐《とうごくせいばつ》で活躍《かつやく》した軍神《ぐんしん》。『古事記《こじき》』では、女装《じょそう》して敵《てき》を油断《ゆだん》させてたおしたり、友人《ゆうじん》をころしてしまったりする荒《あら》くれ者《もの》として描《えが》かれている。死後《しご》、白鳥《はくちょう》になって天《てん》に昇《のぼ》ったと伝《つた》えられる。

イラスト●神矢柊《かみやしゅう》

多《おお》くの神々《かみがみ》の
父《ちち》といわれる神《かみ》

004 282

イザナギ

生《せい》 没《ぼつ》▶不明《ふめい》

イザナミとともに日本列島《にほんれっとう》を生《う》んだ神《かみ》。亡《な》くなった妻《つま》のイザナミに黄泉《よみ》の国《くに》まで会《あ》いにいったが、イザナミの変《か》わりように恐怖《きょうふ》し、逃《に》げ出《だ》した。その黄泉《よみ》のけがれを洗《あら》い流《なが》すときに生《う》まれたのが、アマテラス、ツクヨミ、スサノオの三貴神《さんきしん》だ。

イラスト●塩花《しおはな》

イラスト●ファルゼーレ

005 282

イザナミ

イザナギの妻《つま》で
黄泉《よみ》の代表者《だいひょうしゃ》

生《せい》 没《ぼつ》▶不明《ふめい》

大地《だいち》に最初《さいしょ》に降《お》り立《た》ち、イザナギと結婚《けっこん》して日本列島《にほんれっとう》を誕生《たんじょう》させるなど、多《おお》くの神々《かみがみ》をもうける。やがて火《ひ》の神《かみ》を生《う》んだ際《さい》のヤケドがもとで黄泉《よみ》の国《くに》に落《お》ちてしまう。その後《ご》、死後《しご》の世界《せかい》の代表者《だいひょうしゃ》として、人《ひと》の寿《じゅ》命《みょう》をつかさどる神《かみ》となった。

海原《うなばら》をおさめる
荒《あら》ぶる神《かみ》

006 282

スサノオ

生《せい》 没《ぼつ》▶不明《ふめい》

アマテラスの弟《おとうと》で、海原《うなばら》をおさめる神《かみ》だが、高天原《たかまがはら》で乱暴《らんぼう》をはたらき追放《ついほう》される。ヤマタノオロチ退治《たいじ》でも有名《ゆうめい》で、そのときに使《つか》った剣《けん》「草那芸之大刀《くさなぎのたち》」は、のちに日本《にほん》の天皇家《てんのうけ》に伝《つた》わる三種《さんしゅ》の神器《じんぎ》となった。

イラスト●平林知子《ひらばやしともこ》

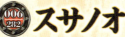

007/282

伝説的《でんせつてき》な天才政治家《てんさいせいじか》

聖徳太子《しょうとくたいし》

超人的《ちょうじんてき》な能力《のうりょく》で朝廷《ちょうてい》を支《ささ》えた摂政《せっしょう》

出身《しゅっしん》	大和国《やまとのくに》
生没《せいぼつ》	574年《ねん》2月《がつ》7日《にち》～622年《ねん》4月《がつ》8日《か》
重要度《じゅうようど》	90%

能力パラメータ

イラスト●祀花《まつりか》よう子《こ》

内政《ないせい》・外交《がいこう》両面《りょうめん》で大活躍《だいかつやく》

飛鳥時代《あすかじだい》に活躍《かつやく》した皇族《こうぞく》で政治家《せいじか》。「聖徳太子《しょうとくたいし》」は死後《しご》におくられた名《な》で、生前《せいぜん》は厩戸《うまやどの》皇子《おうじ》と呼《よ》ばれていた。

生《う》まれてすぐに話《はな》すことができたという伝説《でんせつ》があるほど幼少時《ようしょうじ》から聡明《そうめい》で、さらに仏《ぶっ》教《きょう》にも通《つう》じ、仏教派《ぶっきょうは》の蘇我氏《そがし》と反仏教派《はんぶっきょうは》の物部氏《もののべし》が争《あらそ》うと、蘇《そ》我《が》陣営《じんえい》につき、物部氏《もののべし》討伐《とうばつ》の戦《たたか》いに参加《さんか》した。

592年《ねん》に叔母《おば》の推古天皇《すいこてんのう》が即位《そくい》すると、太子《たいし》はわずか20歳《さい》で摂政《せっしょう》となり、蘇我氏《そがし》とともに政治《せいじ》にあたった。外交《がいこう》面《めん》では、はじめ朝鮮半島《ちょうせんはんとう》での勢力《せいりょく》を回復《かいふく》しようと新羅《しらぎ》に大《たい》軍《ぐん》をおくった。さらに隋《ずい》にたいしては小野妹子《おののいもこ》を遣隋使《けんずいし》として派遣《はけん》。「日《ひ》出《い》づる処《ところ》の天《てん》子《し》、書《しょ》を日没《ひぼっ》する処《ところ》の天子《てんし》に致《いた》す」としたためた国書《こくしょ》をおくり、隋《ずい》と対等《たいとう》の関係《かんけい》をむすぼうとした。

内政面《ないせいめん》では、天皇中心《てんのうちゅうしん》の政《せい》治《じ》をめざして、603年《ねん》に冠《かん》位十二階《いじゅうにかい》をさだめ、才能《さいのう》を基《き》準《じゅん》にして人材《じんざい》を登用《とうよう》。その翌《よく》年《とし》には十七条憲法《じゅうしちじょうけんぽう》をつくって臣下《しんか》としての心構《こころがま》えをしめした。また、四天王寺《してんのうじ》や法隆寺《ほうりゅうじ》などを建立《こんりゅう》し、仏教《ぶっきょう》の信仰《しんこう》を国内《こくない》に広《ひろ》めていった。こうした超人的《ちょうじんてき》な業績《ぎょうせき》をもつ太子《たいし》だが、本当《ほんとう》に実在《じつざい》した人物《じんぶつ》なのか論争《ろんそう》がつづいている。

聖徳太子《しょうとくたいし》の肖像《しょうぞう》

聖徳太子《しょうとくたいし》として親《した》しまれてきた肖像《しょうぞう》だが近年《きんねん》は別人《べつじん》との説《せつ》が

歴史《れきし》のウラ側《がわ》

もはやスーパーマン！ 伝説《でんせつ》に彩《いろど》られた聖徳太子《しょうとくたいし》

聖徳太子《しょうとくたいし》には多《おお》くの伝説《でんせつ》やエピソードがある。イエス・キリストのように、生《う》まれたのが馬小《うまご》屋《や》の前《まえ》だった（だから厩戸皇子《うまやどのおうじ》と名《な》づけられた）。そして、もっとも有名《ゆうめい》なのが「10人《にん》が話《はな》した内容《ないよう》をいっぺんに聞《き》きわけ、理解《りかい》することができた」というもの。また予言《よげん》がよくあたることでも知《し》られ、平安京《へいあんきょう》への遷都《せんと》や江戸時代《えどじだい》の黒船《くろふね》来襲《らいしゅう》も予知《よち》していたというから驚《おどろ》きだ。

超重要人物《ちょうじゅうようじんぶつ》ファイル!
No.002

聖徳太子《しょうとくたいし》の時代《じだい》

聖徳《しょうとく》太子《たいし》とかかわりの深《ふか》かった古代《こだい》の偉人《いじん》たち!

日本《にほん》ではじめての女帝《じょてい》

推古天皇《すいこてんのう》

生没《せいぼつ》▶554年《ねん》～628年《ねん》4月《がつ》15日《にち》

第《だい》30代《だい》敏達天皇《びだつてんのう》の妻《つま》で、第《だい》32代《だい》の崇峻天皇《すしゅんてんのう》を暗殺《あんさつ》した蘇我馬子《そがのうまこ》によって、女性初《じょせいはつ》の天皇《てんのう》に即位《そくい》。推古天皇《すいこてんのう》は天皇中心《てんのうちゅうしん》の政治《せいじ》をとりもどしたいと、信頼《しんらい》する甥《おい》の聖徳太子《しょうとくたいし》を摂政《せっしょう》に抜《ばっ》てきし、馬子《うまこ》とともに政治《せいじ》をまかせた。こうして推古朝《すいこちょう》は公正《こうせい》な治世《ちせい》になったという。

イラスト●きさらぎ

●推古天皇《すいこてんのう》と蘇我氏《そがし》

推古天皇《すいこてんのう》にとって、蘇我馬子《そがのうまこ》は母方《ははかた》の叔父《おじ》にあたる人物《じんぶつ》。蘇我馬子《そがのうまこ》に暗殺《あんさつ》された崇峻天皇《すしゅんてんのう》とは異母姉弟《いぼきょうだい》であり、対立《たいりつ》したふたりと血縁関係《けつえんかんけい》にあった。

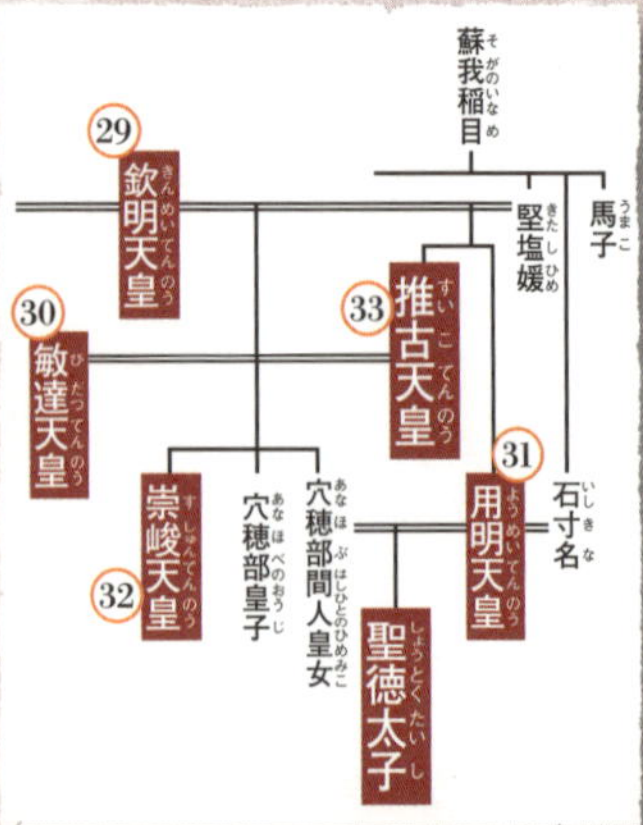

●そのほかの女性天皇《じょせいてんのう》

名前《なまえ》	代《だい》	在位年《ざいいねん》
皇極天皇《こうぎょくてんのう》	35	642～645
斉明天皇《さいめいてんのう》	37	655～661
持統天皇《じとうてんのう》	41	686～697
元明天皇《げんめいてんのう》	43	707～715
元正天皇《げんしょうてんのう》	44	715～724
孝謙天皇《こうけんてんのう》	46	749～758
称徳天皇《しょうとくてんのう》	48	764～770
明正天皇《めいしょうてんのう》	109	1629～1643
後桜町天皇《ごさくらまちてんのう》	117	1762～1770

日本《にほん》には、8人《にん》10代《だい》の女性天皇《じょせいてんのう》が存在《そんざい》した。とくに6世紀末《せいきまつ》から8世紀後半《せいきこうはん》にかけて6人《にん》8代《だい》が集中《しゅうちゅう》。皇極天皇《こうぎょくてんのう》と斉明天皇《さいめいてんのう》、考謙天皇《こうけんてんのう》と称徳天皇《しょうとくてんのう》はそれぞれ同一人物《どういつじんぶつ》。

蘇我氏《そがし》の全盛期《ぜんせいき》をきずく

009/282 蘇我馬子《そがのうまこ》

生《せい》　没《ぼつ》▶551年《ねん》？～626年《ねん》6月《がつ》19日《にち》

ヤマトの豪族《ごうぞく》・蘇我氏《そがし》の有力者《ゆうりょくしゃ》。敏達《びだつ》、用明《ようめい》、崇峻《すしゅん》、推古天皇《すいこてんのう》の4代《だい》につかえた。仏教派《ぶっきょうは》だった馬子《うまこ》は、反仏教派《はんぶっきょうは》の物部守屋《もののべのもりや》をほろぼして朝廷《ちょうてい》の実権《じっけん》をにぎり、強大《きょうだい》な権力《けんりょく》を手《て》にした。さらに聖徳太子《しょうとくたいし》と政治《せいじ》を運営《うんえい》し、中央集権化《ちゅうおうしゅうけんか》もおしすすめた。

イラスト●Natto-7

イラスト●桐谷隆《きりたにたかし》

010/282 小野妹子《おののいもこ》

遣隋使《けんずいし》として海《うみ》をわたる

生《せい》　没《ぼつ》▶6世紀《せいき》～7世紀《せいき》

朝廷《ちょうてい》に役人《やくにん》としてつかえたが、家柄《いえがら》が低《ひく》いため地位《ちい》も低《ひく》かった。しかし、聖徳太子《しょうとくたいし》の冠位十二階制《かんいじゅうにかいせい》で能力《のうりょく》が重視《じゅうし》されると、どんどん出世《しゅっせ》。遣隋使《けんずいし》として隋《ずい》にわたった妹子《いもこ》は、すすんだ政治《せいじ》や文化《ぶんか》を勉強《べんきょう》して、冠位《かんい》の一番高《いちばんたか》い位《くらい》にのぼりつめた。

仏教《ぶっきょう》に反発《はんぱつ》した朝廷《ちょうてい》の有力者《ゆうりょくしゃ》

011/282 物部守屋《もののべのもりや》

生《せい》　没《ぼつ》▶不明《ふめい》～587年《ねん》7月《がつ》

有力豪族《ゆうりょくごうぞく》・物部氏《もののべし》のリーダーで、敏達天皇《びだつてんのう》の時代《じだい》に大連《おおむらじ》（天皇《てんのう》を補佐《ほさ》する役《やく》）となる。朝廷《ちょうてい》が仏教派《ぶっきょうは》と反仏教派《はんぶっきょうは》にわかれると、守屋《もりや》は反仏教派《はんぶっきょうは》の代表《だいひょう》となって蘇我馬子《そがのうまこ》との全面戦争《ぜんめんせんそう》に突入《とつにゅう》するが、戦中《せんちゅう》に敵《てき》の矢《や》をうけて亡《な》くなった。

イラスト●天辰公瞭《あまたつさとあき》

012/282

天《てん》智《じ》天《てん》皇《のう》

蘇我氏《そがし》を打倒《だとう》したエリート皇族《こうぞく》

イラスト●みつなり都《みやこ》

出身《しゅっしん》	大和国《やまとのくに》
生没《せいぼつ》	626年《ねん》～672年《ねん》1月《がつ》7日《か》
重要度《じゅうようど》	70%

能力《のうりょく》パラメータ

大化《たいか》の改新《かいしん》に着手《ちゃくしゅ》

645年《ねん》に中臣鎌足《なかとみのかまたり》と共謀《きょうぼう》し、母《はは》の皇極天皇《こうぎょくてんのう》の前《まえ》で蘇我《そがの》入鹿《いるか》を暗殺《あんさつ》するクーデター(乙巳《おっし》の変《へん》)を起《お》こし、蘇我氏《そがし》をほろぼした。その後《ご》は「大化《たいか》の改新《かいしん》」と呼《よ》ばれる改革《かいかく》をおこない、皇太子《こうたいし》の立場《たちば》で政治《せいじ》の実権《じっけん》をにぎった。667年《ねん》の大津京遷都《おおつきょうせんと》の翌年《よくとし》、天皇《てんのう》に即位《そくい》して天智天皇《てんじてんのう》となった。

歴史《れきし》のウラ側《がわ》

万葉集《まんようしゅう》にも歌《うた》が伝《つた》わるすぐれた歌人《かじん》の天智天皇《てんじてんのう》

天智天皇《てんじてんのう》(中大兄皇子《なかのおおえのおうじ》)は、『万葉集《まんようしゅう》』に4首《しゅ》、『日本書紀《にほんしょき》』にも歌《うた》が伝《つた》わるすぐれた歌人《かじん》であった。さらに「百人一首《ひゃくにんいっしゅ》」でも、天智天皇《てんじてんのう》の「秋《あき》の田《た》のかりほの庵《いほ》の苫《とま》をあらみ我《わ》が衣手《ころもで》は露《つゆ》に濡《ぬ》れつつ」という歌《うた》が冒頭《ぼうとう》の第《だい》1番《ばん》をかざっている。そのことにちなみ、祭神《さいじん》として天智天皇《てんじてんのう》が祀《まつ》られている近江神宮《おうみじんぐう》では、百人一首《ひゃくにんいっしゅ》(競技《きょうぎ》かるた)の大会《たいかい》がひらかれている。

天智天皇陵《てんじてんのうりょう》

京都府《きょうとふ》にある天智天皇《てんじてんのう》の古墳《こふん》。7世紀末《せいきまつ》～8世紀《せいき》ごろに造《つく》られた

013
282

中臣鎌足《なかとみのかまたり》

名門《めいもん》「藤原氏《ふじわらし》」の始祖《しそ》となった秀才《しゅうさい》

イラスト●ナチコ

蘇我氏打倒《そがしだとう》を胸《むね》にひめる

遣隋使《けんずいし》の南淵請安《みなぶちのしょうあん》の塾《じゅく》で蘇《そ》我入鹿《がのいるか》とともに秀才《しゅうさい》とならび称《しょう》された逸材《いつざい》。蘇我氏打倒《そがしだとう》を実現《じつげん》するため中大兄皇子《なかのおおえのおうじ》（のちの天智天皇《てんじてんのう》）に接近《せっきん》。645年《ねん》に蘇我氏打倒《そがしだとう》をはたすと、この功績《こうせき》で朝廷《ちょうてい》の軍事指《ぐんじし》揮権《きけん》を手《て》にし、大化《たいか》の改新《かいしん》でも活躍《かつやく》した。のちに内大臣《ないだいじん》となり、藤原《ふじわら》の姓《せい》をたまわった。

出身《しゅっしん》	大和国《やまとのくに》
生没《せいぼつ》	614年《ねん》～669年《ねん》11月《がつ》14日《か》
重要度《じゅうようど》	80%

能力《のうりょく》パラメータ

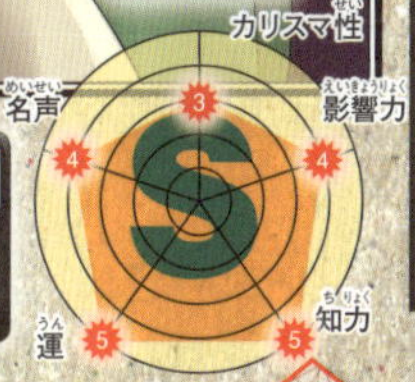

解説《かいせつ》

敵《てき》のなかにも味方《みかた》をつくれば成功《せいこう》は近《ちか》い

この言葉《ことば》は『日本書紀《にほんしょき》』に記《しる》されており、中大兄皇子《なかのおおえのおうじ》への中臣鎌足《なかとみのかまたり》の進言《しんげん》である。「蘇我氏《そがし》を打倒《だとう》し、大化《たいか》の改新《かいしん》（政治改革《せいじかいかく》）のような大事業《だいじぎょう》をなしとげるためには、敵《てき》の中《なか》に味方《みかた》をつくることも重要《じゅうよう》だ」とうったえたのである。この言葉《ことば》のとおり、中大兄皇子《なかのおおえのおうじ》は乙巳《おっし》の変《へん》の前《まえ》に、蘇我氏《そがし》の一族《いちぞく》の蘇我倉山《そがのくらやま》田石川麻呂《だのいしかわまろ》を味方《みかた》に引《ひ》き入《い》れることに成功《せいこう》。のちの大化《たいか》の改新《かいしん》におおいに貢献《こうけん》することになった。

偉人《いじん》の名言《めいげん》

大《おお》きなる事《こと》を謀《はか》るには、輔《ほ》有《あ》るには如《し》かず

歴史《れきし》の転換点《てんかんてん》 その2

大《たい》化《か》の改《かい》新《しん》

朝廷《ちょうてい》に新《あたら》しい政治《せいじ》の風《かぜ》が急速《きゅうそく》に吹《ふ》きはじめた

この出来事《できごと》が起《お》きた年《とし》

646年《ねん》

絶頂《ぜっちょう》の蘇我氏《そがし》を打倒《だとう》！

蘇我馬子《そがのうまこ》のあとを継《つ》いだ蘇我《そがの》蝦夷《えみし》・入鹿《いるか》親子《おやこ》は、聖徳太子《しょうとくたいし》の子《こ》の山背大兄王《やましろのおおえのおう》をほろぼしたあと、権力《けんりょく》を一手《いって》ににぎろうとした。当時《とうじ》、蘇我入鹿《そがのいるか》は天子《てんし》にしかゆるされない舞《まい》をおこない、息子《むすこ》や娘《むすめ》を王子《おうじ》と呼《よ》んだとされ、次《つぎ》の王位《おうい》をねらうかのような勢《いきお》いだった。こうした状況《じょうきょう》をにがにがしく思《おも》っていた中大兄《なかのおおえの》皇子《おうじ》は、中臣鎌足《なかとみのかまたり》や蘇我倉山田《そがのくらやまだの》石川麻呂《いしかわまろ》の協力《きょうりょく》をえて、645年《ねん》に蘇我蝦夷《そがのえみし》・入鹿《いるか》親子《おやこ》をほろぼした（乙巳《おっし》の変《へん》）。

日本《にほん》の国力《こくりょく》を強《つよ》めたい

目《め》の前《まえ》で蘇我入鹿《そがのいるか》の暗殺《あんさつ》を見《み》た皇極天皇《こうぎょくてんのう》のショックは大《おお》きく、このあとすぐに退位《たいい》し、孝《こう》徳天皇《とくてんのう》が即位《そくい》。中大兄皇子《なかのおおえのおうじ》は皇《こう》太子《たいし》となって政治《せいじ》の実権《じっけん》をにぎり、唐《とう》（中国《ちゅうごく》）の律令制度《りつりょうせいど》を参《さん》考《こう》に、公地公民制《こうちこうみんせい》の発布《はっぷ》や新税《しんぜい》の導入《どうにゅう》などによる中央集権化《ちゅうおうしゅうけんか》をはかった。これが大化《たいか》の改新《かいしん》である。中大兄皇子《なかのおおえのおうじ》や中臣鎌足《なかとみのかまたり》が蘇我氏《そがし》を排除《はいじょ》し、大化《たいか》の改新《かいしん》によって中央集権化《ちゅうおうしゅうけんか》をすすめたのは、大陸《たいりく》からの脅威《きょうい》に対抗《たいこう》する必要《ひつよう》にせまられたからだった。当時《とうじ》、友好国《ゆうこうこく》の百済《くだら》がほろんだことで、唐《とう》や朝鮮《ちょうせん》を統一《とういつ》した新羅《しらぎ》が日本《にほん》に攻《せ》めてくる危険《きけん》があったのだ。中大兄皇子《なかのおおえのおうじ》は政治《せいじ》改革《かいかく》をすすめて国力《こくりょく》を強《つよ》めるいっぽう、外交《がいこう》や国防《こくぼう》にも力《ちから》をそそいだのである。

関連《かんれん》する人物《じんぶつ》

イラスト●奥田《おくだ》みき

014/282 蘇《そ》我《がの》蝦夷《えみし》

蘇我馬子《そがのうまこ》の子《こ》。推古《すいこ》・舒明《じょめい》・皇極《こうぎょく》天皇《てんのう》の治世《ちせい》で大臣《だいじん》となり、権力《けんりょく》をにぎった。天下《てんか》をとる意志《いし》もしめしていたが、蘇我入鹿《そがのいるか》が暗殺《あんさつ》されると自邸《じてい》に火《ひ》をはなって自害《じがい》した。

生《せい》　没《ぼつ》▶586年《ねん》ごろ〜645年《ねん》7月《がつ》11日《にち》

イラスト●安采《あんざい》サチエ

015/282 蘇《そ》我《がの》入鹿《いるか》

蘇我蝦夷《そがのえみし》の子《こ》。最高権力者《さいこうけんりょくしゃ》として、目《め》ざわりな聖徳太子《しょうとくたいし》の子《こ》の山背大兄王《やましろのおおえのおう》を死《し》に追《お》いやるなど、横暴《おうぼう》をきわめたが、天皇《てんのう》の目前《もくぜん》で中大兄皇子《なかのおおえのおうじ》らに殺害《さつがい》された。

生《せい》　没《ぼつ》▶610年《ねん》ごろ〜645年《ねん》7月《がつ》10日《か》

ポイント！ 天智天皇《てんじてんのう》からさずかった藤原姓《ふじわらせい》のもつ意味《いみ》とは？

中臣鎌足《なかとみのかまたり》は大化《たいか》の改新《かいしん》の立役者《たてやくしゃ》として、国家《こっか》の骨格《こっかく》をつくりあげるために尽力《じんりょく》した。その功《こう》でのちに藤原姓《ふじわらせい》をさずかるが、天皇《てんのう》が姓《せい》をさずけることは「新たに藤原《ふじわら》の一族《いちぞく》の始祖《しそ》となりなさい」ということを意味《いみ》しており、たいへんな名誉《めいよ》であった。

●蘇我氏《そがし》が建《た》てた飛鳥寺《あすかでら》

016/282

天《てん》武《む》天《てん》皇《のう》

日本《にほん》を国号《こくごう》にした最初《さいしょ》の天皇《てんのう》

出《しゅっ》身《しん》	大和国《やまとのくに》
生《せい》没《ぼつ》	631年《ねん》ごろ～686年《ねん》10月《がつ》1日《ついたち》
重《じゅう》要《よう》度《ど》	80%

イラスト●Natto-7

壬申《じんしん》の乱《らん》で勝利《しょうり》

名《な》は大海人皇子《おおあまのおうじ》。兄《あに》の中大兄皇子《なかのおおえのおうじ》が天智天皇《てんじてんのう》として即位《そくい》すると、皇太子《こうたいし》となる。しかし、天智天《てんじてん》皇《のう》は自分《じぶん》の子《こ》（大友皇子《おおとものおうじ》）を後継者《こうけいしゃ》にしたいと考《かんが》え、大海人皇子《おおあまのおうじ》は出家《しゅっけ》して吉野《よしの》にくだった。その後《ご》、天智天皇《てんじてんのう》が崩御《ほうぎょ》すると吉野《よしの》で挙兵《きょへい》。壬申《じんしん》の乱《らん》で大友皇子《おおとものおうじ》に勝利《しょうり》し、天《てん》武天皇《むてんのう》として即位《そくい》した。

017/282

持《じ》統《とう》天《てん》皇《のう》

孫《まご》の中継《なかつ》ぎで即位《そくい》した有能《ゆうのう》な女帝《じょてい》

出《しゅっ》身《しん》	大和国《やまとのくに》
生《せい》没《ぼつ》	645年《ねん》～703年《ねん》1月《がつ》13日《にち》
重《じゅう》要《よう》度《ど》	50%

イラスト●むなぁげ

前帝《ぜんみかど》の意志《いし》を引《ひ》き継《つ》ぐ

父《ちち》は天智天皇《てんじてんのう》で、叔父《おじ》の天武天皇《てんむてんのう》にとついだ。天武天皇《てんむてんのう》が崩御《ほうぎょ》すると、皇太子《こうたいし》だった息子《むすこ》が即位《そくい》前《まえ》に他界《たかい》。その息子《むすこ》（孫《まご》）もまだ小《ちい》さかったので、成長《せいちょう》するまでのあいだ、みずから天皇《てんのう》に即位《そくい》した。即位後《そくいご》は、天武天皇《てんむてんのう》の政策《せいさく》を引《ひ》き継《つ》ぎ、飛鳥《あすか》浄御原令《きよみはらりょう》の制定《せいてい》と藤原京《ふじわらきょう》の造営《ぞうえい》に力《ちから》をつくした。

イラスト●はとまめ

没落《ぼつらく》からの復活《ふっかつ》

大宝律令《たいほうりつりょう》を編《へん》さんしたことでも有名《ゆうめい》な藤原鎌足《ふじわらのかまたり》の次男《じなん》（天智天皇《てんじてんのう》の息子《むすこ》という説《せつ》もある）。天智朝《てんちちょう》で活躍《かつやく》した藤原《ふじわら》（中臣《なかとみ》）氏《し》の一族《いちぞく》は天武朝《てんむちょう》となって政権《せいけん》から排除《はいじょ》されていた。しかし、不比等《ふひと》は持統天皇《じとうてんのう》に近《ちか》づき出世《しゅっせ》する。やがて藤原家《ふじわらけ》の娘《むすめ》を天皇《てんのう》の妻《つま》とし、外戚《がいせき》として権力《けんりょく》をにぎった。

仏教《ぶっきょう》へのあつい信仰《しんこう》

文武天皇《もんむてんのう》と藤原不比等《ふじわらのふひと》の娘《むすめ》・宮子《みやこ》の子《こ》。７２４年《ねん》、24歳《さい》のときに元正天皇《げんしょうてんのう》に譲位《じょうい》されて即位《そくい》し、聖武天皇《しょうむてんのう》となった。その治世《ちせい》は疫病《えきびょう》、災害《さいがい》、反乱《はんらん》などが相《あい》ついだため、仏教《ぶっきょう》への信仰《しんこう》をあつくし、国分寺《こくぶんじ》と東大寺《とうだいじ》の大仏建立《だいぶつこんりゅう》の詔《みことのり》を発《はっ》した。さらに遷都《せんと》を5年《ねん》で4回《かい》もおこなっている。

イラスト●zeNOx

超重要人物《ちょうじゅうようじんぶつ》ファイル！
No.003

仏教《ぶっきょう》を日本《にほん》に広《ひろ》めた人々《ひとびと》

唐《とう》から日本《にほん》に伝来《でんらい》した仏教《ぶっきょう》。その教《おし》えをといた高僧《こうそう》たちを紹介《しょうかい》

苦難《くなん》を乗《の》りこえ来日《らいにち》

020/282 鑑真《がんじん》

生《せい》没《ぼつ》▶688年《ねん》〜763年《ねん》6月《がつ》25日《にち》

唐《とう》の僧《そう》。僧侶《そうりょ》となるための「授戒《じゅかい》」の儀式《ぎしき》をおこなえる名僧《めいそう》を求《もと》めていた日本《にほん》の期待《きたい》にこたえようと来日《らいにち》を決意《けつい》。しかし、５度《ど》の渡航《とこう》に失敗《しっぱい》して失明《しつめい》。６度目《どめ》の渡航《とこう》でようやく来日《らいにち》をはたした。

イラスト●なんばきび

民衆《みんしゅう》を救《すく》い大僧正《だいそうじょう》になった名僧《めいそう》

022/282 行基《ぎょうき》

生《せい》没《ぼつ》▶668年《ねん》〜749年《ねん》2月《がつ》23日《にち》

朝廷《ちょうてい》が民衆《みんしゅう》への布教《ふきょう》を禁《きん》じるなか、庶民《しょみん》への布教《ふきょう》や貧民《ひんみん》の救済《きゅうさい》をおこなった。聖武天皇《しょうむてんのう》も行基《ぎょうき》をみとめ、大僧正《だいそうじょう》に任《にん》じた。

イラスト●凹《うきぎ》

女帝《じょてい》に寵愛《ちょうあい》された怪僧《かいそう》

021/282 道鏡《どうきょう》

生《せい》没《ぼつ》▶700年《ねん》ごろ〜772年《ねん》5月《がつ》13日《にち》

奈良時代《ならじだい》、孝謙上皇《こうけんじょうこう》の病《やまい》を祈禱《きとう》で回復《かいふく》させたことで寵愛《ちょうあい》をうけるが、天皇《てんのう》の位《くらい》をねらった罪人《ざいにん》として左遷《させん》された。

イラスト●合間太郎《あいまたろう》

唐《とう》で密教《みっきょう》の
奥義《おうぎ》をきわめる

023/282

空海《くうかい》

生《せい》　没《ぼつ》▶774年《ねん》～835年《ねん》4月《がつ》22日《にち》

真言宗《しんごんしゅう》の開祖《かいそ》。弘法大師《こうぼうだいし》。讃岐国《さぬきのくに》に生《う》まれ、18歳《さい》のときに官僚《かんりょう》になるため都《みやこ》の大学《だいがく》で学《まな》んだが、退学《たいがく》して僧《そう》となった。804年《ねん》に遣唐使《けんとうし》の留学僧《りゅうがくそう》にえらばれ、長安《ちょうあん》で密教《みっきょう》を学《まな》び、その奥義《おうぎ》を伝授《でんじゅ》された空海《くうかい》は２年後《ねんご》に帰国《きこく》。真言密教《しんごんみっきょう》を日本《にほん》に広《ひろ》めた。

イラスト●桐《きり》矢《や》隆《たかし》

024/282

最澄《さいちょう》

天台宗《てんだいしゅう》を広《ひろ》めた
偉大《いだい》な指導者《しどうしゃ》

生《せい》　没《ぼつ》▶767年《ねん》9月《がつ》15日《にち》～822年《ねん》6月《がつ》26日《にち》

天台宗《てんだいしゅう》の開祖《かいそ》。伝教大師《でんぎょうだいし》。近江《おうみ》の大津《おおつ》に生《う》まれ、12歳《さい》で近江国分寺《おうみこくぶんじ》に入《はい》り、14歳《さい》で最澄《さいちょう》の名《な》をさずかる。比叡山《ひえいざん》で修行《しゅぎょう》を重《かさ》ねたのち、唐《とう》にわたって天台宗《てんだいしゅう》を学《まな》ぶ。日本《にほん》にもどってから、日本《にほん》天台宗《てんだいしゅう》をひらき、みずから日本全国《にほんぜんこく》をまわって、布教《ふきょう》につとめた。

イラスト●平林《ひらばやし》知子《ともこ》

古代《こだい》仏教《ぶっきょう》の教《おし》えの変化《へんか》

奈良時代《ならじだい》の仏教《ぶっきょう》は、仏教《ぶっきょう》で国《くに》をおさめれば、国《くに》が守《まも》れるという思想《しそう》だった。平《へい》安《あん》時代《じだい》になると、唐《とう》にわたった最澄《さいちょう》や空海《くうかい》が密教《みっきょう》を日《に》本《ほん》に伝《つた》えた。密教《みっきょう》では祈禱《きとう》がよくおこなわれ、生《い》きている段階《だんかい》で成仏《じょうぶつ》できるという思想《しそう》が貴族《きぞく》を中心《ちゅうしん》にうけ入《い》れられた。民衆《みんしゅう》に仏教《ぶっきょう》が普及《ふきゅう》し広《ひろ》まるのは浄土信仰《じょうどしんこう》が普及《ふきゅう》する平安中期《へいあんちゅうき》からである。

●復元《ふくげん》された遣唐使船《けんとうしせん》

025/282

坂上田村麻呂《さかのうえのたむらまろ》

器量《きりょう》にすぐれた伝説的武人《でんせつてきぶじん》

イラスト●末冨正直《すえどみまさなお》

出身	大和国《やまとのくに》
生没《せいぼつ》	758年《ねん》〜811年《ねん》6月《がつ》17日《にち》
重要度《じゅうようど》	70%

能力パラメータ

蝦夷征伐《えみしせいばつ》で大活躍《だいかつやく》

奈良時代《ならじだい》から平安時代《へいあんじだい》にかけての武人《ぶじん》で、持《も》ち前《まえ》の巨体《きょたい》と怪力《かいりき》で蝦夷征伐《えみしせいばつ》で活躍《かつやく》。７９７年《ねん》に日本《にほん》の歴史上《れきしじょう》はじめて征夷大将軍《せいいたいしょうぐん》に任命《にんめい》され、東《とう》北《ほく》地方《ちほう》の平定《へいてい》に成功《せいこう》した。人《ひと》としての器《うつわ》も大《おお》きく、蝦夷《えみし》の首領《しゅりょう》のアテルイは田村麻呂《たむらまろ》の器量《きりょう》をみとめ、降伏《こうふく》したといわれている。

歴史《れきし》のウラ側《がわ》

最後《さいご》まで勇敢《ゆうかん》に戦《たたか》った蝦夷《えみし》の英雄《えいゆう》・アテルイ

789年《ねん》に朝廷軍《ちょうていぐん》5万《まん》をむかえうったアテルイは、奇襲戦法《きしゅうせんぽう》でこれを撃退《げきたい》。794年《ねん》にもアテルイは朝廷軍《ちょうていぐん》10万《まん》から蝦夷《えみし》を守《まも》った。しかし801年《ねん》、坂上田村麻呂《さかのうえのたむらまろ》ひきいる朝廷軍《ちょうていぐん》の前《まえ》についに力《ちから》つきた。降伏《こうふく》したアテルイは斬首《ざんしゅ》されたが、田《た》村麻呂《むらまろ》は「今後《こんご》の蝦夷《えみし》のためにアテルイは生《い》かすべき」と主張《しゅちょう》したという。最大《さいだい》の難敵《なんてき》という以上《いじょう》に、その人物《じんぶつ》を高《たか》く評価《ひょうか》していたのだ。

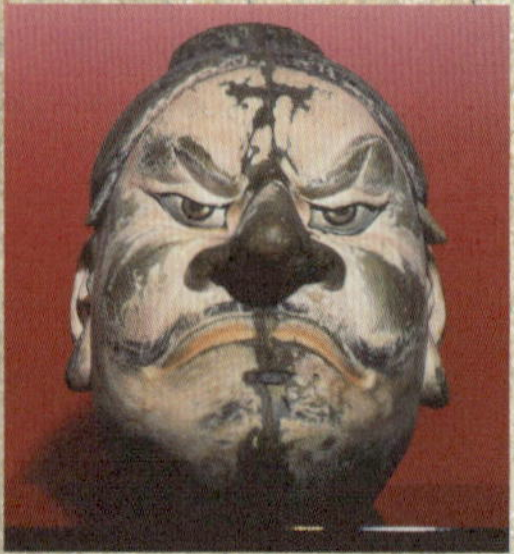

悪路王首像《あくろおうしゅぞう》（複製《ふくせい》）

アテルイをかたどったとされていたが、現在《げんざい》は別《べつ》の人物《じんぶつ》だと考《かんが》えられている

一般財団法人《いっぱんざいだんほうじん》 奥州市文化振興財団提供《おうしゅうしぶんかしんこうざいだんていきょう》

026/282

桓《かん》武《む》天《てん》皇《のう》

強《つよ》い統率力《とうそつりょく》を発揮《はっき》した専制君主《せんせいくんしゅ》

イラスト●喜久家系《きくやけい》

出身	大和国《やまとのくに》
生没《せいぼつ》	737年《ねん》～806年《ねん》4月《がつ》9日《か》
重要度	60%

能力パラメータ

輝《かがや》かしい実績《じっせき》をのこす

即位前《そくいまえ》の名《な》は山部皇子《やまべのおうじ》。父《ちち》は第《だい》49代光仁天皇《だいこうにんてんのう》。即位後《そくいご》から強《つよ》いリーダーシップを発揮《はっき》し、長岡京《ながおかきょう》から平安京《へいあんきょう》への遷都《せんと》、帰化人《きかじん》の積極的《せっきょくてき》な登用《とうよう》、坂上田村麻呂《さかのうえのたむらまろ》を起用《きよう》して東北《とうほく》をほぼ平定《へいてい》、さらに歴史書《れきししょ》の『続日本紀《しょくにほんぎ》』の編《へん》さんをおこなった。文武《ぶんぶ》の両面《りょうめん》で輝《かがや》かしい実績《じっせき》をのこした。

桓武天皇陵《かんむてんのうりょう》

京都府《きょうとふ》にある桓武天皇《かんむてんのう》の古墳《こふん》で、古代《こだい》～中《ちゅう》世《せい》の朝廷《ちょうてい》から崇敬《すうけい》をあつめたという

衝撃スクープ!

桓武天皇《かんむてんのう》と知《し》られざる百済《くだら》との関係《かんけい》は!?

桓武天皇《かんむてんのう》の母《はは》は百済系《くだらけい》の帰化人《きかじん》であり、桓武天皇《かんむてんのう》は百済《くだら》の武寧王《ぶねいおう》の子孫《しそん》であると『続日本紀《しょくにほんぎ》』にも記《しる》されている。そうした関連《かんれん》から、即位後《そくいご》は帰化人系《きかじんけい》の氏族《しぞく》を積極的《せっきょくてき》に官《かん》に登用《とうよう》している。

超重要人物《ちょうじゅうようじんぶつ》ファイル！
No.004

飛鳥《あすか》・天平《てんぴょう》をいろどった文化人《ぶんかじん》

中国《ちゅうごく》の影響《えいきょう》をうけて発展《はってん》した貴族文化《きぞくぶんか》を代表《だいひょう》する才人《さいじん》を紹介《しょうかい》！

イラスト●きさらぎ

ふたりの天皇《てんのう》と恋《こい》におちた？

027/282 額《ぬか》田《たの》王《おおきみ》

生《せい》没《ぼつ》▶不明

『万葉集《まんようしゅう》』の代表的《だいひょうてき》歌人《かじん》のひとり。はじめ大海人皇《おおあまのおう》子《じ》（天武天皇《てんむてんのう》）にとついで皇女《こうじょ》を生《う》み、のちに中《なかの》大兄皇子《おおえのおうじ》（天智天皇《てんじてんのう》）にみそめられ、そばにつかえたとされている。

イラスト●クニヨネ

「歌聖《かせい》」と称《しょう》される天才《てんさい》

028/282 柿《かきの》本《もとの》人《ひと》麻《ま》呂《ろ》

生《せい》没《ぼつ》▶660年《ねん》ごろ～724年《ねん》3月《がつ》18日《にち》

３人《にん》の天皇《てんのう》につかえた「歌聖《かせい》」と称《しょう》される宮廷歌《きゅうていか》人《じん》。「三十六歌仙《さんじゅうろっかせん》」のひとりに数《かぞ》えられる。『万葉《まんよう》集《しゅう》』に多《おお》くの和歌《わか》があるが、歴史史料《れきししりょう》には名前《なまえ》がまったく登場《とうじょう》しない。

●三十六歌仙《さんじゅうろっかせん》とは？

「三十六歌仙《さんじゅうろっかせん》」とは、平安時代末期《へいあんじだいまっき》に藤原公任《ふじわらのきんとう》が編《へん》さんした『三十六人《さんじゅうろくにん》撰《せん》』におさめられた歌人《かじん》のことを指《さ》す。柿本人麻呂《かきのもとのひとまろ》をはじめ、小野小町《おののこまち》や紀貫之《きのつらゆき》なども数《かぞ》えられている。ここに紹介《しょうかい》された歌《うた》のいくつかは、百《ひゃく》人一首《にんいっしゅ》のひとつとして現代《げんだい》でも親《した》しまれている。

●柿本人麻呂像《かきのもとのひとまろぞう》

奈良県《ならけん》『阿騎野《あきの》・人麻呂公園《ひとまろこうえん》』に建《た》てられた石像《せきぞう》

029
282

舎人親王《とねりしんのう》

『日本書紀《にほんしょき》』編《へん》さんのリーダー

生《せい》　没《ぼつ》▶676年《ねん》～735年《ねん》12月《がつ》2日《か》

飛鳥時代《あすかじだい》から奈良時代《ならじだい》にかけての皇族《こうぞく》で、天武天皇《てんむてんのう》の第《だい》３皇子《おうじ》。奈良時代《ならじだい》のはじめに長屋王《ながやおう》とともに権勢《けんせい》をふるったが、のちに長屋王《ながやおう》とは対立《たいりつ》。『万葉《まんよう》集《しゅう》』に歌《うた》をのこしている歌人《かじん》でもあり、持統天皇《じとうてんのう》のときに『日本書紀《にほんしょき》』編《へん》さんの最高責任者《さいこうせきにんしゃ》となる。死去《しきょ》に際《さい》して太《だ》政大臣《じょうだいじん》の位《くらい》があたえられた。

イラスト●霞《かすみ》

030
282

政治《せいじ》・軍事《ぐんじ》にもすぐれた才人《さいじん》

吉備真備《きびまきび》

生《せい》　没《ぼつ》▶695年《ねん》～775年《ねん》11月《がつ》3日《か》

奈良時代《ならじだい》の政治家《せいじか》・学者《がくしゃ》で、地方豪族《ちほうごうぞく》の吉備氏《きびのし》の一族《いちぞく》。22歳《さい》のときに遣唐使《けんとうし》の留学生《りゅうがくせい》に任命《にんめい》され、18年間《ねんかん》、唐《とう》で学《がく》問《もん》をおさめた。２度目《どめ》の入唐《にっとう》では鑑真《がんじん》をつれて帰国《きこく》し、その後《ご》は唐文化《とうぶんか》の輸《ゆ》入《にゅう》にもつとめた。そのすぐれた知識《ちしき》は政治《せいじ》にもいかされ、右大臣《うだいじん》にまで出世《しゅっせ》。軍事《ぐんじ》にも長《た》けていたという。

イラスト●ファルゼーレ

吉備真備《きびのまきび》のおそろしい伝説《でんせつ》

吉備真備《きびのまきび》は後世《こうせい》の史料《しりょう》で、妖術《ようじゅつ》などを使《つか》う超人《ちょうじん》としても登場《とうじょう》する。『江談抄《ごうだんしょう》』では、唐人《とうじん》（中国《ちゅうごく》）に殺害《さつがい》を企《くわだ》てられたが、真備《まきび》と同《おな》じ遣唐使《けんとうし》だった阿倍仲麻呂《あべのなかまろ》の霊《れい》に救《すく》われたり、『宇治拾《うじしゅう》遺物語《いものがたり》』では、人《ひと》の夢《ゆめ》を盗《ぬす》んで自分《じぶん》のものにするというエピソードまである。それほど吉備真備《きびのまきび》の才能《さいのう》は衝《しょう》撃的《げきてき》だったのだ。

●吉備真備《きびのまきび》が祀《まつ》られる廣峯神社《ひろみねじんじゃ》

歴史《れきし》の転換点《てんかんてん》その3

平安京《へいあんきょう》への遷都《せんと》

新《あたら》しい都《みやこ》をつくって心機一転《しんきいってん》をはかった!?

この出来事《できごと》が起《お》きた年《とし》

794年《ねん》

遷都《せんと》をくりかえす天皇《てんのう》

なぜ桓武天皇《かんむてんのう》は平安京《へいあんきょう》に都《みやこ》をうつしたのだろうか？　じつは７１０年《ねん》の平城京《へいじょうきょう》への遷都《せんと》から、７９４年《ねん》の平安京《へいあんきょう》への遷都《せんと》まで、都《みやこ》の場所《ばしょ》はころころと変《か》わっている。

７４０年《ねん》からの5年《ねん》で聖武天《しょうむてん》皇《のう》は４度《ど》も都《みやこ》をうつし、平城京《へいじょうきょう》にふたたび都《みやこ》をもどした。その後《ご》、７８４年《ねん》に桓武天皇《かんむてんのう》は長岡《ながおか》京《きょう》へ都《みやこ》をうつした。聖武天皇《しょうむてんのう》が都《みやこ》をたびたび変《か》えたのは災害《さいがい》や疫病《えきびょう》などがよく発生《はっせい》したからだった。しかし、桓武天皇《かんむてんのう》が遷都《せんと》したのは、僧侶《そうりょ》や寺院《じいん》が力《ちから》をもち、政治《せいじ》にあれこれと口出《くちだ》しするようになったため、巨大寺院《きょだいじいん》が勢力《せいりょく》を拡大《かくだい》する地《ち》をはなれて心機一転《しんきいってん》、政治《せいじ》を立《た》てなおそうとしたのだ。

そのため、平城京《へいじょうきょう》とはうって変《か》わって、平安京《へいあんきょう》の内部《ないぶ》に大《おお》きな寺院《じいん》はなくなり、東寺《とうじ》と西寺《さいじ》だけになった。そのうえ新《あら》たな仏教寺院《ぶっきょうじいん》の建立《こんりゅう》も禁《きん》じたのだ。それは、政治《せいじ》と宗教《しゅうきょう》を切《き》りはなそうとする桓武天皇《かんむてんのう》の強《つよ》い意志《いし》のあらわれだといえるだろう。

怨霊《おんりょう》がこわくて平安京《へいあんきょう》へ

しかし、桓武天皇《かんむてんのう》がはじめに移転《いてん》した長岡京《ながおかきょう》では災害《さいがい》や疫病《えきびょう》が相《あい》つぎ、さらに政権《せいけん》の内部《ないぶ》では血《ち》で血《ち》を洗《あら》う権力抗争《けんりょくこうそう》がくり広《ひろ》げられ、やがて桓武天皇《かんむてんのう》のまわりでおそろしい出来事《できごと》が起《お》きはじめた。

関連《かんれん》する人物《じんぶつ》

031/282 和気清麻呂《わけのきよまろ》

天皇《てんのう》の地位《ちい》をねらった道鏡《どうきょう》を阻止《そし》。また桓武天皇《かんむてんのう》の側近《そっきん》として土木工事《どぼくこうじ》をおこなった。さらに平安京《へいあんきょう》への遷都《せんと》を進言《しんげん》し、その造営《ぞうえい》も担当《たんとう》した。

生没年《せいぼつねん》▶733年《ねん》～799年《ねん》4月《がつ》4日《か》

イラスト●きさらぎ

発端《ほったん》となったのは、長岡京建《ながおかきょうけん》設《せつ》をまかされた藤原種継《ふじわらのたねつぐ》の暗《あん》殺《さつ》。犯人《はんにん》とされたのは、桓武天《かんむてん》皇《のう》の弟《おとうと》である早良親王《さわらしんのう》で、無実《むじつ》をうったえたまま死《し》んでしまったのだ。それ以降《いこう》、悪《わる》いことがつづいたため「早良親王《さわらしんのう》のたたり」と呼《よ》ばれるようになった。

このように暗殺《あんさつ》されたもののたちの怨霊《おんりょう》の影《かげ》に恐怖《きょうふ》をおぼえた桓武天皇《かんむてんのう》は、側近《そっきん》の和気清麻呂《わけのきよまろ》らの進言《しんげん》もあり、あらためて平《へい》安京《あんきょう》に都《みやこ》をうつすことにしたのである。それまで都《みやこ》の名前《なまえ》は地《ち》名《めい》を使《つか》うことが多《おお》かったが、平《へい》安京《あんきょう》という名前《なまえ》にしたのは、万《ばん》民《みん》にとっての「平安楽土《へいあんらくど》」となってほしいという桓武天皇《かんむてんのう》の願《ねが》いがこめられているからだ。

ポイント！ 現代《げんだい》の京都《きょうと》の街《まち》なみの基本《きほん》になっている平安京《へいあんきょう》

京都《きょうと》は、碁盤《ごばん》の目《め》の街《まち》なみで知《し》られている。道《みち》はほとんど東西南北《とうざいなんぼく》・縦横直角《じゅうおうちょっかく》でまじわり、ななめに走《はし》る道《みち》はあまりない。これは、平安京《へいあんきょう》で整備《せいび》された区画割《くかくわ》りが、いまの京《きょう》都《と》の基本《きほん》となっているからだ。ちなみに、平城京《へいじょうきょう》のあった奈良《なら》や豊臣秀吉《とよとみひでよし》がきずいた大阪《おおさか》なども碁盤《ごばん》の目《め》になっている。

●東寺《とうじ》

平安京《へいあんきょう》の遺構《いこう》として唯一《ゆいいつ》のこされている東寺《とうじ》。木造塔《もくぞうとう》としては日本《にっぽん》一《いち》の高《たか》さをほこる五重塔《ごじゅうのとう》が有名《ゆうめい》

032
282

権力《けんりょく》の頂点《ちょうてん》をきわめた

藤《ふじ》原《わらの》道《みち》長《なが》

自分《じぶん》の娘《むすめ》を3代《だい》にわたり
天皇《てんのう》にとつがせる

出《しゅっ》身《しん》	山城国《やましろのくに》
生《せい》没《ぼつ》	966年《ねん》～1028年《ねん》1月《がつ》3日《か》
重要度《じゅうようど》	80%

能力《のうりょく》パラメータ

イラスト●ホマ蔵《ぞう》

政治《せいじ》よりもまず権力《けんりょく》

平安時代中《へいあんじだいなか》ごろの天皇《てんのう》につかえた貴族《きぞく》・政治家《せいじか》。摂政《せっしょう》の藤原兼家《ふじわらのかねいえ》の5男《なん》。兼家《かねいえ》が亡《な》くなり、さらに兄《あに》の藤原道隆《ふじわらのみちたか》・道兼《みちかね》も亡《な》くなると、藤原氏内《ふじわらしない》部《ぶ》でリーダー争《あらそ》いがくり広《ひろ》げられ、道長《みちなが》は天皇《てんのう》の母《はは》である姉《あね》・詮子《せんし》の後押《あとお》しもあり、その地位《ちい》を手《て》に入《い》れた。

左大臣《さだいじん》に昇進《しょうしん》した道長《みちなが》は、自分《じぶん》の娘《むすめ》をつぎつぎに天皇《てんのう》にとつがせて、権力《けんりょく》を不動《ふどう》のものにしていった。まず、第《だい》66代《だい》一条天皇《いちじょうてんのう》に長女《ちょうじょ》の彰子《しょうし》を、ついで第《だい》67代《だい》三条天皇《さんじょうてんのう》に次女《じじょ》の妍子《けんし》をとつがせた。そして三条天皇《さんじょうてんのう》が自分《じぶん》のいうことを聞《き》かなくなると退位《たいい》に追《お》いこみ、一条天皇《いちじょうてんのう》と彰子《しょうし》のあいだに生《う》まれた子《こ》を皇位《こうい》につけて後一条天皇《ごいちじょうてんのう》とし、三女《さんじょ》の威子《いし》をとつがせた。後一条天皇《ごいちじょうてんのう》は9歳《さい》だったため、道長《みちなが》は後一《ごいち》条天皇《じょうてんのう》の摂政《せっしょう》となり、朝廷《ちょうてい》の最高権力者《さいこうけんりょくしゃ》となった。

得意《とくい》の絶頂《ぜっちょう》にある道長《みちなが》がよんだ有名《ゆうめい》な歌《うた》がある。「この世《よ》をばわが世《よ》とぞ思《おも》ふ望月《もちづき》の欠《か》けたることもなしと思《おも》へば」。「欠《か》けているところのない満月《まんげつ》のように、いまこの世《よ》でわたしにかなわない望《のぞ》みはない」という意味《いみ》である。たいへん傲慢《ごうまん》な歌《うた》だが、それほど道長《みちなが》の権勢《けんせい》は頂点《ちょうてん》をきわめていたのである。

衝撃スクープ！

源氏物語《げんじものがたり》の主人公《しゅじんこう》光源氏《ひかるげんじ》のモデルは藤原道長《ふじわらのみちなが》？

『源氏物語《げんじものがたり》』の作《さく》者《しゃ》・紫式部《むらさきしきぶ》は、藤《ふじ》原道長《わらのみちなが》の長女《ちょうじょ》で一《いち》条天皇《じょうてんのう》の皇后《こうごう》である彰子《しょうし》につかえていた。道長《みちなが》は、当《とう》時《じ》は貴重《きちょう》だった紙《かみ》やすずりを紫式《むらさきしき》部《ぶ》にあたえており、さらに道長《みちなが》と紫式《むらさきしき》部《ぶ》は愛人関《あいじんかん》係《けい》だったという説《せつ》もあり、『源氏物語《げんじものがたり》』の主人公《しゅじんこう》・光源氏《ひかるげんじ》のモデルは道長《みちなが》では？といわれている。真偽《しんぎ》はわからないが、紫式部《むらさきしきぶ》にとって権力《けんりょく》の絶頂《ぜっちょう》にいた道長《みちなが》はあこがれの存在《そんざい》だったのかもしれない。

『紫式部日記絵巻《むらさきしきぶにっきえまき》』に描《えが》かれた藤原道長《ふじわらのみちなが》
藤田美術館所蔵《ふじたびじゅつかんしょぞう》

超重要人物《ちょうじゅうようじんぶつ》ファイル！
No.005

栄《えい》華《が》をきわめた藤《ふじ》原《わら》氏《し》

摂関政治《せっかんせいじ》で日本《にほん》を統治《とうち》した藤原《ふじわら》一族《いちぞく》の名士《めいし》たちはまだまだいるぞ！

外戚《がいせき》と陰謀《いんぼう》で権力《けんりょく》を手中《しゅちゅう》に！

藤《ふじ》原《わらの》良《よし》房《ふさ》

生《せい》　没《ぼつ》▶804年《ねん》～872年《ねん》10月《がつ》7日《か》

嵯峨天皇《さがてんのう》に信頼《しんらい》された藤《ふじ》原冬嗣《わらのふゆつぐ》の次男《じなん》。850年《ねん》に文徳天皇《もんとくてんのう》が即位《そくい》すると、良房《よしふさ》は娘《むすめ》を天皇《てんのう》にとつがせ、皇室《こうしつ》の外戚《がいせき》となった。文徳天皇《もんとくてんのう》が崩御《ほうぎょ》したあと、9歳《さい》の清和天皇《せいわてんのう》を即位《そくい》させて摂政《せっしょう》となり、ライバルを駆逐《くちく》して強大《きょうだい》な権力《けんりょく》をにぎった。

イラスト●天辰公瞭《あまたつさとあき》

父《ちち》・道長《みちなが》の威光《いこう》を引《ひ》き継《つ》ぐ

藤《ふじ》原《わらの》頼《より》通《みち》

生《せい》　没《ぼつ》▶992年《ねん》～1074年《ねん》3月《がつ》2日《か》

父《ちち》・道長《みちなが》は天皇《てんのう》に娘《むすめ》をとつがせ、生《う》まれた子《こ》を天《てん》皇《のう》に即位《そくい》させることで政《せい》治《じ》の実権《じっけん》をにぎっていたが、後冷泉天皇《ごれいぜいてんのう》にとついだ頼通《よりみち》の娘《むすめ》は男子《だんし》にめぐまれなかった。そのため、頼通《よりみち》は政治《せいじ》の実権《じっけん》をにぎれず、藤原氏《ふじわらし》の勢力《せいりょく》はおとろえていった。

イラスト●zeNOx

イラスト●えだまめ畑《ばたけ》

奥州藤原氏《おうしゅうふじわらし》の礎《いしずえ》をきずく!

035/282 藤《ふじ》原《わらの》清《きよ》衡《ひら》

生《せい》没《ぼつ》▶1056年《ねん》～1128年《ねん》8月《がつ》10日《か》

平安時代末《へいあんじだいまつ》の陸奥《むつ》の豪族《ごうぞく》。後三年《ごさんねん》の役《えき》で勝利《しょうり》し、東北《とうほく》の広大《こうだい》な地《ち》を支配《しはい》した。平泉《ひらいずみ》を本拠地《ほんきょち》として、のちに栄華《えいが》をきわめる奥州藤原氏《おうしゅうふじわらし》の基礎《きそ》をきずきあげた。

イラスト●平林知子《ひらばやしともこ》

源 義経《みなもとのよしつね》を保護《ほご》して源 頼朝《みなもとのよりとも》に対抗《たいこう》

036/282 藤《ふじ》原《わらの》秀《ひで》衡《ひら》

生《せい》没《ぼつ》▶1122年《ねん》ごろ～1187年《ねん》11月《がつ》30日《にち》

奥州藤原氏《おうしゅうふじわらし》第《だい》3代当主《だいとうしゅ》。源平《げんぺい》の戦《たたか》いでは、平氏《へいし》に源 頼朝《みなもとのよりとも》の討伐《とうばつ》をさそわれたが断《ことわ》った。平氏滅亡後《へいしめつぼうご》は、源 義経《みなもとのよしつね》を2度《ど》にわたってかくまい、頼朝《よりとも》に対抗《たいこう》した。

ポイント! 藤原氏《ふじわらし》が独占《どくせん》した摂関政治《せっかんせいじ》のしくみ

摂関政治《せっかんせいじ》とは、天皇《てんのう》に娘《むすめ》をとつがせて親戚《しんせき》となり、摂政《せっしょう》や関白《かんぱく》といった位《くらい》について政治《せいじ》をおこなうことを指《さ》す。こうした政治《せいじ》に不満《ふまん》をもつ者《もの》たちはつぎつぎと都《みやこ》を追放《ついほう》された。具体的《ぐたいてき》な政策《せいさく》の決定《けってい》は公《く》卿会議《ぎょうかいぎ》が担当《たんとう》していた。

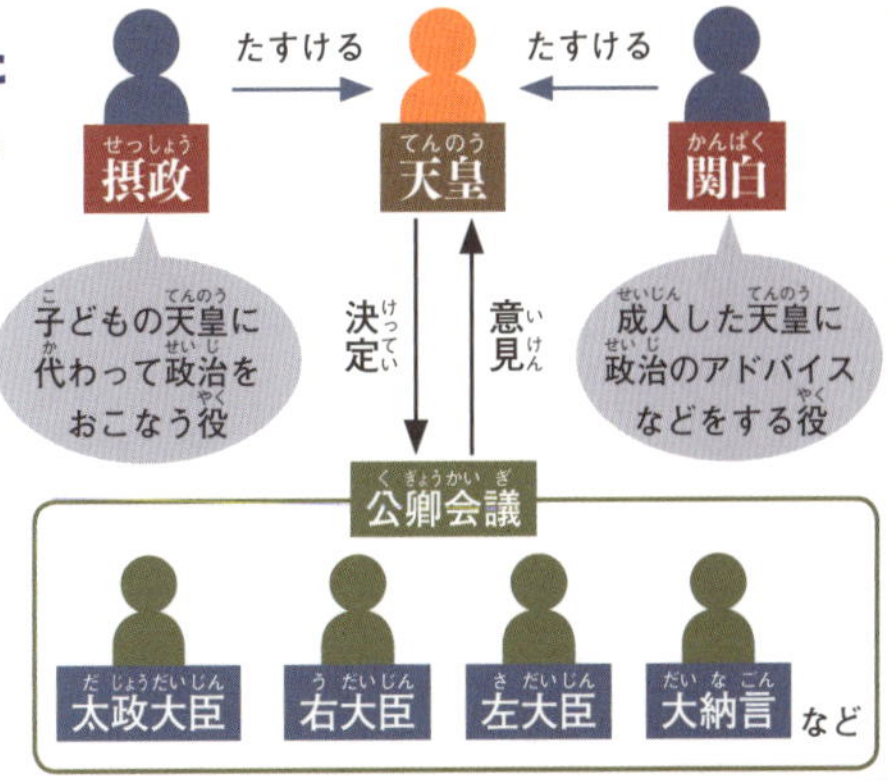

037
282

菅《すが》原《わらの》道《みち》真《ざね》

波乱《はらん》万丈《ばんじょう》の生涯《しょうがい》をおくった天才《てんさい》

出身《しゅっしん》	不明《ふめい》
生没《せいぼつ》	845年《ねん》8月《がつ》1日《たち》～903年《ねん》3月《がつ》26日《にち》
重要度《じゅうようど》	80%

能力パラメータ

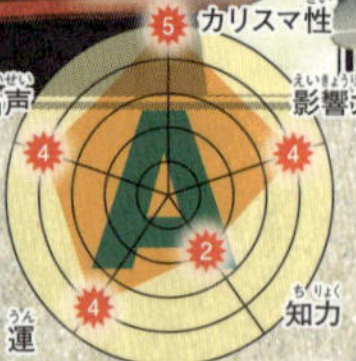

失意《しつい》の大宰府《だざいふ》左遷《させん》

幼少《ようしょう》のころから学問《がくもん》の才能《さいのう》を発揮《はっき》し、神童《しんどう》と呼《よ》ばれた道《みち》真《ざね》は、877年《ねん》に学者《がくしゃ》の最高《さいこう》位《い》である「文章博士《もんじょうはかせ》」の地位《ちい》につく。宇多天皇《うだてんのう》の信任《しんにん》もあつく、善政《ぜんせい》をおこなったが、左大臣《さだいじん》の藤原時平《ふじわらのときひら》に身《み》におぼえのない罪《つみ》をきせられて大宰《だざい》府《ふ》に左遷《させん》。失意《しつい》のうちに亡《な》くなった。

偉人《いじん》の名言《めいげん》

未《いま》だ曾《かつ》て邪《じゃ》は正《せい》に勝《か》たず

解説《かいせつ》

正義《せいぎ》を信《しん》じ抜《ぬ》いて生《い》きるべし！

道真《みちざね》のいう「未《いま》だ曾《かつ》て邪《じゃ》は正《せい》に勝《か》たず」とは、「邪《よこしま》なことはどんなことがあっても正義《せいぎ》には勝《か》てない。正義《せいぎ》を信《しん》じて生《い》き抜《ぬ》くべきである」という意味《いみ》である。右大臣《うだいじん》にまでのぼりつめた菅原道《すがわらのみち》真《ざね》にたいして、藤原《ふじわら》氏《し》などの有力貴族《ゆうりょくきぞく》が反発《はんぱつ》。左大臣《さだいじん》の藤原時平《ふじわらのときひら》が道真《みちざね》の罪《つみ》をでっちあげ、大宰府《だざいふ》に左遷《させん》させてしまう。道真《みちざね》は大宰府《だざいふ》に流《なが》されると、山《やま》にのぼってみずからの無実《むじつ》を天《てん》にうったえたといわれている。

038/282

安《あ》倍《べの》晴《せい》明《めい》

陰陽師《おんみょうじ》の大家《たいか》で神秘的《しんぴてき》な人物《じんぶつ》

イラスト●菊屋《きくや》シロウ

出《しゅっ》身《しん》	不明《ふめい》
生《せい》没《ぼつ》	921年《ねん》～1005年《ねん》
重《じゅう》要《よう》度《ど》	80%

能力《のうりょく》パラメータ

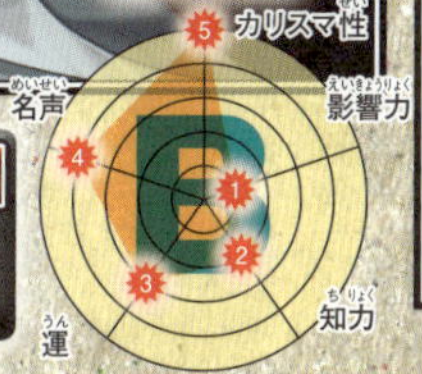

貴族《きぞく》たちの信頼《しんらい》をうける

平安時代《へいあんじだい》の陰陽師《おんみょうじ》。出自《しゅつじ》はさだかでないが、賀茂忠行《かものただゆき》・賀茂保憲《かものやすのり》父子《ふし》のもとで陰陽道《おんみょうどう》と天文学《てんもんがく》を学《まな》んだという。呪《じゅ》術《じゅつ》や祈禱《きとう》に長《た》け、天文《てんもん》を見《み》てあらゆることを予知《よち》したとされ、村上《むらかみ》・花山天皇《かざんてんのう》や藤原道《ふじわらのみち》長《なが》の信頼《しんらい》をうけ、960年《ねん》には天文博士《てんもんはかせ》となった。歴史上《れきしじょう》もっとも有名《ゆうめい》な陰陽師《おんみょうじ》だ。

晴明神社《せいめいじんじゃ》の式神《しきかみ》

京都市《きょうとし》にある晴明神社《せいめいじんじゃ》には、式《しき》神《がみ》をイメージした石像《せきぞう》がある

歴史《れきし》のウラ側《がわ》 晴明《せいめい》が使《つか》っていた式神《しきがみ》の正体《しょうたい》とは？

陰陽師《おんみょうじ》の大家《たいか》である安倍晴明《あべのせいめい》は、鬼退治《おにたいじ》とかかわりが深《ふか》いが、みずからその鬼《おに》を家来《けらい》としていたという。晴明《せいめい》が使《つか》っていた鬼《おに》とは「式神《しきがみ》」と呼《よ》ばれる鬼神《きじん》のことである。陰陽師《おんみょうじ》がもちいる式神《しきがみ》にはいくつかの種類《しゅるい》があり、「霊的《れいてき》につくりだした式神《しきがみ》」「鬼《おに》や霊《れい》を術《じゅつ》で屈服《くっぷく》させて式神《しきがみ》としたもの」「紙《かみ》やワラなどの人形《ひとがた》に術《じゅつ》をかけた式神《しきがみ》」などがある。

039
282

紫《むらさき》式《しき》部《ぶ》

名著《めいちょ》『源氏物語《げんじものがたり》』を書《か》いた才媛《さいえん》

イラスト●圓《つぶら》マルオ

宮中《きゅうちゅう》で評判《ひょうばん》の源氏物語《げんじものがたり》

平安時代《へいあんじだい》の女流作家《じょりゅうさっか》で歌《か》人《じん》。父《ちち》は学者《がくしゃ》の藤原為時《ふじわらのためとき》。紫《むらさき》式部《しきぶ》は学問《がくもん》好《ず》きで、とくに漢《かん》文《ぶん》が得意《とくい》だった。やがて結婚《けっこん》と出産《しゅっさん》を経験《けいけん》するが、夫《おっと》に先《さき》立《だ》たれ、このころから『源氏《げんじ》物語《ものがたり》』を書《か》きはじめたという。この物語《ものがたり》は宮中《きゅうちゅう》で評判《ひょうばん》を呼《よ》び、宮廷《きゅうてい》に出仕《しゅっし》するキッカケになった。

出身《しゅっしん》	山城国《やましろのくに》
生没《せいぼつ》	978年《ねん》～1016年《ねん》
重要度《じゅうようど》	80%

能力《のうりょく》パラメータ

歴史《れきし》のウラ側《がわ》

原本《げんぽん》が存在《そんざい》しない源氏物語《げんじものがたり》の真実《しんじつ》

平安時代《へいあんじだい》に紫式部《むらさきしきぶ》が記《しる》した『源氏物語《げんじものがたり》』の原《げん》本《ぽん》はじつは存在《そんざい》していない。いまにのこる『源《げん》氏物語《じものがたり》』は写本《しゃほん》したもので、鎌倉時代《かまくらじだい》に藤原定《ふじわらのさだ》家《いえ》が写本《しゃほん》したものや、同時代《どうじだい》の源氏物語《げんじものがたり》の研究《けんきゅう》者《しゃ》だった源光行《みなもとのみつゆき》・親行《ちかゆき》親子《おやこ》によってつくられた本《ほん》など、約《やく》250本《ほん》が伝《つた》わっている。そのため、いまに存在《そんざい》しないいくつかの「失《うしな》われた巻《かん》」があったという説《せつ》もある。

源氏庭《げんじてい》

京都《きょうと》・廬山寺《ろざんじ》の庭園《ていえん》は、紫式部《むらさきしきぶ》の邸宅跡《ていたくあと》だとされている

040
282

清《せい》少《しょう》納《な》言《ごん》

随筆《ずいひつ》『枕草子《まくらのそうし》』で有名《ゆうめい》な女流作家《じょりゅうさっか》

イラスト●ナチコ

英才教育《えいさいきょういく》をうけて育《そだ》つ

平安時代《へいあんじだい》の女流作家《じょりゅうさっか》で歌人《かじん》。父《ちち》は歌人《かじん》の清原元輔《きよはらのもとすけ》で、本名《ほんみょう》は清原諾子《きよはらなぎこ》という説《せつ》がある。幼少《ようしょう》のころから和歌《わか》や漢文《かんぶん》などの英才教育《えいさいきょういく》をうけて育《そだ》ち、27歳《さい》のころに藤原定子《ふじわらのていし》の教育係《きょういくがかり》として宮廷《きゅうてい》に入《はい》った。34歳《さい》で宮中《きゅうちゅう》を去《さ》ったが、このころに随筆《ずいひつ》『枕草子《まくらのそうし》』が完成《かんせい》したといわれている。

出身《しゅっしん》	山城国《やましろのくに》
生没《せいぼつ》	966年《ねん》ごろ〜1025年《ねん》ごろ
重要度《じゅうようど》	50%

能力《のうりょく》パラメータ

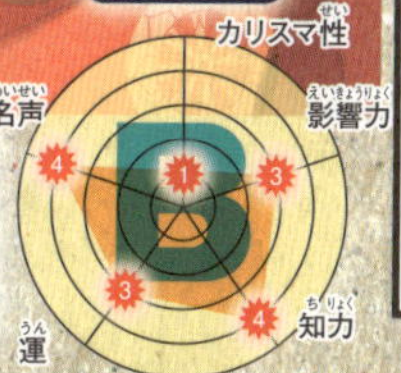

三船祭《みふねまつり》

京都《きょうと》でおこなわれる三船祭《みふねまつり》は、清少納言《せいしょうなごん》が主役《しゅやく》

歴史《れきし》のウラ側《がわ》

紫式部《むらさきしきぶ》と清少納言《せいしょうなごん》は仲《なか》が悪《わる》かった!?

同《おな》じ時代《じだい》の女流作家《じょりゅうさっか》、紫式部《むらさきしきぶ》と清少納言《せいしょうなごん》の関係《かんけい》はどうだったのか？　ともに一条天皇《いちじょうてんのう》のお妃《きさき》のもとで働《はたら》いていたが、直接《ちょくせつ》の面識《めんしき》はなかったという。ただ、紫式部《むらさきしきぶ》は『紫式部日記《むらさきしきぶにっき》』のなかで清少納言《せいしょうなごん》の悪口《わるぐち》（漢字《かんじ》をまちがえるなど）を書《か》いており、清少納言《せいしょうなごん》は『枕草子《まくらのそうし》』に紫式部《むらさきしきぶ》の夫《おっと》の衣装《いしょう》が派手《はで》だと書《か》いている。同《おな》じ作家《さっか》・歌人《かじん》として相手《あいて》をかなり意識《いしき》していたようだ。

超重要人物《ちょうじゅうようじんぶつ》ファイル！
No.006

花《はな》ひらく平安《へいあん》文学《ぶんがく》

貴《き》族《ぞく》が中《ちゅう》枢《すう》をにぎった平《へい》安《あん》時《じ》代《だい》に日《に》本《ほん》文《ぶん》学《がく》の基《き》礎《そ》ができあがった！

歌人《かじん》にして伝説的《でんせつてき》な美女《びじょ》

小《お》野《のの》小《こ》町《まち》

041/282

生《せい》没《ぼつ》▶不明《ふめい》

クレオパトラ、楊貴妃《ようきひ》とならび、世界三大美女《せかいさんだいびじょ》として有名《ゆうめい》だが、その生《お》い立《た》ちはよくわかっていない。しかし、紀貫之《きのつらゆき》が彼《かの》女《じょ》の歌《うた》を絶賛《ぜっさん》し、「六歌《ろっか》仙《せん》」のひとりにくわえたことから、才能《さいのう》あふれる女流歌人《じょりゅうかじん》だったことはまちがいないだろう。

イラスト●むなぁげ

仮名文字《かなもじ》を広《ひろ》めた文学者《ぶんがくしゃ》

紀《きの》貫《つら》之《ゆき》

042/282

生《せい》没《ぼつ》▶866年《ねん》ごろ～945年《ねん》

醍醐天皇《だいごてんのう》の命《めい》で『古今和《こきんわ》歌集《かしゅう》』の編《へん》さんにたずさわった歌人《かじん》。日本最古《にほんさいこ》の日記文学《にっきぶんがく》である『土佐日《とさにっ》記《き》』を書《か》くなど、仮名文《かなぶん》学《がく》を広《ひろ》め、のちの紫式部《むらさきしきぶ》などの女流作家《じょりゅうさっか》に影響《えいきょう》をあたえた。歌人《かじん》としても超一流《ちょういちりゅう》で、「三十六歌仙《さんじゅうろっかせん》」に数《かぞ》えられている。

イラスト●チェロキー

043/282

和泉式部《いずみしきぶ》

恋《こい》で世間《せけん》をさわがせた女流歌人《じょりゅうかじん》

生《せい》　没《ぼつ》▶978年《ねん》ごろ〜不明《ふめい》

平安時代中《へいあんじだいなか》ごろの歌人《かじん》。勅撰《ちょくせん》の和歌集《わかしゅう》にえらばれた歌《うた》の数《かず》は、女性歌人《じょせいかじん》としては最多《さいた》をほこる。恋多《こいおお》き女性《じょせい》で、夫《おっと》がありながら冷泉天皇《れいぜいてんのう》の皇子《おうじ》ふたりとの恋《こい》にはしり、夫《おっと》とは断絶《だんぜつ》。父《ちち》からは勘当《かんどう》をいいわたされる。しかし、皇子《おうじ》ふたりとはいずれも死《し》にわかれ、宮廷《きゅうてい》に女房《にょうぼう》として出仕《しゅっし》した。

イラスト●奥田《おくだ》みき

藤原道綱母《ふじわらのみちつなのはは》

誰《だれ》もがみとめる絶世《ぜっせい》の美女《びじょ》

044/282

生《せい》　没《ぼつ》▶936年《ねん》ごろ〜995年《ねん》6月《がつ》2日《か》

平安時代中《へいあんじだいなか》ごろの歌人《かじん》で、藤原道長《ふじわらのみちなが》のもとで大納言《だいなごん》となった藤原道綱《ふじわらのみちつな》の母《はは》。本名《ほんみょう》は伝《つた》わっていないが、藤原倫寧《ふじわらのともやす》の娘《むすめ》で、藤原兼家《ふじわらのかねいえ》の側室《そくしつ》となり、道綱《みちつな》を生《う》んだといわれている。絶世《ぜっせい》の美女《びじょ》で歌人《かじん》としても一流《いちりゅう》だが、夫《おっと》・兼家《かねいえ》との恋愛《れんあい》をつづった『蜻蛉日記《かげろうにっき》』の作者《さくしゃ》としても有名《ゆうめい》。

イラスト●クロブチぬまま

世界《せかい》にほこる平安文学《へいあんぶんがく》のスゴさ

平安文学《へいあんぶんがく》の大《おお》きな特徴《とくちょう》は、女流作家《じょりゅうさっか》が非常《ひじょう》に多《おお》いこと。実《じつ》は平安時代《へいあんじだい》の8〜10世紀《せいき》ごろの世界《せかい》では、文字《もじ》を書《か》ける女性《じょせい》そのものが少《すく》なく、ましてや恋愛《れんあい》をテーマにした女流文学《じょりゅうぶんがく》は、ほとんどなかった。とくに源氏《げんじ》物語《ものがたり》は完成度《かんせいど》の高《たか》い文学作《ぶんがくさく》品《ひん》として、英語《えいご》や中国語《ちゅうごくご》、ロシア語《ご》などに翻訳《ほんやく》され、世界中《せかいじゅう》で親《した》しまれている。

●紫式部《むらさきしきぶ》が滞在《たいざい》したといわれる石山寺《いしやまでら》

045/282

平《たいらの》将《まさ》門《かど》

「新皇《しんのう》」を名乗《なの》った東国《とうごく》武士《ぶし》

出身《しゅっしん》	下総国《しもうさのくに》
生没《せいぼつ》	不明《ふめい》～940年《ねん》3月《がつ》25日《にち》
重要度《じゅうようど》	70%

イラスト●クニヨネ

朝廷《ちょうてい》に反旗《はんき》をひるがえす

下総《しもうさ》の中級《ちゅうきゅう》貴族《きぞく》の家《いえ》に生《う》まれる。自分《じぶん》にたすけを求《もと》めにきた罪人《ざいにん》をかくまい、国司《こくし》（地方《ちほう》の行政《ぎょうせい》官《かん》）の引《ひ》きわたし要求《ようきゅう》に応《おう》じず、逆《ぎゃく》に国府《こくふ》をおそって反逆者《はんぎゃくしゃ》となった。関《かん》東《とう》を制圧《せいあつ》して独立《どくりつ》を宣言《せんげん》し、みずから「新皇《しんのう》」と称《しょう》して朝廷《ちょうてい》に反旗《はんき》をひるがえしたが、わずか2ヵ月《げつ》たらずで討伐《とうばつ》された。

046/282

藤《ふじ》原《わらの》純《すみ》友《とも》

海賊《かいぞく》の首領《しゅりょう》となり反乱《はんらん》を起《お》こす

出身《しゅっしん》	山城国《やましろのくに》
生没《せいぼつ》	893年《ねん》ごろ～941年《ねん》7月《がつ》21日《にち》
重要度《じゅうようど》	60%

イラスト●Natto-7

西国《さいこく》各地《かくち》で朝廷軍《ちょうていぐん》を撃破《げきは》

筑前守《ちくぜんのかみ》の藤原良範《ふじわらのよしのり》の次《じ》男《なん》。早《はや》くにうしろ盾《だて》の父《ちち》を失《うしな》い、出世《しゅっせ》をあきらめた純友《すみとも》に、朝廷《ちょうてい》から瀬戸《せと》内海《ないかい》を荒《あ》らしていた海賊《かいぞく》の討伐《とうばつ》が命《めい》じられる。だが936年《ねん》、みずから海《かい》賊《ぞく》となって反乱《はんらん》を起《お》こした。各地《かくち》で朝廷軍《ちょうていぐん》を撃破《げきは》するが追《お》いつめられ、九《きゅう》州《しゅう》の大宰府《だざいふ》に敗走《はいそう》したが、討《う》ちとられた。

047/282

源《みなもとの》義《よし》家《いえ》

文武両道《ぶんぶりょうどう》にすぐれた理想《りそう》の武士《ぶし》

イラスト●まっつん！

出身《しゅっしん》	河内国《かわちのくに》
生没《せいぼつ》	1039年《ねん》～1106年《ねん》8月《がつ》4日《か》
重要度《じゅうようど》	70%

朝廷《ちょうてい》もその武力《ぶりょく》に注目《ちゅうもく》

藤原道長《ふじわらのみちなが》の四天王《してんのう》といわれた河内源氏《かわちげんじ》の出身《しゅっしん》。「八幡太郎《はちまんたろう》」と称《しょう》し、文武両道《ぶんぶりょうどう》にすぐれた武士《ぶし》だった。父《ちち》にしたがって前九年《ぜんくねん》の役《えき》で活躍《かつやく》。また、治安《ちあん》の悪《わる》くなっていた京都《きょうと》で義家《よしいえ》の武力《ぶりょく》は朝廷《ちょうてい》に注目《ちゅうもく》され、白河上皇《しらかわじょうこう》の護衛役《ごえいやく》となることも多《おお》かったという。足利尊氏《あしかがたかうじ》などの祖先《そせん》にあたる。

後三年合戦絵詞《ごさんねんかっせんえことば》（戎谷南山筆《えびすやなんざんひつ》）

後三年《ごさんねん》の役《えき》は、一般人《いっぱんじん》もころされるおそろしい戦《たたか》いだった。

横手市教育委員会提供《よこてしきょういくいいんかいていきょう》

歴史《れきし》のウラ側《がわ》　むくわれなかった後三年《ごさんねん》の役《えき》

源　義家《みなもとのよしいえ》は1083年《ねん》に陸奥守《むつのかみ》となって東北《とうほく》におもむくと、勢力《せいりょく》が強大化《きょうだいか》していた清原氏《きよはらし》の内紛《ないふん》に介入《かいにゅう》。後三年《ごさんねん》の役《えき》で清原氏《きよはらし》をほろぼしたが、朝廷《ちょうてい》に私戦《しせん》とみなされて恩賞《おんしょう》が出《で》ず、陸奥守《むつのかみ》を解任《かいにん》されてしまった。しかし義家《よしいえ》は自分《じぶん》の所領《しょりょう》を参戦《さんせん》した武士《ぶし》にわけあたえたという。この義家《よしいえ》の温情《おんじょう》に東国武士《とうごくぶし》は感激《かんげき》し、おたがいのきずなが深《ふか》まったという。

超重要人物《ちょうじゅうようじんぶつ》ファイル！

No.007

院《いん》政《せい》と武《ぶ》士《し》の台《たい》頭《とう》

院《いん》政《せい》期《き》に活《かつ》躍《やく》した上《じょう》皇《こう》たちと武《ぶ》家《け》の偉《い》人《じん》たちを紹《しょう》介《かい》！

藤原氏《ふじわらし》から政権《せいけん》を奪取《だっしゅ》！

白《しら》河《かわ》上《じょう》皇《こう》

生《せい》　没《ぼつ》▶1053年《ねん》7月《がつ》7日《か》～1129年《ねん》7月《がつ》24日《か》

第《だい》72代天皇《だいてんのう》として14年間在位《ねんかんざいい》した。藤原氏《ふじわらし》の摂関政治《せっかんせいじ》をおわらせ、わずか8歳《さい》の息子《むすこ》・堀河天皇《ほりかわてんのう》に天皇《てんのう》の位《くらい》をゆずって「上皇《じょうこう》」となって政治《せいじ》をおこなった。この院政《いんせい》は堀河天皇《ほりかわてんのう》が成人《せいじん》してからもつづいた。

イラスト●桐矢隆《きりやたかし》

ポイント！

じつは江戸時代《えどじだい》までつづいた院政《いんせい》とは？

院政《いんせい》とは、在位《ざいい》している天皇《てんのう》の親《おや》や祖父《そふ》が天皇《てんのう》に代《か》わって政治《せいじ》をおこなう政治《せいじ》の形《かたち》。日本《にほん》で院政《いんせい》を最初《さいしょ》におこなった白河上皇《しらかわじょうこう》の院政《いんせい》は、藤原氏《ふじわらし》と対立《たいりつ》する天皇家《てんのうけ》をおさえる意味《いみ》もあったと考《かんが》えられている。結果的《けっかてき》に藤原氏《ふじわらし》の摂関政治《せっかんせいじ》はおわりをつげ、上皇《じょうこう》による統治《とうち》が隆盛《りゅうせい》するようになった。このとき白河上皇《しらかわじょうこう》は独自《どくじ》の軍《ぐん》事組織《じそしき》「北面武士《ほくめんのぶし》」をおき、平氏《へいし》などの武士勢力《ぶしせいりょく》を登用《とうよう》。武士《ぶし》たちの力《ちから》は強《つよ》まっていき、のちの鎌倉時代《かまくらじだい》へとつながる礎《いしずえ》となった。江戸時代《えどじだい》まで院政《いんせい》はたびたびおこなわれた。

平安《へいあん》・鎌倉時代《かまくらじだい》
後鳥羽上皇《ごとばじょうこう》
後嵯峨上皇《ごさがじょうこう》
後深草上皇《ごふかくさじょうこう》
亀山上皇《かめやまじょうこう》
後宇多上皇《ごうだじょうこう》
伏見上皇《ふしみじょうこう》
後伏見上皇《ごふしみじょうこう》
南北朝《なんぼくちょう》・室町時代《むろまちじだい》
光厳上皇《こうごんじょうこう》
後円融上皇《ごえんゆうじょうこう》
江戸時代《えどじだい》
後水尾上皇《ごみずのおじょうこう》
桜町上皇《さくらまちじょうこう》
光格上皇《こうかくじょうこう》

●院政《いんせい》をおこなったおもな上皇《じょうこう》

武士《ぶし》をあやつった日本一《にっぽんいち》の大天狗《だいてんぐ》 後《ご》白《しら》河《かわ》法《ほう》皇《おう》

049/282

イラスト●天辰公瞭《あまたつさとあき》

生《せい》　没《ぼつ》▶1127年《ねん》10月《がつ》18日《にち》〜1192年《ねん》4月《がつ》26日《にち》

武士《ぶし》の力《ちから》を利用《りよう》して朝廷《ちょうてい》での地盤《じばん》をかため、武士政権《ぶしせいけん》との共存《きょうぞん》をめざした。しかし、平氏《へいし》の専横《せんおう》が強《つよ》まると、平清盛《たいらのきよもり》を討《う》とうと陰謀《いんぼう》をめぐらした。さらに源氏《げんじ》が勢力《せいりょく》をのばすと、源頼朝《みなもとのよりとも》・義経兄弟《よしつねきょうだい》の追討命令《ついとうめいれい》を出《だ》すなど、武士《ぶし》を手玉《てだま》にとっていった。

崇《す》徳《とく》上《じょう》皇《こう》 死後《しご》に怨霊《おんりょう》となってたたることを宣言《せんげん》!

050/282

イラスト●合間太郎《あいまたろう》

生《せい》　没《ぼつ》▶1119年《ねん》7月《がつ》7日《か》〜1164年《ねん》9月《がつ》14日《か》

白河上皇《しらかわじょうこう》の命《めい》で、わずか5歳《さい》で皇太子《こうたいし》となり、即日《そくじつ》、天皇《てんのう》に即位《そくい》。しかし、院政《いんせい》をしく父《ちち》の鳥羽上皇《とばじょうこう》にうとまれ、異母弟《いぼてい》の近衛《このえ》天皇《てんのう》に位《くらい》をゆずった。さらに近衛天皇《このえてんのう》が亡《な》くなると、後白河法皇《ごしらかわほうおう》と対立《たいりつ》。保元《ほうげん》の乱《らん》を起《お》こすが讃岐《さぬき》へ流《なが》されて亡《な》くなった。

源氏《げんじ》を成長《せいちょう》させた勇敢《ゆうかん》なリーダー 源《みなもとの》義《よし》朝《とも》

051/282

生《せい》　没《ぼつ》▶1123年《ねん》〜1160年《ねん》2月《がつ》11日《にち》

清和源氏《せいわげんじ》のリーダーで源頼朝《みなもとのよりとも》の父《ちち》。少年《しょうねん》時代《じだい》に関東《かんとう》にくだり、やがて勢力《せいりょく》を拡大《かくだい》。鎌倉《かまくら》に本拠地《ほんきょち》をかまえた。のちに保元《ほうげん》の乱《らん》で後白河法皇《ごしらかわほうおう》について勝利《しょうり》するも、平治《へいじ》の乱《らん》では平氏《へいし》に敗北《はいぼく》。東国《とうごく》に敗走《はいそう》する途中《とちゅう》で味方《みかた》の裏切《うらぎ》りにあい、命《いのち》を落《お》とした。

イラスト●福田彰宏《ふくだあきひろ》

052/282

平《たいらの》清《きよ》盛《もり》

武《ぶ》士《し》で最《さい》初《しょ》の太《だ》政《じょう》大《だい》臣《じん》

わずか一《いち》代《だい》で平《へい》氏《し》の権《けん》威《い》を高《たか》めた棟《とう》梁《りょう》

出《しゅっ》身《しん》	山城国《やましろのくに》
生《せい》没《ぼつ》	1118年《ねん》2月《がつ》10日《か》～1181年《ねん》3月《がつ》20日《か》
重要度《じゅうようど》	90%

能力《のうりょく》パラメータ

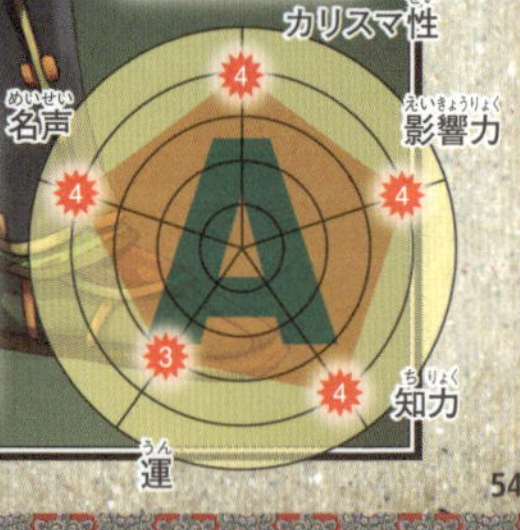

イラスト●麻亜沙《まあさ》

平氏《へいし》には反発《はんぱつ》も多《おお》かった

平安時代末期《へいあんじだいまっき》、もっとも勢《せい》力《りょく》を拡大《かくだい》した武将《ぶしょう》で、日本初《にほんはつ》の武家政権《ぶけせいけん》を実現《じつげん》した。伊勢《いせ》平氏《へいし》の棟梁《とうりょう》・平忠盛《たいらのただもり》の長男《ちょうなん》で、36歳《さい》で平氏《へいし》の棟梁《とうりょう》となる。保元《ほうげん》の乱《らん》では、源氏《げんじ》の源《みなもとの》義朝《よしとも》らとともに勝利《しょうり》し、武士《ぶし》でありながら大《おお》きな発言力《はつげんりょく》をえた。つづく平治《へいじ》の乱《らん》で敗北《はいぼく》した源氏《げんじ》が没落《ぼつらく》すると、清盛《きよもり》ひきいる平氏《へいし》は大《おお》きく繁栄《はんえい》。清盛《きよもり》は武士《ぶし》ではじめて太政大《だじょうだい》臣《じん》となり、摂関家《せっかんけ》の藤原氏《ふじわらし》や院政《いんせい》をおこなう上皇《じょうこう》をしりぞけ、天下《てんか》を手中《しゅちゅう》におさめた。

また、外国《がいこく》との貿易《ぼうえき》にも力《ちから》をそそぎ、巨大《きょだい》な富《とみ》を手《て》に入《い》れていた清盛《きよもり》は、都《みやこ》を福原《ふくはら》（現《げん》在《ざい》の兵庫県神戸市《ひょうごけんこうべし》）にうつそうとした。福原《ふくはら》には大輪田泊《おおわだのとまり》というよい港《みなと》があり、瀬戸内《せとない》海貿易《かいぼうえき》や日宋貿易《にっそうぼうえき》の拠点《きょてん》にぴったりだったからだ。しかし、福原《ふくはら》への遷都《せんと》（福原京《ふくはらきょう》）は、わずか半年《はんとし》でおわり、ふたたび都《みやこ》は京《きょう》にもどされた。清盛《きよもり》のやりかたや平氏《へいし》の専横《せんおう》に、後白河法皇《ごしらかわほうおう》をはじめ貴族《きぞく》や地《ち》方武士《ほうぶし》が不満《ふまん》をつのらせていたのである。

そしてついに１１８０年《ねん》、平氏打倒《へいしだとう》の勅令《ちょくれい》が出《だ》され、源《げん》平《ぺい》の合戦《かっせん》が各地《かくち》でくり広《ひろ》げられた。そのさなか、清盛《きよもり》は原《げん》因不明《いんふめい》の熱病《ねつびょう》がもとで亡《な》くなった。

平重盛像《たいらのしげもりぞう》

熱《ねっ》しやすい清盛《きよもり》にたいし息子《むすこ》の重盛《しげもり》は冷静《れいせい》な人物《じんぶつ》だったという

歴史《れきし》のウラ側《がわ》

最高権力者《さいこうけんりょくしゃ》の平清盛《たいらのきよもり》をいさめた常識人《じょうしきじん》の平重盛《たいらのしげもり》

平氏《へいし》の権勢《けんせい》の強《つよ》さをよくあらわす出来事《できごと》が「殿下乗合事件《でんかのりあいじけん》」である。平重盛《たいらのしげもり》の次男《じなん》が鷹狩《たかが》りの帰《かえ》りに藤原摂関家《ふじわらせっかんけ》の一行《いっこう》にあったが、下馬《げば》して礼《れい》をとらなかったため、はずかしめをうけた。これに怒《おこ》ったのが平清盛《たいらのきよもり》で、すぐさま報復《ほうふく》を命《めい》じたが、重盛《しげもり》は「こちらに非《ひ》がある」といさめた。しかしこの記述《きじゅつ》は「平家物語《へいけものがたり》」のもので、別《べつ》の史料《しりょう》では重盛《しげもり》が報復《ほうふく》を命《めい》じたとある。

日本史《にほんし》 Pick up!

世界三大墳墓《せかいさんだいふんぼ》

強大《きょうだい》な権力《けんりょく》をもつ王《おう》がつくらせたお墓《はか》はスケールもビッグ！

No.1 仁徳天皇陵古墳《にんとくてんのうりょうこふん》

神秘的《しんぴてき》な雰囲気《ふんいき》をもつ超巨大古墳《ちょうきょだいこふん》

仁徳天皇陵古墳《にんとくてんのうりょうこふん》（大仙古墳《だいせんこふん》）は、東《ひがし》アジアに進出《しんしゅつ》した「倭《わ》の五王《ごおう》」のなかのひとりの墓《はか》といわれ、円《えん》と四角形《しかくけい》を合体《がったい》させた日本独自《にほんどくじ》の前方後円墳《ぜんぽうこうえんふん》というかたちをしている。５世紀《せいき》の中《なか》ごろに約《やく》20年《ねん》をかけて完成《かんせい》させたという。

【全長《ぜんちょう》】486メートル　【高《たか》さ】35.8メートル　【体積《たいせき》】約《やく》140万立方《まんりっぽう》メートル

No.3 クフ王《おう》のピラミッド

【全長《ぜんちょう》】230メートル
【高《たか》さ】146メートル
【体積《たいせき》】260万立方《まんりっぽう》メートル

古代《こだい》エジプト人《じん》の見《み》あげた労力《ろうりょく》

紀元前《きげんぜん》2540年《ねん》ごろに建《た》てられた大《だい》ピラミッド。王《おう》の墓《はか》かどうかは不明《ふめい》だが、巨石《きょせき》を200万《まん》個《こ》以上《いじょう》積《つ》み上《あ》げたエジプト人《じん》の労力《ろうりょく》はすごい。

No.2 秦《しん》の始皇帝陵《しこうていりょう》

【全長《ぜんちょう》】350メートル
【高《たか》さ】76メートル
【体積《たいせき》】300万立方《まんりっぽう》メートル

一生《いっしょう》をかけてつくられたお墓《はか》

13歳《さい》で即位《そくい》した始皇帝《しこうてい》は、50歳《さい》で亡《な》くなるまでずっと墓《はか》をつくりつづけた。陵墓《りょうぼ》の内部《ないぶ》はまるで都市《とし》のようだという。

第《だい》2章《しょう》

鎌《かま》倉《くら》〜室《むろ》町《まち》時《じ》代《だい》

（1185〜1573年《ねん》）

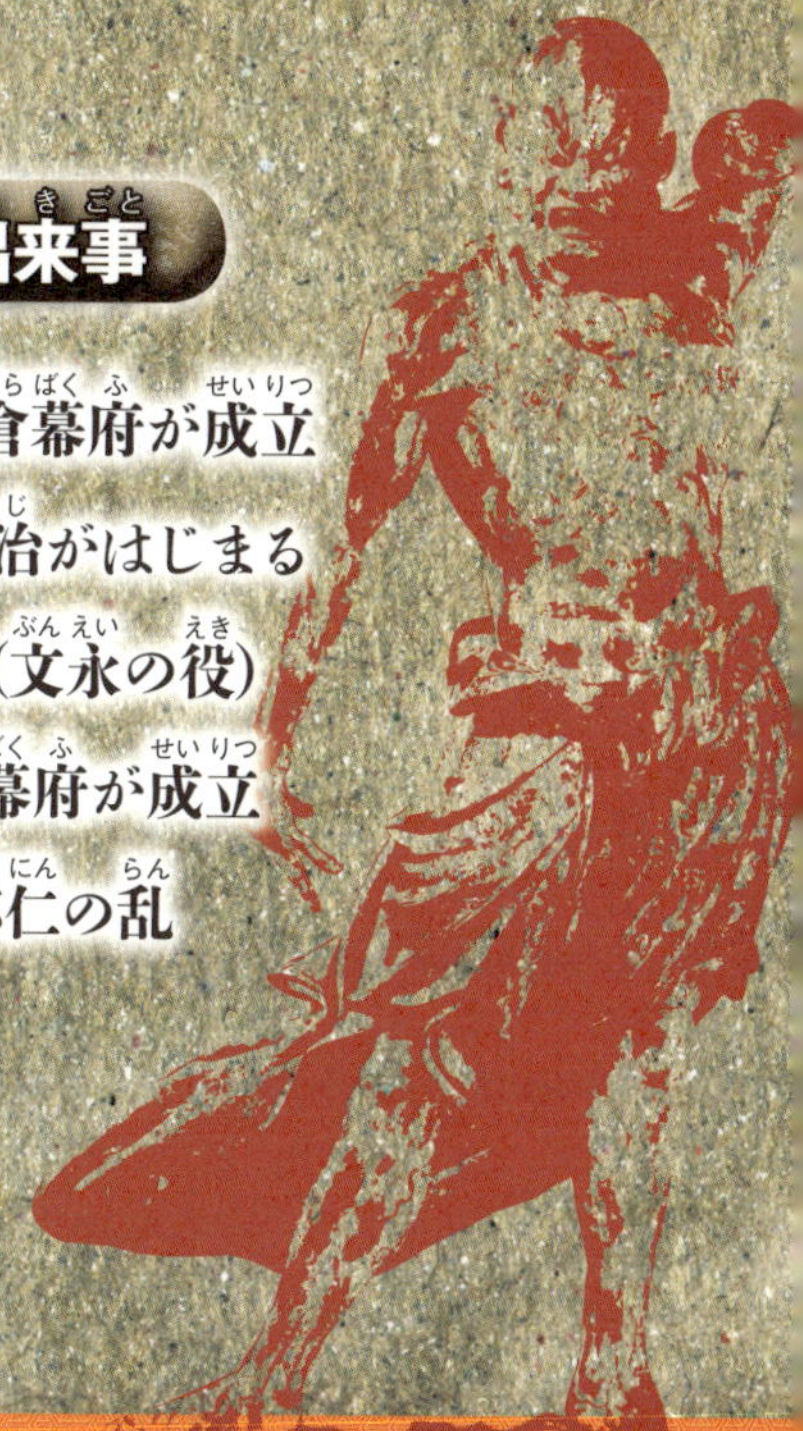

おもな出来事《できごと》

1185年《ねん》ごろ：鎌倉幕府《かまくらばくふ》が成立《せいりつ》

1203年《ねん》：執権政治《しっけんせいじ》がはじまる

1274年《ねん》：元寇《げんこう》（文永《ぶんえい》の役《えき》）

1336年《ねん》：室町幕府《むろまちばくふ》が成立《せいりつ》

1467年《ねん》：応仁《おうにん》の乱《らん》

053
282

鎌《か》倉《ま》幕《くら》府《ばく》をひらく

源《みなもとの》頼《より》朝《とも》

平家《へいけ》をほろぼして
関東《かんとう》に武家《ぶけ》政権《せいけん》を樹立《じゅりつ》！

出身《しゅっしん》	尾張国《おわりのくに》
生没《せいぼつ》	1147年《ねん》5月《がつ》9日《か》～1199年《ねん》2月《がつ》9日《か》
重要度《じゅうようど》	90%

能力《のうりょく》パラメータ

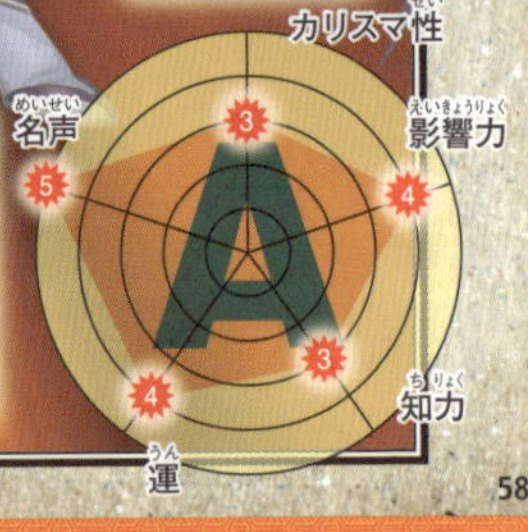

イラスト●みつなり都《みやこ》

13歳《さい》で伊豆《いず》に流《なが》される

平安時代《へいあんじだい》のおわりから鎌倉《かまくら》時代《じだい》はじめにかけての武将《ぶしょう》。源《みなもとの》　義朝《よしとも》の3男《なん》。

源氏《げんじ》の御曹司《おんぞうし》として父《ちち》とともに平家《へいけ》と戦《たたか》ったが、平治《へいじ》の乱《らん》で敗北《はいぼく》。脱出《だっしゅつ》する途中《とちゅう》で味《み》方《かた》の裏切《うらぎ》りで父《ちち》がころされてしまうと、頼朝《よりとも》も平家《へいけ》につかまり、伊豆国《いずのくに》（現在《げんざい》の静岡県《しずおかけん》の伊豆半島《いずはんとう》と伊豆諸島《いずしょとう》）に流《なが》された。

伊豆《いず》で平家《へいけ》に見張《みは》られながら20年《ねん》をすごし、そのあいだに伊豆《いず》の豪族《ごうぞく》・北条時政《ほうじょうときまさ》の長《ちょう》女《じょ》・政子《まさこ》と結婚《けっこん》。やがて、平《へい》家《け》討伐《とうばつ》の勅命《ちょくめい》がくだされたことをきっかけに、関東《かんとう》の武士《ぶし》をあつめて挙兵《きょへい》。平家打倒《へいけだとう》ののろしを上《あ》げた。

弟《おとうと》の源《みなもとの》範頼《のりより》や源《みなもとの》義経《よしつね》の協力《きょうりょく》もえた頼朝《よりとも》は、同《おな》じ源氏《げんじ》の源《みなもとの》義仲《よしなか》とのライバル争《あらそ》いに勝《か》ち、義経《よしつね》を平氏《へいし》との戦《たたか》いに投入《とうにゅう》。義経《よしつね》は快進撃《かいしんげき》をつづけ、壇《だん》ノ浦《うら》の戦《たたか》いでついに平《へい》家《け》をほろぼした。

そのころ、関東《かんとう》を平定《へいてい》し、鎌倉《かまくら》で武士《ぶし》が中心《ちゅうしん》となって政《せい》治《じ》をおこなえるしくみをつくった頼朝《よりとも》は、1185年《ねん》ごろに鎌倉幕府《かまくらばくふ》をひらいた。

1192年《ねん》には征夷大将軍《せいいたいしょうぐん》に任《にん》じられて武家政権《ぶけせいけん》を樹立《じゅりつ》するが、1199年《ねん》に落馬《らくば》がもとで亡《な》くなったといわれている。

偉人《いじん》の名言《めいげん》

大事《だいじ》を
思《おも》ひはからふ者《もの》、
物《もの》とがめをせず、
事《こと》ならぬことを
事《こと》になさず。

解説《かいせつ》

目標《もくひょう》を達成《たっせい》するには広《ひろ》い心《こころ》をもつべし！

意味《いみ》は「大事《だいじ》をなそうと考《かんが》えている者《もの》は、なにごともとがめ立《だ》てせず、小《ちい》さなことを問題《もんだい》にしてはいけない」ということ。頼朝《よりとも》は病弱《びょうじゃく》で武士《ぶし》としては弱《よわ》く、戦場《せんじょう》の活躍《かつやく》は弟《おとうと》の義経《よしつね》にまかせた。頼朝《よりとも》は、平家《へいけ》をたおして武士《ぶし》の社《しゃ》会《かい》にするには、どんな危険《きけん》な相手《あいて》でも有能《ゆうのう》なら我慢《がまん》して使《つか》いつづけた。目標《もくひょう》を達成《たっせい》するには、いまの出来事《できごと》や小《ちい》さなことになやんではいけないということだ。

054
282

源《みなもとの》義《よし》経《つね》

平氏《へいし》をほろぼした戦《いくさ》の天才《てんさい》

イラスト●ホマ蔵《ぞう》

兄《あに》と対立《たいりつ》して逃亡《とうぼう》

源《みなもとの》　義朝《よしとも》の9男《なん》で　源《みなもとの》頼朝《よりとも》の弟《おとうと》。幼名《ようめい》は「牛若《うしわか》」。幼少《ようしょう》時《じ》は鞍《くら》馬《ま》山《やま》の寺《てら》にあずけられ、15歳《さい》になると東北《とうほく》の奥州《おうしゅう》藤原氏《ふじわらし》をたよって6年《ねん》をすごす。関東《かんとう》で兄《あに》の頼朝《よりとも》とともに平氏《へいし》と戦《たたか》い、壇《だん》ノ浦《うら》の戦《たたか》いで平氏《へいし》をほろぼすが、その後《ご》、頼朝《よりとも》と対立《たいりつ》。奥州《おうしゅう》に逃《に》げるが攻《せ》められ、自害《じがい》した。

出身	山城国《やましろのくに》
生没	1159年《ねん》〜1189年《ねん》6月《がつ》15日《にち》
重要度	80%

能力パラメータ

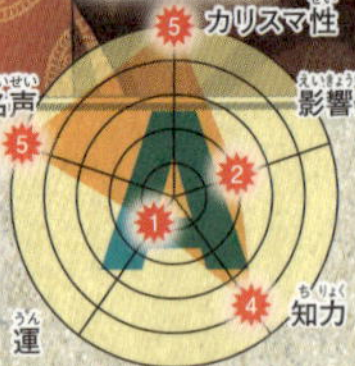

チンギス・ハン肖像《しょうぞう》

衝撃スクープ!

義経《よしつね》は死《し》なず海《うみ》の向《む》こうで生《い》きていた!?

平泉《ひらいずみ》で自害《じがい》したとされる義経《よしつね》には生存《せいぞん》説《せつ》がある。北海道《ほっかいどう》に逃《に》げて大陸《たいりく》にわたったとする説《せつ》で、さらにモンゴル帝国《ていこく》をつくったチンギス・ハンは義経《よしつね》だったという大胆《だいたん》な説《せつ》まである。

055/055

武《む》蔵《さし》坊《ぼう》弁《べん》慶《けい》

義経《よしつね》を命《いのち》がけで守《まも》った豪傑《ごうけつ》

イラスト●たわわ実《みのる》

武蔵坊《むさしぼう》と称《しょう》した乱暴者《らんぼうもの》

源 義経《みなもとのよしつね》につかえた僧兵《そうへい》。生《う》まれたときから髪《かみ》や歯《は》が生《は》え、体格《たいかく》も大《おお》きかったことから「鬼若《おにわか》」と名《な》づけられて育《そだ》った。武蔵坊《むさしぼう》と称《しょう》してあばれまわったが、義経《よしつね》と戦《たたか》って負《ま》け、生涯《しょうがい》つかえることをちかった。頼朝《よりとも》と対立《たいりつ》した義経《よしつね》が東北《とうほく》へ逃《に》げたときも、ひとりで主君《しゅくん》を守《まも》りつづけた。

出身	紀伊国《きいのくに》
生没《せいぼつ》	不明《ふめい》〜1189年《ねん》6月《がつ》15日《にち》
重要度《じゅうようど》	50%

能力パラメータ

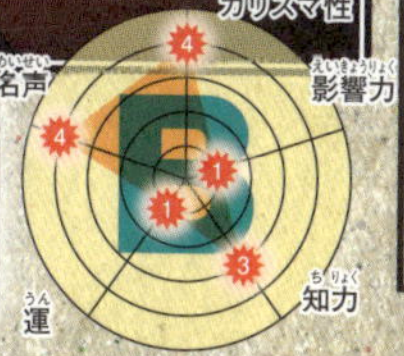

武蔵坊弁慶像《むさしぼうべんけいぞう》

弁慶《べんけい》がどんな人物《じんぶつ》だったのかはよくわかっていない

歴史《れきし》のウラ側《がわ》

延暦寺《えんりゃくじ》にのこっている弁慶《べんけい》が修行《しゅぎょう》したあと!?

弁慶《べんけい》は天台宗《てんだいしゅう》の総本山《そうほんざん》・比叡山延暦寺《ひえいざんえんりゃくじ》に修行《しゅぎょう》に出《だ》されたという。しかし、勉強《べんきょう》はまったくせず、乱暴《らんぼう》ばかりしていたのですぐに追《お》い出《だ》されてしまった。延暦寺《えんりゃくじ》の境内《けいだい》にある法華堂《ほっけどう》と常行堂《じょうぎょうどう》の２堂《どう》はあわせて「にない堂《どう》」と呼《よ》ばれているが、これは２堂《どう》をむすぶわたり廊下《ろうか》を、弁慶《べんけい》が「にない棒《ぼう》（ものをかつぐ棒《ぼう》）」に見立《みた》てて肩《かた》でかついでいたからだといわれている。

歴史《れきし》の
転換点《てんかんてん》
その4

鎌《かま》倉《くら》幕《ばく》府《ふ》と執《しっ》権《けん》政《せい》治《じ》

源氏《げんじ》の血《ち》がとだえて北条氏《ほうじょうし》が実権《じっけん》をにぎる

この出来事《できごと》が起《お》きた年《とし》
1203年以降《ねんいこう》

執権《しっけん》の地位《ちい》を北条氏《ほうじょうし》が独占《どくせん》

源《みなもとの》頼朝《よりとも》が鎌倉幕府《かまくらばくふ》をひらいて全国《ぜんこく》を支配《しはい》するが、頼朝《よりとも》が亡《な》くなって息子《むすこ》の源《みなもとの》頼家《よりいえ》の代《だい》になると、頼朝《よりとも》の妻《つま》の北条政子《ほうじょうまさこ》と北条氏《ほうじょうし》が政治《せいじ》の実権《じっけん》をにぎりはじめた。北条氏《ほうじょうし》は有力《ゆうりょく》な御家人《ごけにん》(鎌倉幕府《かまくらばくふ》と主従関係《しゅじゅうかんけい》をむすんだ武士《ぶし》)をつぎつぎとたおし、3代将軍《だいしょうぐん》の源《みなもとの》実朝《さねとも》が亡《な》くなると、京都《きょうと》の公家《くげ》からおさない子《こ》どもを連《つ》れてきて将軍《しょうぐん》に立《た》て、代々《だいだい》「執権《しっけん》」となり、政治《せいじ》をおこなった。これが「執権政治《しっけんせいじ》」である。北条氏《ほうじょうし》は、将軍《しょうぐん》よりもはるか下《した》の地位《ちい》にありながら、130年《ねん》ものあいだ、最高権力者《さいこうけんりょくしゃ》として政治《せいじ》を動《うご》かしたのである。

元寇《げんこう》で幕府《ばくふ》の力《ちから》がおとろえる

北条氏《ほうじょうし》で初代《しょだい》の執権《しっけん》になったのは、北条政子《ほうじょうまさこ》の父《ちち》である北条《ほうじょう》時政《ときまさ》。3代将軍《だいしょうぐん》の源《みなもとの》実朝《さねとも》が暗《あん》殺《さつ》され、源氏《げんじ》の血《ち》がとだえると、後鳥羽上皇《ごとばじょうこう》が政治《せいじ》の実権《じっけん》をとりもどそうと、「承久《じょうきゅう》の乱《らん》」を起《お》こすが、2代目《だいめ》執権《しっけん》・北条義時《ほうじょうよしとき》がこれをしずめた。その後《ご》、3代《だい》目《め》の北条泰時《ほうじょうやすとき》のときに、「御成敗《ごせいばい》式目《しきもく》」(武士《ぶし》の法律《ほうりつ》)がさだめられ、北条氏《ほうじょうし》の執権体制《しっけんたいせい》はかためられていった。しかし、8代目《だいめ》の北条時宗《ほうじょうときむね》の代《だい》に元寇《げんこう》が起《お》こり、財政的《ざいせいてき》にくるしくなった鎌《かま》倉幕府《くらばくふ》の力《ちから》はおとろえて、1333年《ねん》に幕府《ばくふ》がほろぶとともに執権政治《しっけんせいじ》はおわりをつげたのである。

関連《かんれん》する人物《じんぶつ》

イラスト●ナチコ

056/282 北条政子《ほうじょうまさこ》

伊豆《いず》の豪族《ごうぞく》・北条時政《ほうじょうときまさ》の娘《むすめ》。伊豆《いず》に流《なが》された源頼朝《みなもとのよりとも》と出《で》あい結婚《けっこん》。頼朝《よりとも》のよき相談役《そうだんやく》として鎌倉幕府《かまくらばくふ》の成立《せいりつ》に貢献《こうけん》した。頼朝《よりとも》の死後《しご》は、尼《あま》（女《おんな》）将軍《しょうぐん》として幕府《ばくふ》の実権《じっけん》をにぎり、将軍《しょうぐん》となったふたりの息子《むすこ》（源《みなもとの》頼家《よりいえ》・実朝《さねとも》）がころされると、政治《せいじ》の実権《じっけん》を鎌倉《かまくら》からとりもどそうと朝廷《ちょうてい》が起《お》こした承久《じょうきゅう》の乱《らん》をしずめ、幕府《ばくふ》は存続《そんぞく》の危機《きき》を脱《だっ》した。

生《せい》　没《ぼつ》▶1157年《ねん》～1225年《ねん》8月《がつ》16日《にち》

ポイント！ 幕府《ばくふ》を勝利《しょうり》にみちびいた北条政子《ほうじょうまさこ》の名演説《めいえんぜつ》

承久《じょうきゅう》の乱《らん》のとき、北条政子《ほうじょうまさこ》は御家人《ごけにん》たちに演説《えんぜつ》をおこなった。「頼朝公《よりともこう》の恩義《おんぎ》は、あなたたちにとって海《うみ》よりも深《ふか》く、山《やま》よりも重《おも》いことを思《おも》い返《かえ》してほしい」との言葉《ことば》に御家人《ごけにん》たちは感動《かんどう》し、幕府《ばくふ》にふたたび忠誠《ちゅうせい》をちかったという。政子《まさこ》が幕府《ばくふ》を勝利《しょうり》にみちびいたのである。

●鎌倉幕府《かまくらばくふ》のしくみ

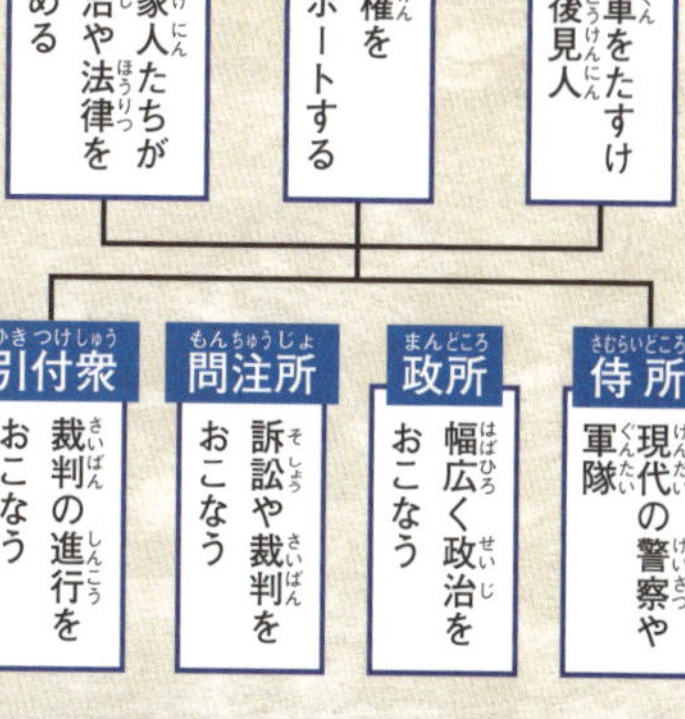

057
282

北《ほう》条《じょう》時《とき》宗《むね》

元寇《げんこう》から国《くに》を守《まも》った執権《しっけん》

イラスト●洵《じゅん》

出身	相模国《さがみのくに》
生没	1251年《ねん》6月《がつ》5日《か》～1284年《ねん》4月《がつ》20日《か》
重要度《じゅうようど》	80%

能力パラメータ

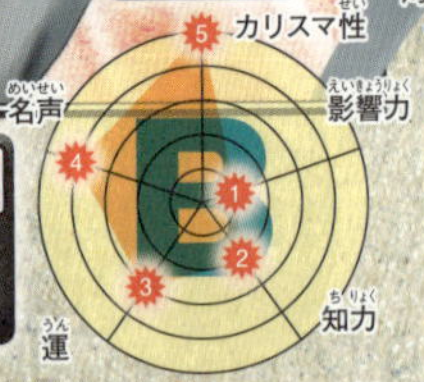

元《げん》からのおどしに屈《くっ》せず

鎌倉幕府《かまくらばくふ》8代目《だいめ》執権《しっけん》。18歳《さい》で執権《しっけん》になったが、元《げん》から服属《ふくぞく》を求《もと》める国書《こくしょ》がとどき、その対策《たいさく》におわれる。1274年《ねん》、元《げん》が日本《にほん》へ襲来《しゅうらい》（文永《ぶんえい》の役《えき》）すると、これを追《お》いはらい、1281年《ねん》の襲来《しゅうらい》（弘安《こうあん》の役《えき》）も台風《たいふう》で元軍《げんぐん》が壊滅《かいめつ》したことで勝利《しょうり》し、国《くに》を守《まも》った英雄《えいゆう》だ。

歴史《れきし》のウラ側《がわ》

禅宗《ぜんしゅう》の教《おし》えをこよなく愛《あい》した武人《ぶじん》

北条時宗《ほうじょうときむね》は対抗《たいこう》する勢力《せいりょく》を討《う》ちほろぼしたり、幕府《ばくふ》を批判《ひはん》する日蓮《にちれん》を弾圧《だんあつ》するなど、専制的《せんせいてき》な面《めん》もあったが、宋《そう》の高僧《こうそう》から禅宗《ぜんしゅう》の教《おし》えをうけるなど、ひじょうに信心深《しんじんぶか》く、元寇《げんこう》で亡《な》くなった敵《てき》と味方《みかた》の兵《へい》の霊《れい》をなぐさめるため、鎌倉《かまくら》に円覚寺《えんがくじ》を創建《そうけん》した。また、真言律宗《しんごんりっしゅう》の僧《そう》・忍性《にんしょう》の慈善活動《じぜんかつどう》にも協力《きょうりょく》し、土佐《とさ》（高知県《こうちけん》）の荘園《しょうえん》をあたえている。

円覚寺《えんがくじ》

時宗《ときむね》が建《た》てた禅《ぜん》の教《おし》えを伝《つた》える臨済宗《りんざいしゅう》の大本山《だいほんざん》

058/282

北《ほう》条《じょう》時《とき》政《まさ》

イラスト●桐矢隆《きりやたかし》

北条政子《ほうじょうまさこ》の父《ちち》で、鎌倉《かまくら》幕府初代執権《ばくふしょだいしっけん》。源頼朝《みなもとのよりとも》が亡《な》くなると、乱行《らんぎょう》が目《め》立《だ》つ2代将軍《だいしょうぐん》・源頼家《みなもとのよりいえ》から政治《せいじ》の権限《けんげん》をうばう。しかし、3代将軍《だいしょうぐん》・源《みなもとの》実朝《さねとも》のときに娘婿《むすめむこ》を将軍《しょうぐん》にしようとして失脚《しっきゃく》する。

出身《しん》	伊豆国《いずのくに》
生没《せいぼつ》	1138年《ねん》～1215年《ねん》2月《がつ》6日《か》

059/282

北《ほう》条《じょう》時《とき》頼《より》

イラスト●天辰公瞭《あまたつさとあき》

鎌倉幕府第《かまくらばくふだい》5代執権《だいしっけん》。政敵《せいてき》をほろぼして北条氏《ほうじょうし》の独裁体制《どくさいたいせい》を確立《かくりつ》する。また、領民《りょうみん》の生活《せいかつ》を保護《ほご》する「撫民《ぶみん》」という政策《せいさく》をスタートさせた。その後《ご》、出家《しゅっけ》して最明寺殿《さいみょうじどの》など呼《よ》ばれるようになった。

出身《しん》	伊豆国《いずのくに》
生没《せいぼつ》	1227年《ねん》6月《がつ》29日《にち》～1263年《ねん》12月《がつ》24日《か》

060/282

北《ほう》条《じょう》泰《やす》時《とき》

イラスト●きさらぎ

名執権《めいしっけん》とたたえられる鎌倉幕府第《かまくらばくふだい》3代執権《だいしっけん》。日本《にほん》で最初《さいしょ》の武士《ぶし》の法《ほう》である御成敗式目《ごせいばいしきもく》を制定《せいてい》したことで有名《ゆうめい》だ。承久《じょうきゅう》の乱《らん》でまたたく間《ま》に後鳥羽上皇《ごとばじょうこう》ひきいる朝廷軍《ちょうていぐん》をやぶるなど、軍人《ぐんじん》としても優秀《ゆうしゅう》だった。

出身《しん》	伊豆国《いずのくに》
生没《せいぼつ》	1183年《ねん》～1242年《ねん》7月《がつ》14日《か》

超重要人物《ちょうじゅうようじんぶつ》ファイル!

No.008

鎌《かま》倉《くら》時《じ》代《だい》の文《ぶん》化《か》人《じん》

武士《ぶし》の社会《しゃかい》に変《か》わった時代《じだい》の文化《ぶんか》をになった偉人《いじん》たち!

イラスト●合間太郎《あいまたろう》

東大寺《とうだいじ》の再建事業《さいこんじぎょう》を指揮《しき》

061/282 重源《ちょうげん》

生《せい》　没《ぼつ》▶1121年《ねん》～1206年《ねん》7月《がつ》12日《にち》

真言宗《しんごんしゅう》で出家《しゅっけ》し、のちに法然《ほうねん》に学《まな》んだ僧《そう》。僧《そう》でありながらも中国《ちゅうごく》ですすんだ建設《けんせつ》技術《ぎじゅつ》などを学《まな》んでおり、日本《にほん》の職人《しょくにん》たちを指導《しどう》。後白河法皇《ごしらかわほうおう》や 源《みなもとの》頼朝《よりとも》の後援《こうえん》をうけ、多《おお》くの困難《こんなん》を乗《の》りこえて焼失《しょうしつ》した東大寺《とうだいじ》の再建《さいけん》に力《ちから》をつくした。

時代《じだい》を代表《だいひょう》する二大仏師《にだいぶっし》

062/282 063/282 運《うん》慶《けい》・快《かい》慶《けい》

生《せい》　没《ぼつ》▶不明《ふめい》～1224年《ねん》1月《がつ》3日《か》(運慶《うんけい》)、不明《ふめい》(快慶《かいけい》)

ともに東大寺《とうだいじ》南大門《なんだいもん》の「金剛力士像《こんごうりきしぞう》」を制作《せいさく》した仏師《ぶっし》。運慶《うんけい》は、写実的《しゃじつてき》でたくましく力強《ちからづよ》い独自《どくじ》の作風《さくふう》が特徴《とくちょう》。いっぽうの快慶《かいけい》は、浄土寺《じょうどじ》の「阿弥《あみ》陀三尊立像《ださんぞんりゅうぞう》」など理知的《りちてき》で繊細《せんさい》な作風《さくふう》を得意《とくい》としていた。

イラスト●平林知子《ひらばやしともこ》

064
282

吉田兼好《よしだけんこう》

世《よ》の無常《むじょう》を実感《じっかん》して生《い》きた

生《せい》　没《ぼつ》▶1283年《ねん》ごろ～1352年以後《ねんいご》

本名《ほんみょう》は卜部兼好《うらべかねよし》といって、もともとは神官《しんかん》の家《いえ》に生《う》まれたと考《かんが》えられている。後宇多天皇《ごうだてんのう》に武士《ぶし》としてつかえていたが、その後出家《ごしゅっけ》。歌人《かじん》として名高《なだか》く、和歌四天王《わかしてんのう》にも数《かぞ》えられる。日本三大《にほんさんだい》随筆《ずいひつ》のひとつ『徒然草《つれづれぐさ》』の作者《さくしゃ》。『徒然《つれづれ》草《ぐさ》』は当時《とうじ》の風習《ふうしゅう》などを知《し》るための貴《き》重《ちょう》な史料《しりょう》となっている。

イラスト●霞《かすみ》

文学《ぶんがく》と音楽《おんがく》に生《い》きた生涯《しょうがい》

065
282

鴨長明《かものちょうめい》

生《せい》　没《ぼつ》▶1155年《ねん》～1216年《ねん》7月《がつ》26日《にち》

賀茂御祖神社《かもみおやじんじゃ》の子《こ》に生《う》まれたが、後任《こうにん》争《あらそ》いに敗北《はいぼく》して、神職《しんしょく》を継《つ》ぐことなく出家《しゅっけ》。その後《ご》、和歌《わか》を俊恵《しゅんえ》に、琵琶《びわ》を中原有安《なかはらありやす》に学《まな》んだ。それ以来《いらい》、和歌《わか》と琵琶《びわ》を熱心《ねっしん》につづけ、日本三大随筆《にほんさんだいずいひつ》のひとつ『方丈記《ほうじょうき》』を書《か》いた。その文学《ぶんがく》性《せい》は当時《とうじ》の武士《ぶし》たちにも広《ひろ》くうけ入《い》れられ、多《おお》くの人《ひと》に読《よ》まれたという。

イラスト●はとまめ

絵画《かいが》の世界《せかい》に肖像画《しょうぞうが》が登場《とうじょう》

平安時代《へいあんじだい》は人《ひと》の容貌《ようぼう》をそのままリアルに描《えが》くことは、呪詛《じゅそ》にかかわる可能性《かのうせい》があるのでさけられていた。しかし、鎌倉時代《かまくらじだい》から南北朝《なんぼくちょう》時代《じだい》になると、似絵《にせえ》と呼《よ》ばれる肖像画《しょうぞうが》が描《えが》かれはじめた。その代表的《だいひょうてき》なものに藤《ふじ》原隆信作《わらのたかのぶさく》の「源頼朝像《みなもとのよりともぞう》」があるが、近年《きんねん》では源頼《みなもとのより》朝《とも》を描《えが》いたものではないとする説《せつ》もある。

超重要人物《ちょうじゅうようじんぶつ》ファイル！

No.009

多《た》様《よう》化《か》する仏《ぶっ》教《きょう》の僧《そう》侶《りょ》

仏教《ぶっきょう》は日本人《にほんじん》の僧《そう》たちの独自《どくじ》の解釈《かいしゃく》によって多様化《たようか》した

イラスト●tocca+

念仏《ねんぶつ》に生涯《しょうがい》をかけた僧《そう》

066/282 法《ほう》然《ねん》

生《せい》　没《ぼつ》▶1133年《ねん》5月《がつ》13日《にち》～1212年《ねん》2月《がつ》29日《にち》

浄土宗《じょうどしゅう》の宗祖《しゅうそ》。13歳《さい》で比《ひ》叡山延暦寺《えいざんえんりゃくじ》に入《はい》り、天台《てんだい》宗《しゅう》を学《まな》ぶ。43歳《さい》のときに中国《ちゅうごく》の僧《そう》・善導《ぜんどう》の教《おし》えに感化《かんか》され、浄土宗《じょうどしゅう》をひらいた。その教《おし》えは男女《だんじょ》、身分《みぶん》、職業差《しょくぎょうさ》もなく、民《みん》衆《しゅう》に広《ひろ》まった。

結婚《けっこん》もした異端《いたん》の僧《そう》

068/282 親《しん》鸞《らん》

生《せい》　没《ぼつ》▶1173年《ねん》5月《がつ》21日《にち》～1263年《ねん》1月《がつ》16日《にち》

浄土真宗《じょうどしんしゅう》の宗祖《しゅうそ》。比叡山《ひえいざん》延暦寺《えんりゃくじ》で20年間修行《ねんかんしゅぎょう》したが、悟《さと》りをえられず、山《やま》をおりて法然《ほうねん》のもとで修《しゅ》行《ぎょう》を積《つ》んだ。

イラスト●クニヨネ

命《いのち》がけで布教《ふきょう》した革命僧《かくめいそう》

067/282 日《にち》蓮《れん》

生《せい》　没《ぼつ》▶1222年《ねん》～1283年《ねん》

日蓮宗《にちれんしゅう》の宗祖《しゅうそ》。さまざまな宗派《しゅうは》を学《まな》び、法華経《ほけきょう》が仏教《ぶっきょう》の真髄《しんずい》だと確信《かくしん》。迫《はく》害《がい》や流罪《るざい》にもめげず、布《ふ》教《きょう》に生涯《しょうがい》をかけた。

イラスト●Natto-7

浄土真宗《じょうどしんしゅう》の
中興《ちゅうこう》の祖《そ》

069/282

蓮《れん》如《にょ》

生《せい》　没《ぼつ》▶1415年《ねん》4月《がつ》13日《にち》～1499年《ねん》5月《がつ》14日《か》

室町時代《むろまちじだい》の浄土真宗《じょうどしんしゅう》の僧《そう》で本願寺《ほんがんじ》８世《せい》。当《とう》時《じ》の本願寺《ほんがんじ》はまずしい寺《てら》だったが、北陸《ほくりく》を拠点《きょてん》に精力的《せいりょくてき》に布教《ふきょう》し、宗祖《しゅうそ》・親鸞《しんらん》の教《おし》えに立《た》ち返《かえ》るなど、さまざまな改革《かいかく》をおこなって信徒《しんと》をふやし、大教団《だいきょうだん》に成長《せいちょう》させて後《こう》世《せい》に名《な》をのこした。

イラスト●zeNOx

070/282

栄《えい》西《さい》

禅《ぜん》の奥義《おうぎ》をきわめた
宗教家《しゅうきょうか》

生《せい》　没《ぼつ》▶1141年《ねん》5月《がつ》27日《にち》～1215年《ねん》8月《がつ》1日《たち》

鎌倉時代《かまくらじだい》の僧《そう》で、臨済宗《りんざいしゅう》の宗祖《しゅうそ》。比叡山《ひえいざん》や宋《そう》で天台密教《てんだいみっきょう》を学《まな》ぶが、1187年《ねん》の２度目《どめ》の宋《そう》への留学《りゅうがく》では、禅宗《ぜんしゅう》の高僧《こうそう》のもとで５年《ねん》間修行《かんしゅぎょう》。禅《ぜん》の奥義《おうぎ》をきわめて帰国後《きこくご》、鎌倉《かまくら》幕府《ばくふ》の庇護《ひご》をうけながら、鎌倉《かまくら》を中心《ちゅうしん》に布《ふ》教《きょう》をつづけた。

イラスト●ファルゼーレ

坐禅《ざぜん》の重要性《じゅうようせい》を
といた禅師《ぜんじ》

071/282

道《どう》元《げん》

生《せい》　没《ぼつ》▶1200年《ねん》1月《がつ》19日《にち》～1253年《ねん》9月《がつ》22日《にち》

鎌倉時代《かまくらじだい》の僧《そう》で、曹洞宗《そうとうしゅう》の宗祖《しゅうそ》。名門貴族《めいもんきぞく》の家《いえ》に生《う》まれたが、14歳《さい》で比叡山《ひえいざん》にのぼり出家《しゅっけ》。その後《ご》、栄西《えいさい》の弟子《でし》から禅宗《ぜんしゅう》を学《まな》び、さらに宋《そう》に留学《りゅうがく》して坐禅《ざぜん》の大切《たいせつ》さを知《し》って帰国《きこく》。永平寺《えいへいじ》を創建《そうけん》して曹洞宗《そうとうしゅう》を民衆《みんしゅう》に広《ひろ》めた。

イラスト●合間太郎《あいまたろう》

072
282

足《あし》利《かが》尊《たか》氏《うじ》

室《むろ》町《まち》幕《ばく》府《ふ》初《しょ》代《だい》将《しょう》軍《ぐん》

源《げん》氏《じ》の名《めい》門《もん》に生《う》まれた英《えい》雄《ゆう》

出《しゅっ》身《しん》	丹《たん》波《ば》国《のくに》
生《せい》没《ぼつ》	1305年《ねん》8月《がつ》18日《にち》～1358年《ねん》6月《がつ》7日《か》
重要度《じゅうようど》	80%

能力《のうりょく》パラメータ

イラスト●洵《じゅん》

京《きょう》に武家政権《ぶけせいけん》を立《た》てる

河内源氏《かわちげんじ》の流《なが》れをくむ名門《めいもん》の足利家《あしかがけ》の当主《とうしゅ》。後醍醐天皇《ごだいごてんのう》が鎌倉幕府《かまくらばくふ》を打倒《だとう》するために京《きょう》で兵《へい》をあげると、父《ちち》の喪中《もちゅう》にもかかわらず、幕府《ばくふ》から鎮《ちん》圧《あつ》の命令《めいれい》がくだった尊氏《たかうじ》は、上洛《じょうらく》して反乱《はんらん》を鎮圧《ちんあつ》。後醍醐《ごだいご》天皇《てんのう》はつかまって、隠岐《おき》に流《なが》された。

そんな幕府《ばくふ》のやりように反《はん》感《かん》をつのらせていた尊氏《たかうじ》は、後醍醐天皇《ごだいごてんのう》が隠岐《おき》から脱出《だっしゅつ》してふたたび幕府打倒《ばくふだとう》の兵《へい》をあげると、今度《こんど》は幕府《ばくふ》に反旗《はんき》をひるがえすことを決意《けつい》。六波《ろくは》羅探題《らたんだい》（京都《きょうと》の治安《ちあん》を守《まも》るために設置《せっち》された機関《きかん》）をほろぼして後醍醐天皇《ごだいごてんのう》を京《きょう》にむかえた。その間《かん》、鎌倉幕府《かまくらばくふ》は新《にっ》田義貞《たよしさだ》に攻《せ》め落《お》とされて滅亡《めつぼう》してしまった。

こうして後醍醐天皇《ごだいごてんのう》の建武《けんむ》の新政《しんせい》がはじまったが、貴族《きぞく》を優先《ゆうせん》して武士《ぶし》をないがしろにしたため、尊氏《たかうじ》は自分《じぶん》が征《せい》夷大将軍《いたいしょうぐん》になって新《あら》たな幕府《ばくふ》をひらこうと挙兵《きょへい》する。一度《いちど》は朝廷軍《ちょうていぐん》に大敗《たいはい》して九州《きゅうしゅう》に逃《とう》亡《ぼう》したが、ふたたび大軍《たいぐん》をひきいて上洛《じょうらく》して戦《たたか》いに勝利《しょうり》し、征夷大将軍《せいいたいしょうぐん》に任命《にんめい》されて京《きょう》に武家政権《ぶけせいけん》をうち立《た》てた。

しかし、後醍醐天皇《ごだいごてんのう》が吉野《よしの》に脱出《だっしゅつ》して南朝《なんちょう》をひらいたため、南北朝動乱《なんぼくちょうどうらん》の時代《じだい》がはじまった。

足利尊氏像《あしかがたかうじぞう》

足利尊氏《あしかがたかうじ》の肖像《しょうぞう》とされているが、はっきりとはわかっていない

歴史《れきし》のウラ側《がわ》

水戸黄門《みとこうもん》のせいで逆族《ぎゃくぞく》のイメージに!?

漫遊記《まんゆうき》で有名《ゆうめい》な水戸黄門《みとこうもん》（徳川光圀《とくがわみつくに》）は『大日《だいに》本史《ほんし》』という歴史書《れきししょ》を編《へん》さんした。そのなかで黄門《こうもん》さまは南北朝時代《なんぼくちょうじだい》について、後醍醐天皇《ごだいごてんのう》の南朝《なんちょう》を正当化《せいとうか》し、北朝《ほくちょう》をひらいた足利尊氏《あしかがたかうじ》を逆《ぎゃく》族《ぞく》（悪人《あくにん》）とした。じつは徳川家《とくがわけ》は、後醍醐天《ごだいごてん》皇《のう》に最後《さいご》までつかえた新田氏《にったし》の家系《かけい》を入手《にゅうしゅ》して松平《まつだいら》から徳川《とくがわ》へと姓《せい》を変《か》えている。つまり、ご先祖《せんぞ》さまのつかえた南朝《なんちょう》を正当化《せいとうか》したのだ。

073
282

後《ご》醍《だい》醐《ご》天《てん》皇《のう》

武士《ぶし》から政権《せいけん》をとりもどした帝王《ていおう》

イラスト●圓《つぶら》マルオ

天皇《てんのう》による独裁政治《どくさいせいじ》

第《だい》96代天皇《だいてんのう》。2度《ど》の倒幕《とうばく》クーデターによって鎌倉幕府《かまくらばくふ》をたおし、「建武《けんむ》の新政《しんせい》」という、天皇《てんのう》を絶対君主《ぜったいくんしゅ》とする独《どく》裁政治《さいせいじ》をすすめたが、武士《ぶし》の不満《ふまん》と抵抗《ていこう》を引《ひ》き起《お》こして失《しっ》敗《ぱい》。足利尊氏《あしかがたかうじ》によって皇位《こうい》を失《うしな》い幽閉《ゆうへい》されたが、その後脱《ごだっ》出《しゅつ》して吉野《よしの》へむかい、南朝《なんちょう》をひらいた。

出身 山城国《やましろのくに》

生没《せいぼつ》 1288年《ねん》11月《がつ》26日《にち》～1339年《ねん》9月《がつ》19日《にち》

重要度 60%

能力パラメータ

衝撃スクープ!

天変地異《てんぺんちい》を起《お》こした後醍醐天皇《ごだいごてんのう》のすさまじい執念《しゅうねん》

後醍醐天皇《ごだいごてんのう》は最後《さいご》まで北朝《ほくちょう》にたいして「徹底抗戦《てっていこうせん》」をとなえていた。吉野山《よしのやま》につくられた墓《はか》は天皇《てんのう》の希望《きぼう》で北向《きたむ》き(京《きょう》の方向《ほうこう》)にされ、その後《ご》、京《きょう》は疫《えき》病《びょう》や天変地異《てんぺんちい》になやまされたという。

山中《さんちゅう》をさまよう後醍醐天皇《ごだいごてんのう》

『太平記絵巻《たいへいきえまき》』に描《えが》かれた後醍醐天皇《ごだいごてんのう》の逃《に》げまどう姿《すがた》。武士《ぶし》に追《お》われているのがわかる

埼玉県立歴史《さいたまけんりつれきし》と民俗《みんぞく》の博物館所蔵《はくぶつかんしょぞう》

074/282

楠《くすの》木《き》正《まさ》成《しげ》

忠義《ちゅうぎ》にあふれた戦《いくさ》の天才《てんさい》

出身《しゅっしん》	河内国《かわちのくに》
生《せい》没《ぼつ》	1294年《ねん》ごろ～1336年《ねん》7月《がつ》4日《か》
重要度《じゅうようど》	50%

イラスト●福田彰宏《ふくだあきひろ》

後醍醐天皇《ごだいごてんのう》の救世主《きゅうせいしゅ》

後醍醐天皇《ごだいごてんのう》に忠誠《ちゅうせい》をつくし、鎌倉幕府《かまくらばくふ》の倒幕《とうばく》となし、建武《けんむ》の新政《しんせい》をなしとげた功労者《こうろうしゃ》。後醍醐天皇《ごだいごてんのう》が隠《お》岐《き》に島流《しまなが》しになったあともひとりで幕府《ばくふ》相手《あいて》に戦《たたか》い、10倍《ばい》以上《いじょう》の幕府軍《ばくふぐん》相《あい》手《て》に決《けっ》して負《ま》けることがなかったという。しかし、後醍醐天皇《ごだいごてんのう》に反抗《はんこう》した足《あし》利尊氏《かがたかうじ》と戦《たたか》ってやぶれ、戦死《せんし》した。

075/282

新《にっ》田《た》義《よし》貞《さだ》

南朝《なんちょう》の総大将《そうだいしょう》で尊氏《たかうじ》のライバル

出身《しゅっしん》	上野国《こうづけのくに》
生《せい》没《ぼつ》	1300年《ねん》ごろ～1338年《ねん》8月《がつ》17日《にち》
重要度《じゅうようど》	40%

イラスト●塩花《しおはな》

鎌倉幕府《かまくらばくふ》をほろぼした

鎌倉幕府《かまくらばくふ》の御家人《ごけにん》で、源氏《げんじ》の流《なが》れをくむ新田家《にったけ》に生《う》まれるが、後醍醐天《ごだいごてん》皇《のう》の倒幕《とうばく》のゲキにこたえて挙兵《きょへい》。鎌倉《かまくら》に攻《せ》めこんで幕府《ばくふ》をほろぼし、建武《けんむ》の新政《しんせい》で武士《ぶし》の総大将《そうだいしょう》を命《めい》じられる。その後《ご》、天《てん》皇《のう》に反逆《はんぎゃく》した足利尊氏《あしかがたかうじ》と戦《たたか》ったが、北陸《ほくりく》での交戦《こうせん》中《ちゅう》に部隊《ぶたい》が壊滅《かいめつ》して自害《じがい》した。

歴史《れきし》ミステリー

なぜ南北朝《なんぼくちょう》の動乱《どうらん》は起《お》きた!?

戦国時代《せんごくじだい》よりもおもしろいといわれる争乱《そうらん》ミステリー!

この出来事《できごと》が起《お》きた年《とし》

1336年《ねん》

約《やく》60年《ねん》も混乱《こんらん》がつづいた

１３３６年《ねん》、後醍醐天皇《ごだいごてんのう》の建武《けんむ》の新政《しんせい》にそむいた足利尊氏《あしかがたかうじ》が、九州《きゅうしゅう》から上洛《じょうらく》して朝廷軍《ちょうていぐん》をたおし、光明天皇《こうみょうてんのう》を立《た》てた。いっぽう尊氏《たかうじ》に負《ま》けた後醍醐天皇《ごだいごてんのう》はひそかに吉野《よしの》（奈良県《ならけん》）に脱出《だっしゅつ》して朝廷《ちょうてい》をひらいた。こうして朝廷《ちょうてい》は京都《きょうと》（北《きた》）と吉野《よしの》（南《みなみ》）にわかれ、「自分《じぶん》こそが正当《せいとう》だ」といって争《あらそ》った。これが南北朝《なんぼくちょう》の対立《たいりつ》である。

「京《きょう》をかならず奪還《だっかん》する」と宣言《せんげん》した南朝《なんちょう》の後醍醐天皇《ごだいごてんのう》は、皇子《おうじ》を全国《ぜんこく》に派遣《はけん》し、各地《かくち》の勢力《せいりょく》を味方《みかた》に引《ひ》きこんで戦《たたか》った。しかし、戦《たたか》いがくり広《ひろ》げられていくなかで、南朝《なんちょう》では新田義貞《にったよしさだ》など有力武将《ゆうりょくぶしょう》がつぎつぎと戦死《せんし》。後醍醐天皇《ごだいごてんのう》も崩御《ほうぎょ》して北朝《ほくちょう》が優位《ゆうい》に立《た》った。

ただ、北朝《ほくちょう》でも尊氏《たかうじ》が政治《せいじ》をまかせた弟《おとうと》の足利直義《あしかがただよし》と足利家《あしかがけ》の執事《しつじ》・高師直《こうのもろなお》が対立《たいりつ》。北朝勢《ほくちょうせい》力《りょく》が二分《にぶん》され、それぞれが交互《こうご》に南朝《なんちょう》に味方《みかた》しては乱《らん》を起《お》こすという状態《じょうたい》となった。北朝《ほくちょう》からの投降者《とうこうしゃ》をうけ入《い》れた南朝《なんちょう》は、何度《なんど》か京《きょう》に兵《へい》をすすめて天皇《てんのう》をさらったりするなどゴタゴタがつづき、世《よ》の中《なか》はいっこうにおさまらなかった。

この混乱《こんらん》をおさめたのが室町《むろまち》幕府《ばくふ》３代将軍《だいしょうぐん》・足利義満《あしかがよしみつ》で、南朝《なんちょう》に「南北朝《なんぼくちょう》の系統《けいとう》それぞれから天皇《てんのう》を出《だ》すようにしないか」と提案《ていあん》。衰退《すいたい》していた南朝《なんちょう》はこの条件《じょうけん》をうけ入《い》れ、ついに南北朝時代《なんぼくちょうじだい》がおわったのである。

南北朝時代《なんぼくちょうじだい》の相関図《そうかんず》

南朝《なんちょう》

後醍醐天皇《ごだいごてんのう》

つかえる

楠木正成《くすのきまさしげ》

新田義貞《にったよしさだ》

後醍醐天皇《ごだいごてんのう》は、足利尊氏《あしかがたかうじ》とともに建武《けんむ》の新政《しんせい》をひらいたが、武士《ぶし》を冷遇《れいぐう》したことで、尊氏《たかうじ》に反乱《はんらん》を起《お》こされ、南朝《なんちょう》をひらいた

北朝《ほくちょう》

足利尊氏《あしかがたかうじ》

反乱《はんらん》を起《お》こす

元仲間《もとなかま》・対立《たいりつ》

元仲間《もとなかま》・戦《たたか》う

天皇《てんのう》に立《た》てる

光明天皇《こうみょうてんのう》

室町幕府《むろまちばくふ》の臣下《しんか》

後醍醐天皇《ごだいごてんのう》が崩御《ほうぎょ》したあと、北朝《ほくちょう》の内部《ないぶ》でも対立《たいりつ》が起《お》こった。この対立《たいりつ》によって、南朝《なんちょう》と北朝《ほくちょう》の争《あらそ》いはドロ沼化《ぬまか》していった

足利直義《あしかがただよし》

対立《たいりつ》

高師直《こうのもろなお》

ポイント!

南北朝《なんぼくちょう》の動乱《どうらん》の原因《げんいん》は足利尊氏《あしかがたかうじ》のやさしさ!?

京《きょう》を制圧《せいあつ》して室町幕府《むろまちばくふ》をひらいた足利尊《あしかがたか》氏《うじ》は、つかまえた後醍醐天皇《ごだいごてんのう》の処分《しょぶん》を島流《しまなが》しにせず、なさけをかけて幽閉《ゆうへい》してしまった。尊氏《たかうじ》はやさしい人《ひと》でいつも非情《ひじょう》になれなかったという。尊氏《たかうじ》が冷酷《れいこく》な指導者《しどうしゃ》なら、南北朝《なんぼくちょう》の動乱《どうらん》は起《お》こらなかったかもしれない。

●おもな流《なが》れ

1333年《ねん》	後醍醐天皇《ごだいごてんのう》による建武《けんむ》の新政《しんせい》がはじまる
1336年《ねん》	足利尊氏《あしかがたかうじ》が建武《けんむ》の新政《しんせい》に不満《ふまん》を抱《いだ》き、光明天皇《こうみょうてんのう》を擁立《ようりつ》。南朝《なんちょう》と北朝《ほくちょう》にわかれる
1339年《ねん》	北畠親房《きたばたけちかふさ》が南朝《なんちょう》の正統性《せいとうせい》を主張《しゅちょう》する『神皇正統記《じんのうしょうとうき》』を執筆《しっぴつ》
1349年《ねん》	足利直義《あしかがただよし》と高師直《こうのもろなお》が対立《たいりつ》する観応《かんのう》の擾乱《じょうらん》が起《お》こる
1351年《ねん》	足利尊氏《あしかがたかうじ》が征夷大将軍《せいいたいしょうぐん》を解任《かいにん》される
1392年《ねん》	後亀山天皇《ごかめやまてんのう》が後小松天皇《ごこまつてんのう》に三種《さんしゅ》の神器《じんぎ》を渡《わた》して南北朝《なんぼくちょう》が統一《とういつ》

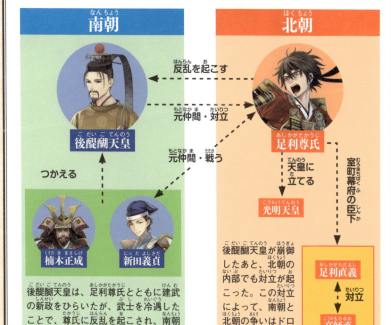

076/282

足《あし》利《かが》義《よし》満《みつ》

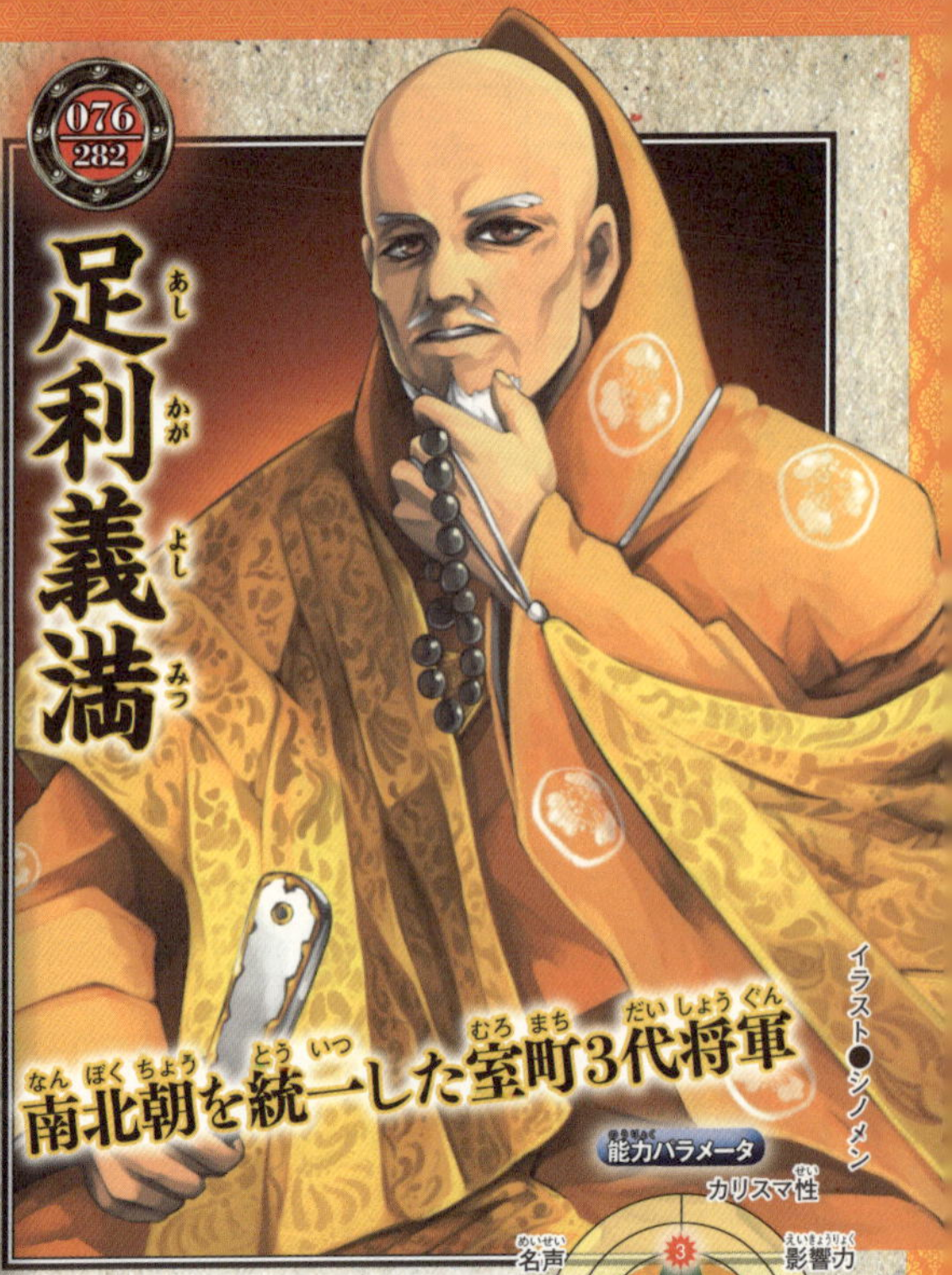

南北朝《なんぼくちょう》を統一《とういつ》した室町《むろまち》3代将軍《だいしょうぐん》

イラスト●シノメン

幕府《ばくふ》を安定《あんてい》させた名将軍《めいしょうぐん》

室町幕府第《むろまちばくふだい》3代将軍《だいしょうぐん》。有力《ゆうりょく》大名《だいみょう》の力《ちから》をそいで政権《せいけん》の安定《あんてい》をはかり、さらに南北朝《なんぼくちょう》の動《どう》乱《らん》をおわらせることにも成《せい》功《こう》。南北朝問題《なんぼくちょうもんだい》を解決《かいけつ》したあと、将軍職《しょうぐんしょく》を息子《むすこ》にゆずって太政大臣《だじょうだいじん》となり、その後《ご》すぐに出家《しゅっけ》し、政治《せいじ》を裏《うら》から動《うご》かした。金閣寺《きんかくじ》を建《た》てたことでも有名《ゆうめい》。

出身《しゅっしん》	山城国
生没	1358年《ねん》9月《がつ》25日《にち》～1408年《ねん》5月《がつ》13日《にち》
重要度	70%

能力パラメータ

カリスマ性《せい》	3
影響力	4
知力《ちりょく》	5
運《うん》	4
名声《めいせい》	4

A

歴史《れきし》のウラ側《がわ》

公家《くげ》と武家《ぶけ》の文化《ぶんか》がミックスした北山文化《きたやまぶんか》

足利義満《あしかがよしみつ》は、北山《きたやま》にもっていた別荘《べっそう》に金閣《きんかく》を建《た》てたり、演劇《えんげき》の観阿弥《かんあみ》・世阿弥親子《ぜあみおやこ》を庇護《ひご》して能楽《のうがく》の発展《はってん》をはかった。これら武家風《ぶけふう》と公家風《くげふう》がまじわり、そこに禅宗《ぜんしゅう》や明《みん》の文化《ぶんか》の要素《ようそ》もくわわった新《あたら》しい文化《ぶんか》を北山文化《きたやまぶんか》という。義満《よしみつ》の死後《しご》、北山《きたやま》の別荘《べっそう》は禅寺《ぜんでら》（鹿苑寺《ろくおんじ》）となり。全《ぜん》体《たい》が金色《きんいろ》に輝《かがや》く舎利殿《しゃりでん》の金閣《きんかく》をふくめた寺院全《じいんぜん》体《たい》が、金閣寺《きんかくじ》と呼《よ》ばれるようになった。

金閣寺《きんかくじ》

北山文化《きたやまぶんか》は、金閣寺《きんかくじ》に代表《だいひょう》されるように豪華《ごうか》で雄大《ゆうだい》な文化《ぶんか》だった

077/282

足利義政《あしかがよしまさ》

政治《せいじ》よりも文化《ぶんか》・芸術《げいじゅつ》で活躍

イラスト●田中健一《たなかけんいち》

出身《しゅっしん》	山城国《やましろのくに》
生没《せいぼつ》	1436年《ねん》1月《がつ》20日《か》～1490年《ねん》1月《がつ》27日《にち》
重要度《じゅうようど》	40%

能力パラメータ

文化《ぶんか》・芸術《げいじゅつ》に没頭《ぼっとう》

室町幕府《むろまちばくふ》第《だい》8代将軍《だいしょうぐん》。14歳《さい》で将軍《しょうぐん》となった当初《とうしょ》は、管領《かんれい》の細川家《ほそかわけ》や畠山家《はたけやまけ》ときそって幕府《ばくふ》（将軍《しょうぐん》）権力《けんりょく》の強大化《きょうだいか》をはかったが、しだいに妻《つま》の日《ひ》野富子《のとみこ》や有力大名《ゆうりょくだいみょう》が実権《じっけん》をにぎるようになった。政治的《せいじてき》な活躍《かつやく》はなかったが、文化《ぶんか》・芸《げい》術《じゅつ》に没頭《ぼっとう》して東山文化《ひがしやまぶんか》をリードした。

銀閣寺《ぎんかくじ》

東山文化《ひがしやまぶんか》は、戦乱《せんらん》にあけくれる応仁《おうにん》の乱《らん》以降《いこう》に隆盛《りゅうせい》した

歴史《れきし》のウラ側《がわ》

禅《ぜん》の精神《せいしん》を重視《じゅうし》したわび・さびの東山文化《ひがしやまぶんか》

15世紀後半《せいきこうはん》、応仁《おうにん》の乱《らん》で将軍職《しょうぐんしょく》をゆずった足《あし》利義政《かがよしまさ》は、京《きょう》の東山《ひがしやま》に山荘《さんそう》を建《た》てて静《しず》かにくらした。そのことにちなみ、このころに発展《はってん》した文化《ぶんか》を東山文化《ひがしやまぶんか》という。東山文化《ひがしやまぶんか》ではわび・さびなど禅《ぜん》の精神《せいしん》がもてはやされた。代表的《だいひょうてき》な建《けん》築物《ちくぶつ》が慈照寺銀閣《じしょうじぎんかく》で、金《きん》ピカの金閣寺《きんかくじ》とくらべるとかなり地味《じみ》だが、義政《よしまさ》の美的感覚《びてきかんかく》が随所《ずいしょ》にもりこまれているといわれている。

078
282

雪《せっ》舟《しゅう》

イラスト●合《あい》間《ま》太《た》郎《ろう》

伝《でん》説《せつ》ともなっている水《すい》墨《ぼく》画《が》の大《たい》家《か》

日《に》本《ほん》独《どく》自《じ》の水《すい》墨《ぼく》画《が》を完《かん》成《せい》

室《むろ》町《まち》時《じ》代《だい》の水《すい》墨《ぼく》画《が》家《か》。京《きょう》の相《しょう》国《こく》寺《じ》で当《とう》時《じ》最《さい》高《こう》の絵《え》師《し》である周《しゅう》文《ぶん》に画《が》法《ほう》をならい、1467年《ねん》に明《みん》にわたって、本《ほん》場《ば》の水《すい》墨《ぼく》画《が》を学《まな》んだ。帰《き》国《こく》後《ご》は中《ちゅう》国《ごく》地《ち》方《ほう》の守《しゅ》護《ご》大《だい》名《みょう》である大《おお》内《うち》氏《し》の庇《ひ》護《ご》をうけ、周《す》防《おう》の山《やま》口《ぐち》にうつり住《す》んで多《おお》くの作《さく》品《ひん》をのこし、日《に》本《ほん》独《どく》自《じ》の水《すい》墨《ぼく》画《が》を完《かん》成《せい》させた。

出《しゅっ》身《しん》	備中国《びっちゅうのくに》
生《せい》没《ぼつ》	1420年《ねん》～1506年《ねん》
重要度《じゅうようど》	40%

能力パラメータ

歴《れき》史《し》のウラ側《がわ》

水《すい》墨《ぼく》画《が》の雰《ふん》囲《い》気《き》を庭《てい》園《えん》でも表《ひょう》現《げん》した雪《せっ》舟《しゅう》

周《す》防《おう》の山《やま》口《ぐち》で晩《ばん》年《ねん》をすごしたといわれている雪《せっ》舟《しゅう》は、庇《ひ》護《ご》してもらっていた守《しゅ》護《ご》大《だい》名《みょう》・大《おお》内《うち》氏《し》の要《よう》望《ぼう》にこたえ、別《べっ》荘《そう》の庭《にわ》をつくった。その庭《にわ》は「雪《せっ》舟《しゅう》庭《てい》」と呼《よ》ばれ、三《さん》方《ぼう》を竹《ちく》林《りん》でかこみ、奥《おく》に滝《たき》、手《て》前《まえ》に池《いけ》をおき、その周《しゅう》囲《い》に多《おお》くの石《いし》を配《はい》置《ち》する「枯《かれ》山《さん》水《すい》」の構《こう》成《せい》になっている。おかれた無《む》数《すう》の石《いし》は中《ちゅう》国《ごく》大《たい》陸《りく》の山《やま》々《やま》をイメージさせ、水《すい》墨《ぼく》画《が》の雰《ふん》囲《い》気《き》を庭《にわ》で表《ひょう》現《げん》している。

萬《まん》福《ぷく》寺《じ》 雪《せっ》舟《しゅう》庭《てい》園《えん》

雪舟《せっしゅう》がきずいたといわれる庭園《ていえん》で、枯山水様式《かれさんすいようしき》と呼《よ》ばれている

079/282

一休宗純《いっきゅうそうじゅん》

出身《しゅっしん》	山城国《やましろのくに》
生没《せいぼつ》	1394年《ねん》～1481年《ねん》
重要度《じゅうようど》	30%

能力《のうりょく》パラメータ

かなり風変《ふうが》わりな性格《せいかく》

室町時代《むろまちじだい》の僧侶《そうりょ》。父《ちち》は後小松天皇《ごこまつてんのう》という説《せつ》もあり、6歳《さい》のときに安国寺《あんこくじ》にあずけられ、禅僧《ぜんそう》の道《みち》をあゆんだ。一《いち》流《りゅう》の文化《ぶんか》・風流人《ふうりゅうじん》だったが、僧《そう》としてはかなり風変《ふうが》わりな性格《せいかく》で、人目《ひとめ》をはばかることなく、酒《さけ》をのみ、肉《にく》をくい、遊郭《ゆうかく》にもかよったというほど型《かた》やぶりだった。

酬恩庵《しゅうおんあん》

一休《いっきゅう》は、酬恩庵《しゅうおんあん》で後半《こうはん》の生涯《しょうがい》をおくり、81歳《さい》のときに大徳寺住職《だいとくじじゅうしょく》となった

衝撃スクープ！ 刀《かたな》やドクロをもちあるいていた一休《いっきゅう》の奇行伝説《きこうでんせつ》

一休《いっきゅう》は刀《かたな》を腰《こし》にさし、よく町中《まちなか》をあるいていた。「なぜ刀《かたな》をもっているのか」と聞《き》くと、一休《いっきゅう》のぬいた刀《かたな》はただの木刀《ぼくとう》で、外見《がいけん》はりっぱだがなんの役《やく》にも立《た》たない高僧《こうそう》への皮肉《ひにく》だった。また、正月《しょうがつ》には杖《つえ》にドクロを乗《の》せ、きたない法衣《ほうえ》を着《き》て歌《うた》っていたという。

080
282

細《ほそ》川《かわ》勝《かつ》元《もと》

南北朝《なんぼくちょう》を統一《とういつ》した室町《むろまち》3代将軍《だいしょうぐん》

イラスト●tocca+

出身《しゅっしん》	山城国《やましろのくに》
生没《せいぼつ》	1430年《ねん》～1473年《ねん》6月《がつ》6日《か》
重要度《じゅうようど》	60%

応仁《おうにん》の乱《らん》の東軍総大将《とうぐんそうだいしょう》

室町時代《むろまちじだい》の武将《ぶしょう》で守護大《しゅごだい》名《みょう》。名門《めいもん》・細川家宗家《ほそかわけそうけ》の当主《とうしゅ》。16歳《さい》で室町幕府《むろまちばくふ》の最高職《さいこうしょく》である管領《かんれい》に就任《しゅうにん》して政治《せいじ》に強《つよ》い影響力《えいきょうりょく》をおよぼしつづけた。応仁《おうにん》の乱《らん》では東軍《とうぐん》の総大将《そうだいしょう》となり、西軍《せいぐん》の総大将《そうだいしょう》の山名宗《やまなそう》全《ぜん》と対立《たいりつ》するが、決着《けっちゃく》がつかないうちに亡《な》くなった。禅宗《ぜんしゅう》をあつく信仰《しんこう》していた。

歴史《れきし》のウラ側《がわ》

医療《いりょう》にもくわしく料理《りょうり》にうるさかった勝元《かつもと》

若《わか》くして名門細川家《めいもんほそかわけ》の当主《とうしゅ》となり、権力争《けんりょくあらそ》いに没頭《ぼっとう》していた戦略家《せんりゃくか》の細川勝元《ほそかわかつもと》は、一流《いちりゅう》の文化人《ぶんかじん》でもあった。禅宗《ぜんしゅう》をあつく信仰《しんこう》し、京都《きょうと》に龍安寺《りょうあんじ》、丹波《たんば》に龍興寺《りゅうこうじ》を建《た》てた。また、医術《いじゅつ》の研究《けんきゅう》もしており、医学書《いがくしょ》『霊蘭集《れいらんしゅう》』をみずから執筆《しっぴつ》。ほかにも和歌《わか》や絵画《かいが》、鷹狩《たかが》りにもすぐれているなどひじょうに多才《たさい》で、さらに料理《りょうり》（鯉料理《こいりょうり》）にもうるさかったという。

龍安寺《りょうあんじ》

勝元《かつもと》が建立《こんりゅう》した龍安寺《りょうあんじ》の石庭《せきてい》は世界遺産《せかいいさん》にも登録《とうろく》されている

081/282

山《やま》名《な》宗《そう》全《ぜん》

短気《たんき》で怒《おこ》りっぽい赤入道《あかにゅうどう》

イラスト●麻《ま》亜《あ》沙《さ》

出身	但馬国《たじまのくに》
生没	1404年《ねん》7月《がつ》6日《か》～1473年《ねん》4月《がつ》15日《にち》
重要度	60%

能力《のうりょく》パラメータ

応仁《おうにん》の乱《らん》の西軍総大将《せいぐんそうだいしょう》

細川勝元《ほそかわかつもと》とならぶ守護大名《しゅごだいみょう》として、山名氏《やまなし》の実権《じっけん》をにぎりつづけ、幕府内《ばくふない》でもかげながら大《おお》きな影響力《えいきょうりょく》をほこった。短気《たんき》で傲慢《ごうまん》、赤《あか》ら顔《がお》であったことから「赤入道《あかにゅうどう》」とも呼《よ》ばれていた。将軍後継問題《しょうぐんこうけいもんだい》で細川勝元《ほそかわかつもと》と対立《たいりつ》。応仁《おうにん》の乱《らん》では西軍《せいぐん》の総大将《そうだいしょう》となり、し烈《れつ》な争《あらそ》いをくり広《ひろ》げた。

百々橋《どどばし》の礎石《そせき》

応仁《おうにん》の乱《らん》で激戦地《げきせんち》となった百々《どど》橋《ばし》では多《おお》くの血《ち》が流《なが》れた

歴史《れきし》のウラ側《がわ》

細川《ほそかわ》と山名《やまな》が争《あらそ》い不毛《ふもう》な戦《たたか》いだった応仁《おうにん》の乱《らん》

応仁《おうにん》・文明《ぶんめい》の乱《らん》は、室町幕府《むろまちばくふ》8代将軍《だいしょうぐん》・足利義政《あしかがよしまさ》のときに起《お》こった内乱《ないらん》。将軍後継争《しょうぐんこうけいあらそ》いで、義政《よしまさ》の弟《おとうと》の足利義視《あしかがよしみ》の後見人《こうけんにん》となった細川勝元《ほそかわかつもと》と、義政《よしまさ》の正室《せいしつ》・日野富子《ひのとみこ》の息子《むすこ》、足利義尚《あしかがよしひさ》の後見人《こうけんにん》となった山名宗全《やまなそうぜん》が対立《たいりつ》。そこに有力《ゆうりょく》守護大名《しゅごだいみょう》の畠山氏《はたけやまし》と斯波氏《しばし》の家督争《かとくあらそ》いもからみあい、あしかけ11年《ねん》にもおよぶ長《なが》い戦《たたか》いとなったが、結局勝敗《けっきょくしょうはい》がつかないままおわった。

超重要人物《ちょうじゅうようじんぶつ》ファイル！
No.010

室町《むろまち》文化《ぶんか》の偉人《いじん》たち

貴族《きぞく》文化《ぶんか》と武士《ぶし》文化《ぶんか》がまざりあった室町《むろまち》文化《ぶんか》をリードした人々《ひとびと》

猿楽《さるがく》を芸術《げいじゅつ》に変《か》えた

082/282 観阿弥《かんあみ》

生《せい》　没《ぼつ》▶ 1333年《ねん》～1384年《ねん》6月《がつ》8日《か》

室町時代《むろまちじだい》の猿楽師《さるがくし》で、いまにつたわる能楽《のうがく》の元祖《がんそ》ともいうべき人物《じんぶつ》。足利《あしかが》義満《よしみつ》の庇護《ひご》をうけ、庶民《しょみん》的娯楽《てきごらく》だった猿楽《さるがく》を芸術《げいじゅつ》に変《か》えた。出自《しゅつじ》はなぞだが、楠木正成《くすのきまさしげ》の妹《いもうと》や忍者《にんじゃ》だったという説《せつ》もある。

イラスト●鹿間《じかま》そよ子《こ》

室町幕府《むろまちばくふ》の内紛《ないふん》をおさめた

084/282 夢窓疎石《むそうそせき》

生《せい》　没《ぼつ》▶ 1275年《ねん》～1351年《ねん》10月《がつ》20日《か》

臨済宗《りんざいしゅう》の高僧《こうそう》。後醍醐天《ごだいごてん》皇《のう》や足利尊氏《あしかがたかうじ》などの権力《けんりょく》者《しゃ》にあつく信仰《しんこう》され、門《もん》弟《てい》は1万人《まんにん》以上《いじょう》を数《かぞ》えた。庭園《ていえん》づくりでも有名《ゆうめい》。

イラスト●むなぁげ

足利義満《あしかがよしみつ》に愛《あい》された能楽師《のうがくし》

083/282 世阿弥《ぜあみ》

生《せい》　没《ぼつ》▶ 1363年《ねん》ごろ～1443年《ねん》9月《がつ》1日《たち》

室町時代《むろまちじだい》の能楽師《のうがくし》。観世《かんぜ》流《りゅう》2代目《だいめ》。父観阿弥《ちちかんあみ》の英《えい》才教育《さいきょういく》をうけ、その遺訓《いくん》をまとめた能楽書《のうがくしょ》『風姿《ふうし》花伝《かでん》』を記《しる》した。

イラスト●鹿間《じかま》そよ子《こ》

イラスト●ナチコ

室町将軍《むろまちしょうぐん》が愛《あい》した絵師《えし》

085/282 狩《か》野《のう》正《まさ》信《のぶ》

生《せい》　没《ぼつ》▶1434年《ねん》～1530年《ねん》8月《がつ》2日《か》

室町時代《むろまちじだい》の絵師《えし》で、日本画《にほんが》の世界《せかい》で明治時代《めいじじだい》まで400年以上《ねんいじょう》もつづく狩野派《かのうは》の礎《いしずえ》をきずいた。応仁《おうにん》の乱《らん》で混乱《こんらん》した京都《きょうと》で頭角《とうかく》をあらわし、足利将軍家《あしかがしょうぐんけ》の御用絵師《ごようえし》をつとめる。水墨画《すいぼくが》を中心《ちゅうしん》とする中国風《ちゅうごくふう》の絵画《かいが》と日本《にほん》の伝統的《でんとうてき》な大和絵《やまとえ》を使《つか》いわけたその画風《がふう》は、おもに武家《ぶけ》にこのまれた。

イラスト●合間太郎《あいまたろう》

日本独自《にほんどくじ》の文化《ぶんか》、いけばなの名手《めいしゅ》

086/282 池坊《いけのぼう》専《せん》慶《けい》

生《せい》　没《ぼつ》▶不明《ふめい》

室町時代《むろまちじだい》の僧《そう》で、遣隋使《けんずいし》・小野妹子《おののいもこ》の末《まつ》えいとされる。1462年《ねん》、専慶《せんけい》が武士《ぶし》にまねかれてさした花《はな》が京都《きょうと》の人々《ひとびと》の評判《ひょうばん》となり、唐物《からもの》のうつわに花《はな》の姿《すがた》や形《かたち》を工夫《くふう》してさす日本独自《にほんどくじ》の文化《ぶんか》「いけばな」が成立《せいりつ》する。池坊家《いけのぼうけ》に伝《つた》わる『花王以来《かおういらい》の花伝書《かでんしょ》』は日本最古《にほんさいこ》の花伝書《かでんしょ》といわれている。

いまの日本文化《にほんぶんか》の基礎《きそ》は室町文化《むろまちぶんか》

室町時代《むろまちじだい》に現代文化《げんだいぶんか》や生活《せいかつ》スタイルの基礎《きそ》がつくられた。日本独自《にほんどくじ》の家《いえ》のつくり「床《とこ》の間《ま》」は室町時代《むろまちじだい》の書院造《しょいんづくり》がそのもとになった。また、観阿弥《かんあみ》や世阿弥《ぜあみ》の能楽《のうがく》を基礎《きそ》として歌舞伎《かぶき》や浄瑠璃《じょうるり》がつくられた。茶《ちゃ》の湯《ゆ》によって喫茶《きっさ》の風習《ふうしゅう》も広《ひろ》がり、さらに食事《しょくじ》の回数《かいすう》も朝《あさ》・昼《ひる》・晩《ばん》の3回《かい》になった(鎌倉時代《かまくらじだい》までは1日《にち》2回《かい》)。

●桂離宮《かつらりきゅう》 月波楼《げっぱろう》は、書院造《しょいんづくり》の代表的《だいひょうてき》な建物《たてもの》

日本史《にほんし》
Pick up!

日本《にほん》三大《さんだい》
鬼嫁《おによめ》ファイル

夫《おっと》を尻《しり》にしいた歴史《れきし》にのこる女傑《じょけつ》たち

北条《ほうじょう》政子《まさこ》(1157～1225)

源《みなもとの》 頼朝《よりとも》の妻《つま》としての北条政子《ほうじょうまさこ》は、とても嫉妬深《しっとぶか》く、頼朝《よりとも》の寵愛《ちょうあい》した女性《じょせい》の家《いえ》を襲撃《しゅうげき》させたこともあったという。頼朝《よりとも》は頭《あたま》が切《き》れて気《き》が強《つよ》い政子《まさこ》に生《しょう》涯《がい》、頭《あたま》が上《あ》がらなかった。

夫《おっと》
源《みなもとの》 頼朝《よりとも》

結婚期間《けっこんきかん》
22年《ねん》

まつ(1547～1617)

夫《おっと》の前田利家《まえだとしいえ》はケチで、家臣《かしん》をあまりやとわなかったので、味《み》方《かた》のピンチに援軍《えんぐん》もおくれなかった。まつは激怒《げきど》し、金《かね》の入《はい》った袋《ふくろ》を投《な》げつけたという。

夫《おっと》
前田利家《まえだとしいえ》

結婚期間《けっこんきかん》
41年《ねん》

淀殿《よどとの》(1569～1615)

父母《ふぼ》を死《し》に追《お》いやった秀吉《ひでよし》の保《ほ》護《ご》をうけ、側室《そくしつ》となった茶々《ちゃちゃ》(淀殿《よどとの》)。秀吉《ひでよし》に寵愛《ちょうあい》されて跡継《あとつ》ぎもでき、憎《にく》き豊臣家《とよとみけ》を守《まも》る「鉄《てつ》の女《おんな》」となった。

夫《おっと》
豊臣秀吉《とよとみひでよし》

結婚期間《けっこんきかん》
10年《ねん》

第《だい》3章《しょう》

戦《せん》国《ごく》・安《あ》土《づち》桃《もも》山《やま》時《じ》代《だい》

(1493～1603年《ねん》)

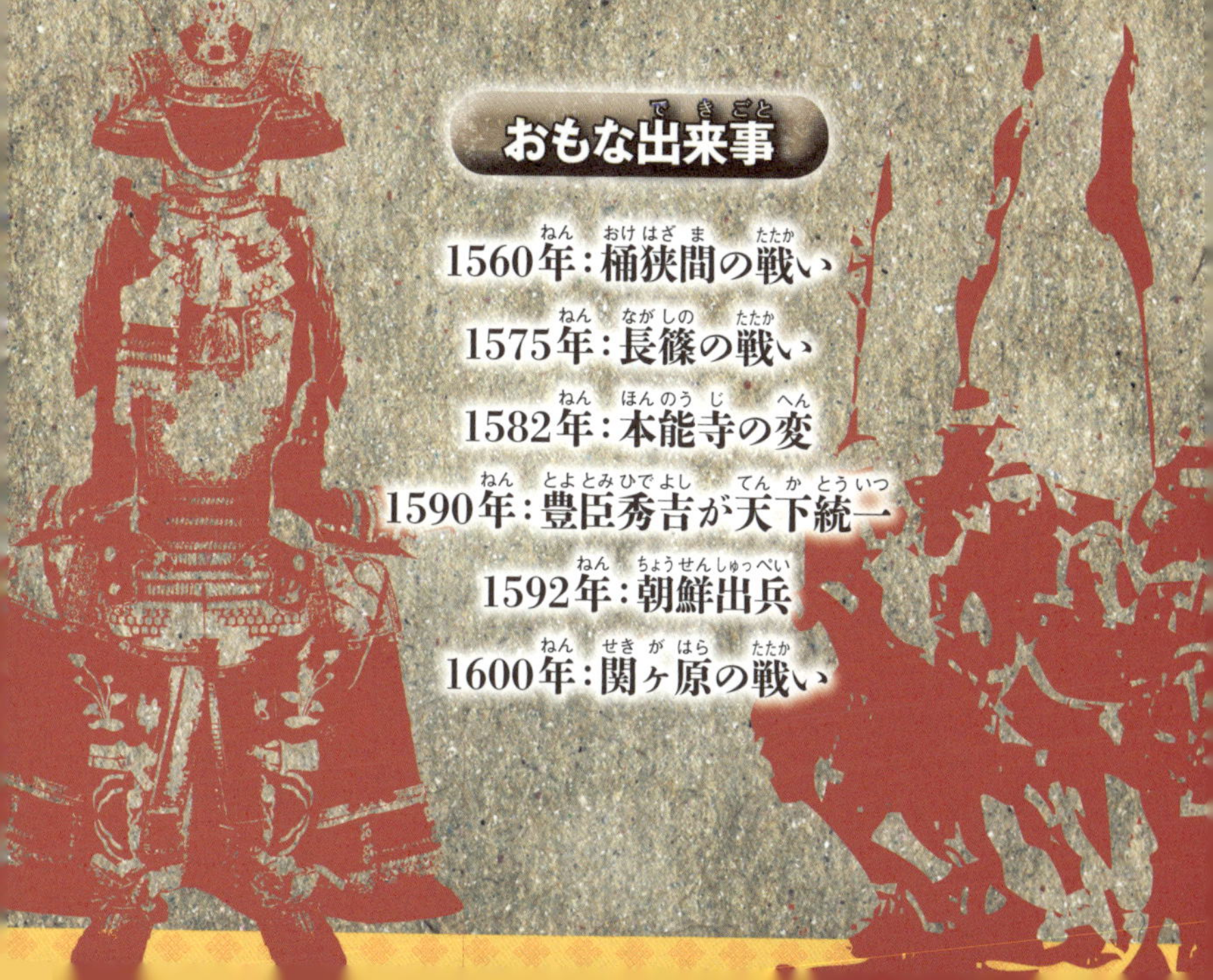

おもな出来事《できごと》

1560年《ねん》：桶狭間《おけはざま》の戦《たたか》い

1575年《ねん》：長篠《ながしの》の戦《たたか》い

1582年《ねん》：本能寺《ほんのうじ》の変《へん》

1590年《ねん》：豊臣秀吉《とよとみひでよし》が天下統一《てんかとういつ》

1592年《ねん》：朝鮮出兵《ちょうせんしゅっぺい》

1600年《ねん》：関ヶ原《せきがはら》の戦《たたか》い

087
282

戦国時代《せんごくじだい》の風雲児《ふううんじ》

織《お》田《だ》信《のぶ》長《なが》

一代《いちだい》で天下《てんか》の大半《たいはん》を手中《しゅちゅう》におさめた英雄《えいゆう》

出身《しゅっしん》	尾張国《おわりのくに》
生没《せいぼつ》	1534年《ねん》6月《がつ》23日《にち》～1582年《ねん》6月《がつ》21日《にち》
重要度《じゅうようど》	100%

能力《のうりょく》パラメータ

イラスト●ナチコ

天下《てんか》統一《とういつ》へとばく進《しん》！

尾張国《おわりのくに》の守護代《しゅごだい》の織田信秀《おだのぶひで》の子《こ》として生《う》まれる。おさないころから奇抜《きばつ》な言動《げんどう》が多《おお》く、「尾張《おわり》の大《おお》うつけ（大《おお》ばか者《もの》）」と呼《よ》ばれたが、父《ちち》の死《し》によって家督《かとく》を継《つ》ぎ、尾張国《おわりのくに》を統一《とういつ》する。

１５６０年《ねん》には今川義元《いまがわよしもと》の侵攻《しんこう》をうけるが、桶狭間《おけはざま》の戦《たたか》いでやぶって勢力《せいりょく》を強《つよ》めた。ついで美濃《みの》を平定《へいてい》して斎藤氏《さいとうし》をほろぼし、１５６８年《ねん》には京《きょう》にのぼり、足利義昭《あしかがよしあき》を将軍《しょうぐん》につけた。

しかし、義昭《よしあき》と信長《のぶなが》が徐々《じょじょ》に対立《たいりつ》し、義昭《よしあき》が各地《かくち》の戦国《せんごく》大名《だいみょう》に書状《しょじょう》をおくって信長包《のぶながほう》囲網《いもう》を形成《けいせい》。だが、信長《のぶなが》は浅井《あざい》・朝倉《あさくら》の連合軍《れんごうぐん》を姉川《あねがわ》の戦《たたか》いでやぶり、さらに延暦寺《えんりゃくじ》や一向宗門徒《いっこうしゅうもんと》などの寺院勢力《じいんせいりょく》を攻略《こうりゃく》していき、１５７３年《ねん》には義昭《よしあき》を京《きょう》から追放《ついほう》して室町《むろまち》幕府《ばくふ》をほろぼした。

こうして天下統一《てんかとういつ》をめざした信長《のぶなが》は、１５７５年《ねん》に武田《たけだ》氏《し》を長篠《ながしの》の戦《たたか》いでやぶると、近江《おうみ》の安土城《あづちじょう》に本拠地《ほんきょち》をうつし、関所《せきしょ》を廃止《はいし》したり、楽市《らくいち》・楽座《らくざ》をおこなって商工業《しょうこうぎょう》の発展《はってん》をはかった。しかし、中国《ちゅうごく》地方《ちほう》の毛利氏《もうりし》攻《ぜ》めに乗《の》り出《だ》す途中《とちゅう》、本能寺《ほんのうじ》で明智光秀《あけちみつひで》のむほんにあい、志《こころざし》なかばで自害《じがい》した。…とされているが、その死《し》にはナゾも多《おお》い。

偉人《いじん》の名言

必死《ひっし》に生《い》きてこそ、その生涯《しょうがい》は光《ひかり》を放《はな》つ

解説《かいせつ》

人生《じんせい》はみじかいのだから一生懸命《いっしょうけんめい》に生《い》きよう！

織田信長《おだのぶなが》がのこしたとされる有名《ゆうめい》な名言《めいげん》。出典《しゅってん》はあきらかにされていないが、信長《のぶなが》は桶狭間《おけはざま》の戦《たたか》いや本能寺《ほんのうじ》の変《へん》などで、何度《なんど》も死《し》に直面《ちょくめん》した経緯《けいい》がある。そのたびに「人間五十年《にんげんごじゅうねん》、下天《げてん》のうちを比《くら》ぶれば、夢幻《むげん》の如《ごと》くなり。ひとたび生《せい》を得《え》て滅《めっ》せぬもののあるべきか」と、命《いのち》のはかなさを歌《うた》った舞《ま》いを踊《おど》っていたことからも今《いま》を一生懸命《いっしょうけんめい》に生《い》きることを何《なに》よりも大事《だいじ》にしていたといえるだろう。

超重要人物《ちょうじゅうようじんぶつ》ファイル！
No.011

織田軍団《おだぐんだん》の武将《ぶしょう》

豪傑《ごうけつ》から智将《ちしょう》まで。織田信長《おだのぶなが》がめしかかえた才能《さいのう》ある武将《ぶしょう》たちを紹介《しょうかい》

イラスト●塩花《じおはな》

鬼《おに》の異名《いみょう》をとった豪傑《ごうけつ》

088/282 柴《しば》田《た》勝《かつ》家《いえ》

生《せい》　没《ぼつ》▶1522年《ねん》ごろ～1583年《ねん》6月《がつ》14日《か》

織田家《おだけ》のおもな戦《たたか》いにほとんど参加《さんか》して手柄《てがら》を立《た》て、「鬼柴田《おにしばた》」の異名《いみょう》をとった豪傑《ごうけつ》。信長《のぶなが》からの信任《しんにん》もあつく、信長《のぶなが》の妹《いもうと》・お市《いち》の方《かた》を妻《つま》とした。本能寺《ほんのうじ》の変後《へんご》に秀吉《ひでよし》と対立《たいりつ》し、賤ヶ岳《しずがたけ》で敗北《はいぼく》した。

イラスト●クニヨネ

政治面《せいじめん》でも活躍《かつやく》した武将《ぶしょう》

089/282 丹《に》羽《わ》長《なが》秀《ひで》

生《せい》　没《ぼつ》▶1535年《ねん》10月《がつ》16日《にち》～1585年《ねん》5月《がつ》15日《にち》

政治《せいじ》と戦《いくさ》の両面《りょうめん》で活躍《かつやく》し、「織田家《おだけ》に欠《か》かせぬ者《もの》」と称《しょう》された重臣《じゅうしん》。信長《のぶなが》からはじめて城《しろ》をあたえられた武将《ぶしょう》でもある。

イラスト●麻亜沙《まあさ》

敵《てき》もおそれた槍《やり》の又左《またざ》

090/282 前《まえ》田《だ》利《とし》家《いえ》

生《せい》　没《ぼつ》▶1539年《ねん》1月《がつ》15日《にち》～1599年《ねん》4月《がつ》27日《にち》

若《わか》いころは信長《のぶなが》に小姓《こしょう》としてつかえた。槍《やり》の名手《めいしゅ》で「槍《やり》の又左《またざ》」の異名《いみょう》をもち、柴田勝家《しばたかついえ》とともに北陸統一《ほくりくとういつ》で活躍《かつやく》した。

いつも信長《のぶなが》のそばにいた小姓《こしょう》 091/282 森《もり》蘭《らん》丸《まる》

生《せい》没《ぼつ》▶1565年《ねん》～1582年《ねん》6月《がつ》21日《にち》

織田信長《おだのぶなが》の側近《そっきん》で、寵愛《ちょうあい》をうけたとされる人物《じんぶつ》。本名《ほんみょう》は森成利《もりなりとし》。信長《のぶなが》の家《か》臣《しん》・森可成《もりよしなり》の三男《さんなん》で、兄《あに》は森長可《もりながよし》。家《か》中《ちゅう》では小姓《こしょう》としてはたらいたほか、奉《ぶ》行《ぎょう》や使者《ししゃ》など事務職《じむしょく》もつとめ、その功《こう》から美濃《みの》に５万石《まんこく》の領地《りょうち》をあたえられた。毛利《もうり》攻《ぜ》めにむかう信長《のぶなが》に同行《どうこう》し、本能寺《ほんのうじ》の変《へん》において死去《しきょ》した。

イラスト●橋本鳩《はしもとはと》

092/282 佐《さ》々《っさ》成《なり》政《まさ》 織田軍団《おだぐんだん》のエリート武将《ぶしょう》

生《せい》没《ぼつ》▶1536年《ねん》2月《がつ》6日《か》～1588年《ねん》7月《がつ》7日《か》

信長《のぶなが》の馬廻《うままわり》（護衛役《ごえいやく》）をへて、黒母衣《くろほろ》衆《しゅう》（親衛《しんえい》の精鋭部隊《せいえいぶたい》）のリーダーに抜《ばっ》てきされる。姉川《あねがわ》の戦《たたか》いや長篠《ながしの》の戦《たたか》いで鉄砲隊《てっぽうたい》をひきいて活躍《かつやく》し、柴田勝家《しばたかついえ》とともに北陸《ほくりく》攻《ぜ》めにも参加《さんか》。越中《えっちゅう》（富《と》山《やま》）平定《へいてい》にかかわって越中守護《えっちゅうしゅご》となり、富山城《とやまじょう》を居城《きょじょう》とした。信長《のぶなが》の跡目《あとめ》争《あらそ》いで秀吉《ひでよし》と対立《たいりつ》したが敗北《はいぼく》する。

イラスト●Natto-7

織田《おだ》家《け》の屋台骨《やたいぼね》を支《ささ》えた実力者《じつりょくしゃ》

織田家臣団《おだかしんだん》には「織田四天《おだしてん》王《のう》」と呼《よ》ばれた実力派《じつりょくは》の武《ぶ》将《しょう》がいた。そのメンバーは、織田家筆頭家老《おだけひっとうかろう》で豪傑《ごうけつ》の柴《しば》田勝家《たかついえ》。政治面《せいじめん》にもすぐれ、戦《いくさ》では後方支援《こうほうしえん》を得意《とくい》としていた丹羽長秀《にわながひで》。忍者《にんじゃ》だったという説《せつ》もある戦上手《いくさじょうず》の指揮官《しきかん》・滝川一益《たきがわかずます》。そして、のちにむほん（本能寺《ほんのうじ》の変《へん》）を起《お》こした明智光秀《あけちみつひで》の４人《にん》である。

●信長《のぶなが》が居城《きょじょう》した清洲城《きよすじょう》

???

歴史《れきし》ミステリー

本能寺《ほんのうじ》の変《へん》の黒幕《くろまく》は!?

織田《おだ》信長《のぶなが》を暗殺《あんさつ》した日本史上《にほんしじょう》にのこる大事件《だいじけん》の真相《しんそう》とは……

定説《ていせつ》

明智光秀《あけちみつひで》のむほん説《せつ》

明智光秀《あけちみつひで》が織田信長《おだのぶなが》をうらんでいたからというのが定説《ていせつ》。光秀《みつひで》は波多野氏《はたのし》を降伏《こうふく》させるため自分《じぶん》の母《はは》を人質《ひとじち》に差《さ》し出《だ》した。しかし信長《のぶなが》は降伏《こうふく》した波多野氏《はたのし》を殺害《さつがい》したため、光秀《みつひで》の母《はは》はころされた。また、徳川家康《とくがわいえやす》を接待《せったい》した光秀《みつひで》に手落《てお》ちがあったとして大勢《おおぜい》の前《まえ》でさんざんなぐったなど、こうしたことがつもりつもって、むほんにおよんだという。

光秀《みつひで》はあやつられていた!?

本能寺《ほんのうじ》の変《へん》で、光秀《みつひで》が信長《のぶなが》を討《う》ったのはあきらかだが、むほんの原因《げんいん》については、さまざまな説《せつ》がある。そのなかで注目《ちゅうもく》したいのは「黒幕説《くろまくせつ》」である。

まず最初《さいしょ》の黒幕候補《くろまくこうほ》は秀吉《ひでよし》である。もしかしたら本能寺《ほんのうじ》の変《へん》の前《まえ》に毛利《もうり》とはすでに和睦《わぼく》しており、中国大返《ちゅうごくおおがえ》しも計算《けいさん》ずくの行動《こうどう》だったという線《せん》。じつは信《のぶ》長《なが》の死《し》でもっとも得《とく》をしたのは秀吉《ひでよし》なのである。つぎの候補《こうほ》は朝廷《ちょうてい》である。信長《のぶなが》は天皇家《てんのうけ》をほろぼしてみずから王《おう》になろうとしていた。強《つよ》い危機感《ききかん》をもった朝廷《ちょうてい》が光秀《みつひで》に暗殺《あんさつ》をたのんだという説《せつ》も十分《じゅうぶん》にありえる。

黒幕《くろまく》の本命《ほんめい》はあの天下人《てんかびと》?

そして最後《さいご》に、黒幕《くろまく》の本命《ほんめい》とされているのが家康《いえやす》である。信《のぶ》長《なが》は自分《じぶん》の天下《てんか》とりの最大《さいだい》の邪《じゃ》魔《ま》は家康《いえやす》だと考《かんが》えていた。そこで本能寺《ほんのうじ》で家康《いえやす》を暗殺《あんさつ》しようと、まずは油断《ゆだん》をさそうため、わずかな手勢《てぜい》をつれて本能寺《ほんのうじ》へ入《はい》り、家康《いえやす》を待《ま》ったという。しかし家康《いえやす》にこの計画《けいかく》はつつぬけで、家康《いえやす》は光秀《みつひで》と共謀《きょうぼう》して信長《のぶなが》を討《う》った。家康《いえやす》は本能寺《ほんのうじ》の変《へん》のあと、三河《みかわ》に急《いそ》いでもどって光《みつ》秀《ひで》に援軍《えんぐん》を出《だ》そうとしたが、秀《ひで》吉《よし》の中国大返《ちゅうごくおおがえ》しのあまりの早《はや》さに断念《だんねん》せざるをえなかったという。もしこれが事実《じじつ》なら、すべてがうまく運《はこ》んでいれば、家康《いえやす》がいち早《はや》く天下《てんか》をとっていたかもしれない。

●本能寺《ほんのうじ》の変《へん》のときの勢力図《せいりょくず》

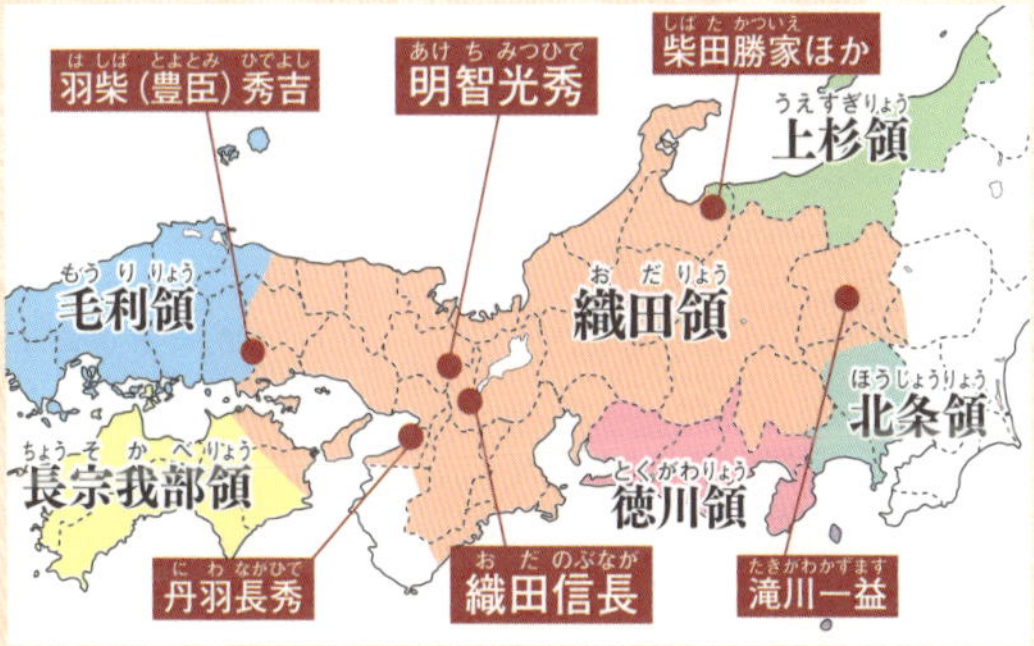

本能寺《ほんのうじ》の変《へん》はそれぞれの思惑《おもわく》がうずまいていた!?

見《み》つからなかった信長《のぶなが》の遺体《いたい》

本能寺《ほんのうじ》の変《へん》のあと、信長《のぶなが》の遺体《いたい》は見《み》つからなかった。遺体《いたい》は「だれかがかくした」「外部《がいぶ》にもちさった」「火薬《かやく》の爆発《ばくはつ》で四散《しさん》した」「遺体《いたい》は見《み》つかったがその事実《じじつ》をかくした」などさまざまな説《せつ》がある。じつは信長《のぶなが》が逃亡《とうぼう》に成功《せいこう》していたのでは？　という噂《うわさ》もあるが、真実《しんじつ》ははたして？

093/282

明智光秀《あけちみつひで》

生没《せいぼつ》▶1528年《ねん》〜1582年《ねん》7月《がつ》2日《か》

美濃《みの》の斎藤氏《さいとうし》、越前《えちぜん》の朝倉氏《あさくらし》、将軍家《しょうぐんけ》の足利義昭《あしかがよしあき》につかえたあと織田家《おだけ》に仕官《しかん》した。信長《のぶなが》の上洛《じょうらく》に大《おお》きな功《こう》があり、異例《いれい》の早《はや》さで出世《しゅっせ》をとげたが、本能寺《ほんのうじ》で信長《のぶなが》を暗殺《あんさつ》。中国攻《ちゅうごくぜ》めからもどった秀吉《ひでよし》に山崎《やまざき》の戦《たたか》いでやぶれて命《いのち》を落《お》とす。

イラスト●きさらぎ

094
282

豊《とよ》臣《とみ》秀《ひで》吉《よし》

戦《せん》国《ごく》最《さい》大《だい》の出《しゅっ》世《せ》人《にん》

信《のぶ》長《なが》の野《や》望《ぼう》を継《つ》ぎ天《てん》下《か》統《とう》一《いつ》に成《せい》功《こう》！

出《しゅっ》身《しん》	尾張国《おわりのくに》
生《せい》没《ぼつ》	1537年《ねん》3月《がつ》17日《にち》～1598年《ねん》9月《がつ》18日《にち》
重要度《じゅうようど》	100%

能力《のうりょく》パラメータ

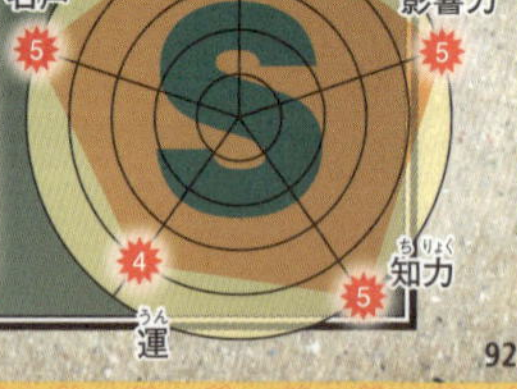

イラスト●ぼしー

信長《のぶなが》の後継者《こうけいしゃ》の座《ざ》につく

尾張《おわり》の農民《のうみん》（もしくは足軽《あしがる》）の子《こ》として生《う》まれたとされ、木下藤吉郎《きのしたとうきちろう》と名乗《なの》って織田信長《おだのぶなが》に仕官《しかん》。小谷城《おだにじょう》の戦《たたか》いで活躍《かつやく》して名前《なまえ》を羽柴秀吉《はしばひでよし》とあらため、武田《たけだ》、上杉《うえすぎ》との戦《たたか》いにも従軍《じゅうぐん》し、軍功《ぐんこう》をかさねて名声《めいせい》を高《たか》めた。１５８２年《ねん》、中《ちゅう》国攻《ごくぜ》めのさなか、本能寺《ほんのうじ》の変《へん》で信長《のぶなが》が討《う》たれると、ただちに毛利《もうり》と講和《こうわ》して京《きょう》に引《ひ》き返《かえ》し（中国大返《ちゅうごくおおがえ》し）、織田家臣《おだかしん》のだれより早《はや》く明智光秀《あけちみつひで》を討《う》ち、織田家《おだけ》の後継者《こうけいしゃ》を決《き》める清洲会議《きよすかいぎ》で実権《じっけん》を掌握《しょうあく》。賤《しず》ケ《が》岳《たけ》の戦《たたか》いで対立《たいりつ》する柴田勝家《しばたかついえ》らをやぶると、その後《ご》、織田《おだ》信雄《のぶかつ》（織田信長《おだのぶなが》の次男《じなん》）との関係《かんけい》が悪化《あっか》し、信雄《のぶかつ》・家康《いえやす》連《れん》合軍《ごうぐん》と小牧《こまき》・長久手《ながくて》で激突《げきとつ》する。しかし、秀吉《ひでよし》は信雄《のぶかつ》・家《いえ》康《やす》との和睦《わぼく》に成功《せいこう》し、正式《せいしき》に天下《てんか》とりをすすめることになった。

１５８３年《ねん》には「三国無双《さんごくむそう》の城《しろ》」と称《しょう》される大坂城《おおさかじょう》を築《ちく》城《じょう》。さらに朝廷《ちょうてい》から関白《かんぱく》に任《にん》ぜられ、「豊臣《とよとみ》」の姓《せい》もたまわった。ここに豊臣秀吉《とよとみひでよし》が誕生《たんじょう》し、その後《ご》、四国《しこく》・九州《きゅうしゅう》・小《お》田原《だわら》攻《ぜ》めをへて、ついに天下《てんか》統一《とういつ》をはたしたのである。

最期《さいご》は後継者《こうけいしゃ》の豊臣秀頼《とよとみひでより》のことを家康《いえやす》や前田利家《まえだとしいえ》などの五大老《ごたいろう》にたくし、波乱《はらん》の生涯《しょうがい》をとじた。

京都《きょうと》の耳塚《みみづか》

慶長《けいちょう》の役《えき》で敵《てき》の耳《みみ》をそぎとり、京都《きょうと》にうめたといわれている

歴史《れきし》のウラ側《がわ》

勝《か》ちっぱなしで撤退《てったい》した慶長《けいちょう》の役《えき》

２回目《かいめ》の朝鮮出兵《ちょうせんしゅっぺい》となった慶長《けいちょう》の役《えき》は、最初《さいしょ》の海戦《かいせん》で大勝《たいしょう》してから日本軍《にほんぐん》は連戦連勝《れんせんれんしょう》で、またたく間《ま》に朝鮮半島《ちょうせんはんとう》の南東部《なんとうぶ》を占領《せんりょう》。すみやかに拠点《きょてん》となる城《しろ》を建築《けんちく》し、あとは日本《にほん》から派遣《はけん》される大軍《たいぐん》を待《ま》つだけとなった。しかし、豊臣秀《とよとみひで》吉《よし》が死去《しきょ》したことでひそかに撤退《てったい》が開始《かいし》され、武将《ぶしょう》たちは帰国《きこく》した。かくして慶長《けいちょう》の役《えき》は、日《に》本軍《ほんぐん》の全勝《ぜんしょう》のままおわったのである。

超重要人物《ちょうじゅうようじんぶつ》ファイル！
No.012

豊《とよ》臣《とみ》軍《ぐん》団《だん》の武《ぶ》将《しょう》

天《てん》下《か》統《とう》一《いつ》をすすめた豊《とよ》臣《とみ》秀《ひで》吉《よし》のもとには有《ゆう》能《のう》な家《か》臣《しん》がそろっていた

三成《みつなり》にはすぎたる者《もの》

095/282 島《しま》左《さ》近《こん》

生《せい》　没《ぼつ》▶ 不明《ふめい》〜1600年《ねん》10月《がつ》21日《にち》

筒井氏《つついし》につかえたあと、石田三成《いしだみつなり》に2万石《まんごく》という破格《はかく》の待遇《たいぐう》でめしかかえられた。石田家《いしだけ》では筆頭《ひっとう》家老《かろう》として軍事《ぐんじ》をとりしきり、関ヶ原《せきがはら》の戦《たたか》いでも奮戦《ふんせん》するが、敵《てき》の銃撃《じゅうげき》をあびて討死《うちじ》にした。

イラスト●ファルゼーレ

猪突猛進型《ちょとつもうしんがた》の賤ヶ岳七本槍《しずがたけしちほんやり》

097/282 福《ふく》島《しま》正《まさ》則《のり》

生《せい》　没《ぼつ》▶ 1561年《ねん》〜1624年《ねん》8月《がつ》26日《にち》

秀吉《ひでよし》の従弟《じゅうてい》で子飼《こが》いの武将《ぶしょう》。賤ヶ岳《しずがたけ》の戦《たたか》いでは一番槍《いちばんやり》の大功《たいこう》をあげた。関ヶ原《せきがはら》の戦《たたか》いでは石田三成《いしだみつなり》に反発《はんぱつ》して東軍《とうぐん》につく。

イラスト●福田彰宏《ふくだあきひろ》

七度《ななど》も主君《しゅくん》を変《か》えた名将《めいしょう》

096/282 藤《とう》堂《どう》高《たか》虎《とら》

生《せい》　没《ぼつ》▶ 1556年《ねん》2月《がつ》16日《にち》〜1630年《ねん》11月《がつ》9日《か》

豊臣秀長《とよとみひでなが》の家臣《かしん》として多《おお》くの功《こう》をあげたが、秀長《ひでなが》が死《し》ぬと徳川家康《とくがわいえやす》に接近《せっきん》。関ヶ原《せきがはら》の戦《たたか》いで東軍《とうぐん》の勝利《しょうり》に大《おお》きく貢献《こうけん》した。

イラスト●天辰公瞭《あまたつさとあき》

098
282

加《か》藤《とう》清《きよ》正《まさ》

虎退治《とらたいじ》で有名《ゆうめい》な
豊臣《とよとみ》家臣《かしん》屈指《くっし》の豪傑《ごうけつ》

生《せい》　没《ぼつ》▶1562年《ねん》7月《がつ》25日《にち》〜1611年《ねん》8月《がつ》2日《か》

尾張《おわり》の鍛冶屋《かじや》の子《こ》として生《う》まれたとされるが、秀吉《ひでよし》に育《そだ》てられ、小姓《こしょう》としてつかえた。賤ヶ岳七本槍《しずがたけしちほんやり》のひとりとして勇猛《ゆうもう》な武将《ぶしょう》として名《な》をはせ、朝鮮出兵《ちょうせんしゅっぺい》では虎退治《とらたいじ》の伝承《でんしょう》をのこした。秀吉《ひでよし》が亡《な》くなったあと、関ヶ原《せきがはら》の戦《たたか》いでは東軍《とうぐん》にぞくして徳川家康《とくがわいえやす》をたすけ、戦《せん》後《ご》は肥後熊本藩《ひごくまもとはん》の初代藩主《しょだいはんしゅ》となった。

イラスト●zeNOx

石《いし》田《だ》三《みつ》成《なり》

秀吉《ひでよし》の側近《そっきん》として
頭角《とうかく》をあらわす

生《せい》　没《ぼつ》▶1560年《ねん》〜1600年《ねん》11月《がつ》6日《か》

おさないころに秀吉《ひでよし》にその才《さい》を見《み》いだされ、小姓《こしょう》としてそばにつかえる。豊臣政権《とよとみせいけん》が発足《ほっそく》すると五奉行《ごぶぎょう》のひとりとして内政面《ないせいめん》で活躍《かつやく》するが、生真面目《きまじめ》すぎるところがあり、多《おお》くの武将《ぶしょう》に嫌《きら》われていた。関ヶ原《せきがはら》の戦《たたか》いでは西軍《せいぐん》の総大将《そうだいしょう》をつとめたが、味方《みかた》の裏切《うらぎ》りをきっかけに敗北《はいぼく》。とらえられて斬首《ざんしゅ》された。

099
282

イラスト●菊屋《きくや》シロウ

ふたつにわかれた豊臣《とよとみ》の家臣団《かしんだん》

秀吉《ひでよし》が天下《てんか》をとってから、豊臣家臣団《とよとみかしんだん》は武断派《ぶだんは》と文治《ぶんち》派《は》で対立《たいりつ》が目立《めだ》ちはじめた。武断派《ぶだんは》は秀吉《ひでよし》とともに戦《たたか》いで成長《せいちょう》した武将《ぶしょう》たちで、加藤清正《かとうきよまさ》、福島正則《ふくしままさのり》、黒田長政《くろだながまさ》らが代表《だいひょう》メンバー。文治派《ぶんちは》は近江《おうみ》でスカウトしたインテリたちで、その筆頭格《ひっとうかく》は五奉行《ごぶぎょう》の石田三《いしだみつ》成《なり》。両派《りょうは》の対立《たいりつ》が豊臣家《とよとみけ》を滅亡《めつぼう》に追《お》いこんでいくのである。

●加藤清正像《かとうきよまさぞう》

超重要人物《ちょうじゅうようじんぶつ》ファイル！

No.013

戦《せん》国《ごく》時《じ》代《だい》の名《めい》軍《ぐん》師《し》

弱肉強食《じゃくにくきょうしょく》の戦国時代《せんごくじだい》。智略《ちりゃく》をもって主君《しゅくん》をたすけた者《もの》たちがいた

イラスト●みつなり都《みやこ》

戦国《せんごく》を代表《だいひょう》する天才軍師《てんさいぐんし》

竹《たけ》中《なか》半《はん》兵《べ》衛《え》

生《せい》　没《ぼつ》▶1544年《ねん》9月《がつ》27日《にち》～
1579年《ねん》7月《がつ》6日《か》

斎藤家《さいとうけ》、織田家《おだけ》につかえ、秀吉《ひでよし》の参謀《さんぼう》となる。黒田《くろだ》官兵衛《かんべえ》とならんで「両兵衛《りょうべえ》」と称《しょう》された。羽柴時代《はしばじだい》の秀吉《ひでよし》の活躍《かつやく》は半兵衛《はんべえ》の力《ちから》があってこそだったが、体《からだ》が弱《よわ》く、肺病《はいびょう》で若《わか》くして亡《な》くなった。そのルックスは女性《じょせい》のように中性的《ちゅうせいてき》だったという。

秀吉《ひでよし》を天下人《てんかびと》にした智謀《ちぼう》

黒《くろ》田《だ》官《かん》兵《べ》衛《え》

101
282

生《せい》　没《ぼつ》▶1546年《ねん》12月《がつ》22日《にち》～
1604年《ねん》4月《がつ》19日《にち》

織田家《おだけ》につかえ、1577年《ねん》におこなわれた中国攻《ちゅうごくぜ》めで秀吉専属《ひでよしせんぞく》の軍師《ぐんし》となる。本能寺《ほんのうじ》の変《へん》では天下《てんか》とりの好機《こうき》と、秀吉《ひでよし》に中国大返《ちゅうごくおおがえ》しを進言《しんげん》。天才的《てんさいてき》な軍略家《ぐんりゃくか》だったとされ、その後《ご》も数々《かずかず》の戦場《せんじょう》で活躍《かつやく》。のちにキリシタン大名《だいみょう》となった。

イラスト●福田彰宏《ふくだあきひろ》

信玄《しんげん》につかえた
伝説的軍師《でんせつてきぐんし》

102
282

山《やま》本《もと》勘《かん》助《すけ》

生《せい》　没《ぼつ》▶1493年《ねん》〜1561年《ねん》10月《がつ》18日《にち》

隻眼《せきがん》で片脚《かたあし》が動《うご》かなかったが、用兵《ようへい》と築城《ちくじょう》術《じゅつ》を買《か》われて武田信玄《たけだしんげん》の軍師《ぐんし》として活躍《かつやく》した。1561年《ねん》、信玄《しんげん》の因縁《いんねん》のライバルであった上杉謙信《うえすぎけんしん》と争《あらそ》った川中島《かわなかじま》の戦《たたか》いで「キツツキ戦法《せんぽう》」を編《あ》み出《だ》したものの、謙信《けんしん》に見《み》やぶられて戦死《せんし》した。

イラスト●合間太郎《あいまたろう》

イラスト●平林知子《ひらばやしともこ》

103
282

片《かた》倉《くら》小《こ》十《じゅう》郎《ろう》

生涯《しょうがい》を伊達家《だてけ》に
ささげた名参謀《めいさんぼう》

生《せい》　没《ぼつ》▶1557年《ねん》〜1615年《ねん》12月《がつ》4日《か》

「伊達《だて》の双璧《そうへき》」とも称《しょう》された名参謀《めいさんぼう》で、伊達《だて》家《け》の戦《たたか》いのほとんどに参加《さんか》。「政宗《まさむね》のあるところ、かたわらに小十郎《こじゅうろう》あり」といわれた。秀吉《ひでよし》の小田原攻《おだわらぜ》めの際《さい》には、政宗《まさむね》に豊臣方《とよとみがた》として参加《さんか》するよう進言《しんげん》。晩年《ばんねん》は筆頭家老《ひっとうかろう》として伊達家《だてけ》を支《ささ》えた。

義《ぎ》をおもんじた
知勇兼備《ちゆうけんび》の名将《めいしょう》

104
282

直《なお》江《え》兼《かね》続《つぐ》

生《せい》　没《ぼつ》▶1560年《ねん》〜1620年《ねん》1月《がつ》23日《にち》

上杉景勝《うえすぎかげかつ》の家臣《かしん》。秀吉《ひでよし》に30万石《まんごく》で家臣《かしん》になるよう説得《せっとく》されたがことわり、上杉家《うえすぎけ》を支《ささ》えつづけた。秀吉《ひでよし》の死後《しご》、主君《しゅくん》の景勝《かげかつ》と徳《とく》川家康《がわいえやす》が対立《たいりつ》すると、「直江状《なおえじょう》」という挑発《ちょうはつ》的《てき》な書状《しょじょう》をおくって、関ヶ原《せきがはら》の戦《たたか》いのきっかけをつくった。

イラスト●きさらぎ

105
282

江戸《えど》幕府《ばくふ》初代《しょだい》将軍《しょうぐん》

徳《とく》川《がわ》家《いえ》康《やす》

戦乱《せんらん》の世《よ》をおわらせ太平《たいへい》の世《よ》をきずいた英傑《えいけつ》

出身《しゅっしん》	三河国《みかわのくに》
生没《せいぼつ》	1543年《ねん》1月《がつ》31日《にち》～1616年《ねん》6月《がつ》1日《たち》
重要度《じゅうようど》	100%

能力《のうりょく》パラメータ

S

カリスマ性《せい》	4
影響力《えいきょうりょく》	5
知力《ちりょく》	4
運《うん》	5
名声《めいせい》	5

イラスト●洵《じゅん》

したたかにねらった天下《てんか》

三河《みかわ》の豪族《ごうぞく》で岡崎城主《おかざきじょうしゅ》の松《まつ》平広忠《だいらひろただ》の長男《ちょうなん》として生《う》まれる。６歳《さい》のときに織田家《おだけ》の人《ひと》質《じち》になり、８歳《さい》のときに人質《ひとじち》交換《こうかん》で今川家《いまがわけ》の人質《ひとじち》となった。桶狭間《おけはざま》の戦《たたか》いで今川義元《いまがわよしもと》が討《う》たれると、岡崎《おかざき》にもどって独立《どくりつ》。織田信長《おだのぶなが》と同盟《どうめい》をむすび、名《な》を松平元康《まつだいらもとやす》から徳川《とくがわ》家康《いえやす》に改名《かいめい》する。その後《ご》、武《たけ》田家《だけ》と同盟《どうめい》をむすんで遠江《とおとうみ》を掌握《しょうあく》。さらに武田家《たけだけ》の滅亡《めつぼう》を機《き》に駿河《するが》を獲得《かくとく》。三河《みかわ》・遠江《とおとうみ》・駿河《するが》の三国《さんごく》を支配《しはい》する戦国大《せんごくだい》名《みょう》となった。

信長《のぶなが》が本能寺《ほんのうじ》の変《へん》で亡《な》くなり、豊臣秀吉《とよとみひでよし》の天下統一事業《てんかとういつじぎょう》がはじまると、織田家《おだけ》とともに秀吉《ひでよし》と対立《たいりつ》。しかし最終的《さいしゅうてき》に秀吉《ひでよし》と和睦《わぼく》して臣従《しんじゅう》することを決《き》め、１５９０年《ねん》の小田《おだ》原攻《わらぜ》めのあと関東《かんとう》へと所領《しょりょう》をうつされ、２５０万石《まんごく》の大大《だいだい》名《みょう》となる。

豊臣政権《とよとみせいけん》では五大老《ごたいろう》の筆頭《ひっとう》としてナンバー２の実力者《じつりょくしゃ》となり、秀吉《ひでよし》の死後《しご》、ついに天《てん》下《か》とりの野望《やぼう》をあらわにした。１６００年《ねん》に石田三成《いしだみつなり》と関ヶ原《せきがはら》で天下《てんか》わけ目《め》の戦《たたか》いをおこない、東軍《とうぐん》をひきいて勝《しょう》利《り》して全国《ぜんこく》の大名《だいみょう》を掌握《しょうあく》。１６０３年《ねん》に征夷大将軍《せいいたいしょうぐん》に任《にん》じられ、江戸《えど》に幕府《ばくふ》をひらいた。

我慢強《がまんづよ》いイメージがあるが、意外《いがい》に怒《おこ》りっぽかったという。

徳川家康《とくがわいえやす》しかみ像《ぞう》

三方ヶ原《みかたがはら》の戦《たたか》いに敗戦《はいせん》したときの表情《ひょうじょう》を描《えが》いた家康像《いえやすぞう》

歴史《れきし》のウラ側《がわ》

海道一《かいどういち》の弓《ゆみ》とりと称《しょう》された武芸《ぶげい》の達人《たつじん》

徳川家康《とくがわいえやす》といえば、「たぬき親父《おやじ》」といわれ、天下《てんか》とりをしたたかにすすめた計算高《けいさんだか》い人物《じんぶつ》で、実戦派《じっせんは》というより策謀派《さくぼうは》のイメージが強《つよ》い。しかし、そこは屈強《くっきょう》でならす三河武士《みかわぶし》だけに、戦《いくさ》では真正面《ましょうめん》から敵《てき》とぶつかる野戦《やせん》を得意《とくい》とした。さらに剣術《けんじゅつ》や弓術《きゅうじゅつ》、鉄砲《てっぽう》などさまざまな武芸《ぶげい》の達人《たつじん》で、「海道一《かいどういち》の弓《ゆみ》とり（東海道一《とうかいどういち》の武士《ぶし》・大名《だいみょう》）」と称《しょう》されるほどの猛将《もうしょう》だった。

超重要人物《ちょうじゅうようじんぶつ》ファイル！

No.014

徳《とく》川《がわ》軍《ぐん》団《だん》の武《ぶ》将《しょう》

つらいときも家《いえ》康《やす》を支《ささ》えた忠《ちゅう》義《ぎ》にあつい「徳《とく》川《がわ》四《し》天《てん》王《のう》」！

戦国最強《せんごくさいきょう》とうたわれる豪傑《ごうけつ》

106/282 本《ほん》多《だ》忠《ただ》勝《かつ》

生《せい》　没《ぼつ》▶1548年《ねん》3月《がつ》17日《にち》～1610年《ねん》12月《がつ》3日《か》

三河以来《みかわいらい》の家康譜代《いえやすふだい》の家臣《かしん》。若《わか》いころから豪勇《ごうゆう》でならし、織田信長《おだのぶなが》や豊臣秀吉《とよとみひでよし》にも絶賛《ぜっさん》された武将《ぶしょう》。天下無双《てんかむそう》の名槍《めいそう》・蜻蛉切《とんぼきり》を手《て》に、名馬《めいば》・三国黒《みくにぐろ》にまたがって戦場《せんじょう》をかけめぐること57回《かい》。一度《いちど》も傷《きず》を負《お》わなかったと伝《つた》えられている。

イラスト●ホマ蔵《ぞう》

秀吉《ひでよし》を激怒《げきど》させた度胸満点《どきょうまんてん》の武将《ぶしょう》

107/282 榊《さかき》原《ばら》康《やす》政《まさ》

生《せい》　没《ぼつ》▶1548年《ねん》～1606年《ねん》6月《がつ》19日《にち》

桶狭間《おけはざま》の戦《たたか》いのあと、家康《いえやす》に見《み》いだされて小姓《こしょう》としてつかえる。本多忠勝《ほんだただかつ》とは親友《しんゆう》の間柄《あいだがら》で、つねに主君《しゅくん》・家康《いえやす》のそばにいて多《おお》くの戦功《せんこう》をあげた。小牧《こまき》・長久手《ながくて》の戦《たたか》いでは、秀吉《ひでよし》を激怒《げきど》させる檄文《げきぶん》を発《はっ》し、敵《てき》の羽柴秀次軍《はしばひでつぐぐん》を壊滅《かいめつ》させた。

イラスト●福田彰宏《ふくだあきひろ》

108/282

井《い》伊《い》直《なお》政《まさ》

赤鬼《あかおに》とおそれられた指揮官《しきかん》

生《せい》没《ぼつ》▶1561年《ねん》3月《がつ》4日《か》〜1602年《ねん》3月《がつ》24日《か》

もとは今川家《いまかわけ》の家臣《かしん》で、家康《いえやす》に見《み》いだされ、小姓《こしょう》としてつかえた。政治手腕《せいじしゅわん》も高《たか》く、北条家《ほうじょうけ》との外交交渉《がいこうこうしょう》で活躍《かつやく》。また、武田家《たけだけ》をほろぼしたあとは旧武《きゅうたけ》田家臣《だかしん》を配下《はいか》にして精鋭部隊《せいえいぶたい》を編成《へんせい》。赤《あか》い軍装《ぐんそう》にいろどられたその部隊《ぶたい》は「井《い》伊《い》の赤備《あかぞな》え」と呼《よ》ばれ、大将《たいしょう》の直政《なおまさ》は「赤鬼《あかおに》」とおそれられた。

イラスト●むなぁげ

徳川家《とくがわけ》の発展《はってん》につくした武将《ぶしょう》

109/282

酒《さか》井《い》忠《ただ》次《つぐ》

生《せい》没《ぼつ》▶1527年《ねん》〜1596年《ねん》12月《がつ》17日《にち》

家康《いえやす》が今川家《いまがわけ》に人質《ひとじち》としておくられたとき、そばについていった古参《こさん》の臣《しん》。三方ヶ原《みかたがはら》の戦《たたか》いや長篠《ながしの》の戦《たたか》いで活躍《かつやく》し、信長《のぶなが》から称賛《しょうさん》された武勇《ぶゆう》のもち主《ぬし》だが、家康《いえやす》の嫡男《ちゃくなん》・信康《のぶやす》が武田家《たけだけ》への内通《ないつう》をうたがわれた際《さい》に信長《のぶなが》への弁明《べんめい》に失敗《しっぱい》。信康《のぶやす》が切腹《せっぷく》となったことで、不遇《ふぐう》の晩年《ばんねん》をおくった。

イラスト●Natto-7

忍者《にんじゃ》をひきいた服部半蔵《はっとりはんぞう》

徳川家康《とくがわいえやす》の家臣《かしん》には、四《し》天《てん》王《のう》をふくめた「徳川十六神将《とくがわじゅうろくしんしょう》」という有力《ゆうりょく》な武将《ぶしょう》たちがいた。なかでも、もっとも有名《ゆうめい》なのは「服部半蔵《はっとりはんぞう》」として知《し》られる服部正成《はっとりまさなり》だ。伊賀衆《いがしゅう》や甲賀衆《こうかしゅう》と呼《よ》ばれる忍者集団《にんじゃしゅうだん》を指揮《しき》。1584年《ねん》の小牧《こまき》・長久手《ながくて》の戦《たたか》いでは鉄砲《てっぽう》を使《つか》った戦術《せんじゅつ》で、豊臣軍《とよとみぐん》を撃退《げきたい》するなど、その功績《こうせき》ははかりしれない。

●家康《いえやす》が居城《きょじょう》した岡崎城《おかざきじょう》

110/282

武田《たけ》信《しん》玄《げん》

風林火山《ふうりんかざん》で有名《ゆうめい》な甲斐《かい》の虎《とら》

戦国最強《せんごくさいきょう》の武田軍団《たけだぐんだん》

甲斐《かい》の戦国大名《せんごくだいみょう》。父《ちち》の武田《たけだ》信虎《のぶとら》を追放《ついほう》して武田家《たけだけ》の当主《とうしゅ》となる。戦国最強《せんごくさいきょう》の騎馬軍団《きばぐんだん》と有能《ゆうのう》な家臣団《かしんだん》をかかえた信《しん》玄《げん》は、北《きた》へと勢力《せいりょく》をのばし、ライバルの上杉謙信《うえすぎけんしん》と川中島《かわなかじま》で5度《ど》にわたって戦《たたか》った。1572年《ねん》、天下《てんか》をうかがって上洛《じょうらく》するが、その途中《とちゅう》の陣中《じんちゅう》で息《いき》を引《ひ》きとった。

能力《のうりょく》パラメータ

出身	甲斐国
生没	1521年12月1日～1573年5月13日
重要度	80%

衝撃《しょうげき》スクープ!

武田信玄《たけだしんげん》はトイレで作戦《さくせん》を考《かんが》えていた!?

信玄《しんげん》はトイレが好《す》きで、トイレにこもって作戦《さくせん》や訴訟《そしょう》の判決《はんけつ》を考《かんが》えることが多《おお》かったという。信玄《しんげん》のトイレはたたみ6畳分《じょうぶん》の広《ひろ》さで、なかではお香《こう》がたかれ、しかも、用《よう》をたしたら水《みず》で流《なが》せる水洗《すいせん》トイレだったそうだ。

武田神社《たけだじんじゃ》

武田氏《たけだし》が暮《く》らした躑躅ヶ崎館《つつじがさきやかた》の跡地《あとち》にある武田神社《たけだじんじゃ》。遺構《いこう》の一部《いちぶ》を見《み》ることができる

111/282

上《うえ》杉《すぎ》謙《けん》信《しん》

義《ぎ》に生《い》きた生涯《しょうがい》負《ま》けなしの軍神《ぐんしん》

イラスト●ナチコ

出《しゅっ》身《しん》	越後国《えちごのくに》
生《せい》没《ぼつ》	1530年《ねん》2月《がつ》18日《にち》～1578年《ねん》4月《がつ》19日《にち》
重要度	80%

能力《のうりょく》パラメータ

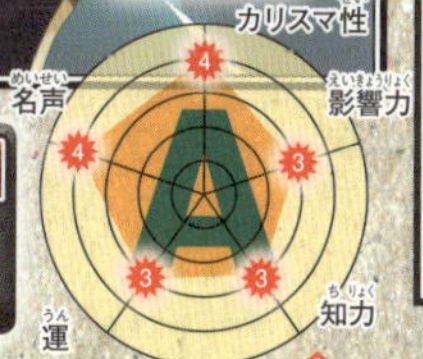

戦《いくさ》に身《み》を投《とう》じた生涯《しょうがい》

越後《えちご》の戦国大名《せんごくだいみょう》。越後《えちご》の国《こく》人《じん》（地方《ちほう》の領主《りょうしゅ》）たちに擁立《ようりつ》されて越後当主《えちごとうしゅ》となり、幕府《ばくふ》にも国主《こくしゅ》としてみとめられ、越後統一《えちごとういつ》をはたす。対外的《たいがいてき》には川中島《かわなかじま》で武田信玄《たけだしんげん》と戦《たたか》い、関東《かんとう》にも出兵《しゅっぺい》。北陸《ほくりく》でも織田《おだ》家《け》と熾烈《しれつ》な戦《たたか》いをくり広《ひろ》げたが、49歳《さい》で脳溢血《のういっけつ》のため急死《きゅうし》した。

偉人《いじん》の名言《めいげん》

生《せい》を必《ひっ》するものは死《し》し、死《し》を必《ひっ》するものは生《い》く

解説《かいせつ》

死《し》にもの狂《ぐる》いになって物事《ものごと》にあたれ

数多《かずおお》くの戦《いくさ》に身《み》を投《とう》じた上杉謙信《うえすぎけんしん》が、戦《いくさ》の心構《こころがま》えを説《と》いた言葉《ことば》で、「生《い》きようと心《こころ》に決《き》めている者《もの》は死《し》に、死《し》のうと心《こころ》に決《き》めている者《もの》は生《い》きのこる」という意味《いみ》。戦場《せんじょう》という異常《いじょう》な場所《ばしょ》では、いつでも命《いのち》をささげるくらいの覚悟《かくご》をもち、死《し》にもの狂《ぐる》いになって自分《じぶん》の秘《ひ》めた力《ちから》を解放《かいほう》できなければ生《い》きのこることはむずかしい。いまの時代《じだい》も同《おな》じで、仕事《しごと》や勉強《べんきょう》で死《し》にもの狂《ぐる》いにならなければ、結果《けっか》は出《だ》せないだろう。

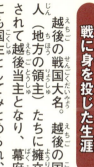

112/282

真《さな》田《だ》信《のぶ》繁《しげ》

家康《いえやす》を追《お》いつめた日本一《にっぽんいち》の強者《つわもの》

イラスト●麻《ま》亜《あ》沙《さ》

大坂《おおさか》の陣《じん》で孤軍奮闘《こぐんふんとう》

真田幸村《さなだゆきむら》として知《し》られる。若《わか》いころから上杉《うえすぎ》や豊臣《とよとみ》の人《ひと》質《じち》としてすごす。関ケ原《せきがはら》の戦《たたか》いでは西軍《せいぐん》につき、上田合戦《うえだかっせん》で徳川軍《とくがわぐん》をくるしめたが、西《せい》軍《ぐん》が負《ま》けて紀伊《きい》の九度山《くどやま》に幽《ゆう》閉《へい》された。大坂《おおさか》の陣《じん》で豊臣方《とよとみかた》について徳川軍《とくがわぐん》と戦《たたか》い、勇猛《ゆうもう》果敢《かかん》な突撃《とつげき》で家康《いえやす》を震《ふる》えあがらせた。

出身《しゅっしん》	甲斐国《かいのくに》
生没《せいぼつ》	1567年《ねん》ごろ～1615年《ねん》6月《がつ》3日《か》
重要度《じゅうようど》	80%

能力《のうりょく》パラメータ

歴史《れきし》のウラ側《がわ》

真田十勇士《さなだじゅうゆうし》のモデルは真田家臣団《さなだかしんだん》に実在《じつざい》した

大坂《おおさか》の陣《じん》で真田信繁《さなだのぶしげ》につきしたがった10人《にん》の家臣《かしん》は「真田十勇士《さなだじゅうゆうし》」と呼《よ》ばれるが、これは江《え》戸時代《どじだい》の講談《こうだん》などに出《で》てくる創作上《そうさくじょう》の人物《じんぶつ》である。しかし10人《にん》のうち、穴山小介《あなやまこすけ》、由利鎌之《ゆりかまの》助《すけ》、筧十蔵《かけいじゅうぞう》、海野六郎《うんのろくろう》、根津甚八《ねづじんぱち》、望月六郎《もちづきろくろう》の６人《にん》は信繁《のぶしげ》の家臣《かしん》の実在《じつざい》した人物《じんぶつ》がモデルとされている。ちなみに猿飛佐助《さるとびさすけ》は、秀吉《ひでよし》の家臣《かしん》だった猿飛仁助《さるとびじんすけ》や上月佐助《こうづきさすけ》がモデルといわれる。

信州上田城《しんしゅううえだじょう》（真田丸元城《さなだまるもとじろ》）

真田一族《さなだいちぞく》が居城《きょじょう》したといわれる信州上田城《しんしゅううえだじょう》。長野県《ながのけん》にある

113/282

真《さな》田《だ》信《のぶ》之《ゆき》

真田家《さなだけ》を守《まも》った堅実《けんじつ》な武将《ぶしょう》

イラスト●末冨正直《すえとみまさなお》

出身《しゅっしん》	甲斐国《かいのくに》
生没《せいぼつ》	1566年《ねん》～1658年《ねん》11月《がつ》12日《にち》
重要度《じゅうようど》	60%

父《ちち》と弟《おとうと》とはなれ徳川《とくがわ》につく

真田家当主《さなだけとうしゅ》・真田昌幸《さなだまさゆき》の長男《ちょうなん》。武田家滅亡後《たけだけめつぼうご》、真田家《さなだけ》の領地《りょうち》を守《まも》るため、北条《ほうじょう》、上杉《うえすぎ》、徳川《とくがわ》と戦《たたか》い活躍《かつやく》。その戦《たたか》いぶりが評価《ひょうか》され、本多忠勝《ほんだただかつ》の娘《むすめ》を妻《つま》にむかえて徳川家《とくがわけ》の家臣《かしん》となる。関ケ原《せきがはら》の戦《たたか》いで東軍《とうぐん》につき、戦後《せんご》は西軍《せいぐん》についた昌幸《まさゆき》と信繁《のぶしげ》の助命《じょめい》にほんそうした。

解説《かいせつ》

自由《じゆう》な発想《はっそう》を生《う》むにはルールは最低限《さいていげん》がいい

徳川家康《とくがわいえやす》は自分《じぶん》をくるしめた策略家《さくりゃくか》・真田昌幸《さなだまさゆき》を生涯決《しょうがいけっ》してゆるそうとしなかったが、その長男《ちょうなん》で誠実《せいじつ》な信之《のぶゆき》をとても評価《ひょうか》していた。そんな信之《のぶゆき》は「常《つね》に法度《はっと》の多《おお》きは宜《よろ》しからず（多《おお》くのルールでがんじがらめにするのはよくない）」といったと伝《つた》えられている。組織《そしき》をルールばかりでしばっていては、人々《ひとびと》はルールにたよるようになり、自由《じゆう》な発想《はっそう》をうばってしまうと信之《のぶゆき》は考《かんが》えたのである。

偉人《いじん》の名言《めいげん》

常《つね》に法度《はっと》の多《おお》きは宜《よろ》しからず

114
282

伊達政宗《だてまさむね》

天下《てんか》をねらった東北《とうほく》の独眼竜《どくがんりゅう》

イラスト●菊屋《きくや》シロウ

出身《しゅっしん》	出羽国《でわのくに》
生没《せいぼつ》	1567年《ねん》9月《がつ》5日《か》～1636年《ねん》6月《がつ》27日《にち》
重要度《じゅうようど》	80%

能力《のうりょく》パラメータ

奥州《おうしゅう》をまたたく間《ま》に制圧《せいあつ》

おさないときに片目《かため》を失《うしな》い、「独眼竜《どくがんりゅう》」と呼《よ》ばれた戦国《せんごく》大名《だいみょう》。仙台藩初代藩主《せんだいはんしょだいはんしゅ》。18歳《さい》で伊達家《だてけ》の当主《とうしゅ》になると勢力《せいりょく》拡大《かくだい》に動《うご》き、奥州《おうしゅう》を制圧《せいあつ》。その後《ご》、豊臣《とよとみ》から徳川《とくがわ》の世《よ》にかけ、すきあらば天下《てんか》を手《て》に入《い》れようとたくらむが失敗《しっぱい》し、晩年《ばんねん》になって幕府《ばくふ》に忠誠《ちゅうせい》をちかった。

伊達政宗像《だてまさむねぞう》

「独眼竜《どくがんりゅう》」というニックネームは、中国《ちゅうごく》の李克《りこく》用《よう》という軍略家《ぐんりゃくか》に由来《ゆらい》している

衝撃《しょうげき》スクープ！ 伊達政宗《だてまさむね》は眼帯《がんたい》をしていなかった!?

政宗《まさむね》といえば、右目《みぎめ》に刀《かたな》のつば型《かた》の眼《がん》帯《たい》をつけているイメージがあるが、実《じっ》際《さい》にしていたという記録《きろく》はない。その代《か》わり、白《しろ》い布《ぬの》を巻《ま》いて目《め》をかくしていたという記《き》述《じゅつ》がのこっている。

115/282

毛利元就《もうりもとなり》

中国地方《ちゅうごくちほう》を制圧《せいあつ》した天才謀略家《てんさいぼうりゃくか》

イラスト●鹿間《しかま》そよ子《こ》

ち密《みつ》に計算《けいさん》された謀略《ぼうりゃく》

安芸《あき》1郡《ぐん》の弱小領主《じゃくしょうりょうしゅ》からはじまり、中国地方《ちゅうごくちほう》のほぼ全域《ぜんいき》を支配《しはい》した戦国大名《せんごくだいみょう》。おさないころに父《ちち》が亡《な》くなり、所領《しょりょう》を家臣《かしん》にうばわれるなど不幸《ふこう》な少年時代《しょうねんじだい》をおくったが、27歳《さい》で当主《とうしゅ》となると、たくみな謀略《ぼうりゃく》によって現地《げんち》の大勢力《だいせいりょく》である尼子氏《あまごし》と大内氏《おおうちし》をほろぼし、大大名《だいだいみょう》の地位《ちい》をきずいた。

出身《しゅっしん》	安芸国《あきのくに》
生没《せいぼつ》	1497年《ねん》4月《がつ》16日《にち》～1571年《ねん》7月《がつ》6日《か》
重要度《じゅうようど》	70%

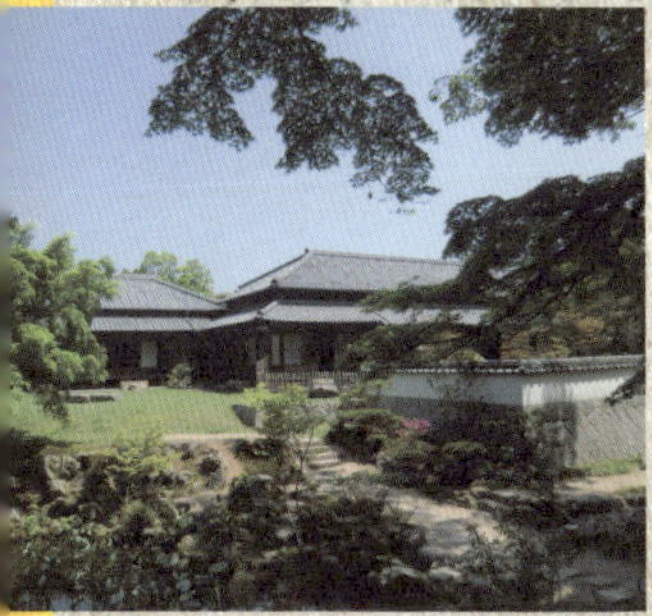

長府毛利邸《ちょうふもうりてい》

山口県下関市《やまぐちけんしものせきし》には毛利家《もうりけ》がすごした邸宅《ていたく》がのこされている

歴史《れきし》のウラ側《がわ》
領民《りょうみん》を大切《たいせつ》にした毛利元就《もうりもとなり》の政治《せいじ》

毛利元就《もうりもとなり》を語《かた》るときにはずせない言葉《ことば》が「百万一心《ひゃくまんいっしん》」である。元就《もとなり》は郡山城《こおりやまじょう》の難工事《なんこうじ》の際《さい》、人柱《ひとばしら》に代《か》えて、「百万一心《ひゃくまんいっしん》」と彫《ほ》った大石《おおいし》を鎮《しず》めたという。「百万一心《ひゃくまんいっしん》」の意味《いみ》は、「みんなが力《ちから》をひとつにし、ひとつの心《こころ》になってやれば、どんなむずかしいことでもできないことはない」というもの。この教《おし》えは元就《もとなり》が亡《な》くなったあとも、毛利家《もうりけ》に代々《だいだい》うけ継《つ》がれていった。

まだまだいるぞ！

戦国時代《せんごくじだい》の名武将《めいぶしょう》

群雄割拠《ぐんゆうかっきょ》の戦国時代《せんごくじだい》には、名君《めいくん》と呼《よ》ばれる武将《ぶしょう》たちが全国各地《ぜんこくかくち》で活躍《かつやく》していた。その功績《こうせき》を見《み》てみよう！

桶狭間《おけはざま》にちった名門《めいもん》の当主《とうしゅ》

イラスト●塩花《しおはな》

116/282

今川義元《いまがわよしもと》

おさないころに出家《しゅっけ》したが、兄《あに》の急死《きゅうし》によって当主《とうしゅ》に。三河《みかわ》の松平氏《まつだいらし》をくだして西《にし》に勢力《せいりょく》をのばした義元《よしもと》は、武田氏《たけだし》・北条氏《ほうじょうし》と同盟《どうめい》をむすんでさらに尾張《おわり》へと侵攻《しんこう》するが、桶狭間《おけはざま》で織田信長《おだのぶなが》の奇襲《きしゅう》をうけて戦死《せんし》する。

出身《しゅっしん》	駿河国《するがのくに》
生没《せいぼつ》	1519年《ねん》〜1560年《ねん》6月《がつ》12日《にち》

下剋上《げこくじょう》で大名《だいみょう》となった美濃《みの》のマムシ

イラスト●橋本鳩《はしもとはと》

117/282

斎藤道三《さいとうどうさん》

油売《あぶらう》りから大名《だいみょう》になった下剋上《げこくじょう》の代表《だいひょう》とされるが、それは父《ちち》で、道三《どうさん》は生《う》まれながらの武士《ぶし》だった。つかえていた土岐氏《ときし》を追《お》い落《お》とし、美濃《みの》の大名《だいみょう》の座《ざ》につく。対立《たいりつ》する織田家《おだけ》と和睦《わぼく》し、娘《むすめ》の濃姫《のうひめ》を信長《のぶなが》にとつがせた。

出身《しゅっしん》	山城国《やましろのくに》
生没《せいぼつ》	1494年《ねん》ごろ〜1556年《ねん》5月《がつ》28日《にち》

118/282 北条氏康《ほうじょううじやす》

幼少期《ようしょうき》は武術《ぶじゅつ》の訓練《くんれん》を見《み》ているだけで失神《しっしん》する臆病者《おくびょうもの》だったが、当主《とうしゅ》となってからは、河越城《かわごえじょう》の戦《たたか》いで上杉氏《うえすぎし》をたおし、甥《おい》を関東公方《かんとうくぼう》につけるなど、関東《かんとう》での勢力《せいりょく》を盤石《ばんじゃく》にし、後北条氏《ごほうじょうし》の全盛期《ぜんせいき》をきずきあげた。

出身《しゅっしん》	相模国《さがみのくに》
生没《せいぼつ》	1515年《ねん》～1571年《ねん》10月《がつ》21日《にち》

イラスト●ナチコ

119/282 北条早雲《ほうじょうそううん》

戦国大名《せんごくだいみょう》の後北条氏《ごほうじょうし》の始祖《しそ》。本名《ほんみょう》は伊勢宗瑞《いせそうずい》。室町幕府《むろまちばくふ》の執政《しっせい》をつとめた伊勢氏《いせし》の出身《しゅっしん》で、幕府《ばくふ》から関東《かんとう》に派遣《はけん》され、そのまま独立《どくりつ》して戦国大名《せんごくだいみょう》となった。戦上手《いくさじょうず》だったほか、内政面《ないせいめん》でもすぐれた手腕《しゅわん》を発揮《はっき》した。

出身《しゅっしん》	備中国
生没《せいぼつ》	1432年《ねん》ごろ～1519年《ねん》9月《がつ》8日《か》

イラスト●福田彰宏《ふくだあきひろ》

120/282 北条氏綱《ほうじょううじつな》

父《ちち》・北条早雲《ほうじょうそううん》が隠居《いんきょ》したことで家督《かとく》を継《つ》いで2代目《だいめ》当主《とうしゅ》となると、本拠《ほんきょ》地《ち》を小田原城《おだわらじょう》にうつし、名前《なまえ》を伊勢氏《いせし》から北条氏《ほうじょうし》にあらためた。内政面《ないせいめん》で農民《のうみん》の直接支配《ちょくせつしはい》をすすめ、軍事面《ぐんじめん》では江戸城《えどじょう》の奪取《だっしゅ》に成功《せいこう》した。

出身《しゅっしん》	相模国《さがみのくに》
生没《せいぼつ》	1487年《ねん》～1541年《ねん》8月《がつ》10日《か》

イラスト●はとまめ

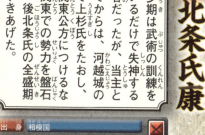

121/282

毛《もう》利《り》輝《てる》元《もと》

11歳《さい》で毛利家《もうりけ》の家督《かとく》を継《つ》いだ。豊臣政権下《とよとみせいけんか》では五大老《ごたいろう》をつとめたが、叔《お》父《じ》の小早川隆景《こばやかわたかかげ》の「天下《てんか》の騒乱《そうらん》にくわわるな」という遺訓《いくん》にそむき、関《せき》ケ《が》原《はら》の戦《たたか》いで西軍《せいぐん》の総大将《そうだいしょう》となり、敗北後《はいぼくご》は大《おお》きく領地《りょうち》をへらした。

出身	安芸国《あきのくに》
生没《せいぼつ》	1553年《ねん》2月《がつ》4日《か》～1625年《ねん》6月《がつ》2日《か》

イラスト●zeNOx

イラスト●威澄蓮《いずみれん》

122/282

宇《う》喜《き》多《た》秀《ひで》家《いえ》

備前岡山城主《びぜんおかやまじょうしゅ》の宇喜多直家《うきたなおいえ》の長男《ちょうなん》。秀吉《ひでよし》の小田《おだ》原《わら》攻《ぜ》めや朝鮮《ちょうせん》の役《えき》で大活躍《だいかつやく》し、豊臣政権下《とよとみせいけんか》で五大老《ごたいろう》をつとめた。関《せき》ケ《が》原《はら》の戦《たたか》いでは最多《さいた》の兵《へい》で出陣《しゅつじん》するが敗退《はいたい》し、薩摩《さつま》に逃《のが》れた。その後《ご》、八丈島《はちじょうじま》に流罪《るざい》となった。

出身	備前国《びぜんのくに》
生没《せいぼつ》	1572年《ねん》～1655年《ねん》12月《がつ》17日《にち》

123/282

山《やまの》内《うち》一《かず》豊《とよ》

信長《のぶなが》、秀吉《ひでよし》、家康《いえやす》につかえた武将《ぶしょう》。土佐藩《とさはん》の藩祖《はんそ》。妻《つま》は内助《ないじょ》の功《こう》で知《し》られる「千代《ちよ》」で、夫《おっと》・一豊《かずとよ》の出世《しゅっせ》のためにつくした。関《せき》ケ《が》原《はら》の戦《たたか》い直前《ちょくぜん》に真《ま》っ先《さき》に徳川支持《とくがわしじ》を表明《ひょうめい》し、徳川勢力《とくがわせいりょく》を拡大《かくだい》させるきっかけをつくった。

出身	尾張国《おわりのくに》
生没《せいぼつ》	1545年《ねん》～1605年《ねん》11月《がつ》1日《たち》

イラスト●チェロキー

124/282 小早川隆景

毛利を支えた智謀の武将

毛利元就の3男。父により、そのまま後継者になることに成功。吉川元春とともに「毛利両川」として毛利家の発展につくす。朝鮮の役では日本のピンチを何度も救い、勝利に大きく貢献した。

出身	安芸国
生没	1533年～1597年7月26日

イラスト●天辰公瞭

125/282 小早川秀秋

関ヶ原の勝敗を決めた男

豊臣秀吉の養子となり、次期後継者と期待されたが、秀頼が誕生したことで小早川隆景に養子に出された。関ヶ原の戦いのさなかに西軍を離反。これにより連鎖的な離反が起き、東軍の勝利を決定づけた。

イラスト●きさらぎ

出身	近江国
生没	1582年～1602年12月1日

126/282 長宗我部元親

四国を平定した「土佐の出来人」

土佐を拠点に四国を統一した戦国大名。若いころは色白な外見で「姫若子」と呼ばれたが、初陣で戦功をあげると「鬼若子」と呼ばれた。信長の死後は反秀吉をつらぬき勢力拡大をすすめたが、のちに秀吉に降伏した。

出身	土佐国
生没	1539年～1599年7月11日

イラスト●東上文

127/282

島《しま》津《づ》義《よし》弘《ひろ》

大胆《だいたん》な軍指揮《ぐんしき》と勇猛《ゆうもう》さで島津《しまづ》を九州一《きゅうしゅういち》の勢力《せいりょく》におしあげた武将《ぶしょう》。朝鮮《ちょうせん》の役《えき》では7000の兵《へい》で20万《まん》の敵兵《てきへい》をやぶり、「鬼島津《おにしまづ》」の異名《いみょう》をとる。関ケ原《せきがはら》の戦《たたか》いでは死地《しち》におちいるが、敵軍《てきぐん》の中央《ちゅうおう》を突破《とっぱ》して離脱《りだつ》に成功《せいこう》する。

出身《しゅっしん》	薩摩国《さつまのくに》
生没《せいぼつ》	1535年《ねん》8月《がつ》21日《にち》～1619年《ねん》8月《がつ》30日《にち》

薩摩《さつま》を大国《たいこく》におしあげた猛将《もうしょう》

イラスト●塩花《しおはな》

128/282

大《おお》友《とも》宗《そう》麟《りん》

九州北部《きゅうしゅうほくぶ》の戦国大名《せんごくだいみょう》でキリシタン大名《だいみょう》。内政面《ないせいめん》では南蛮貿易《なんばんぼうえき》で経済力《けいざいりょく》を高《たか》め、軍事面《ぐんじめん》で毛利《もうり》、島津《しまづ》とわたりあって大友氏《おおともし》の全盛期《ぜんせいき》をきずいた。のちに秀吉《ひでよし》に臣従《しんじゅう》したが、島津《しまづ》との戦《たたか》いがつづいて、大友氏《おおともし》は衰退《すいたい》した。

出身《しゅっしん》	豊後国《ぶんごのくに》
生没《せいぼつ》	1530年《ねん》1月《がつ》31日《にち》～1587年《ねん》6月《がつ》11日《にち》

九州《きゅうしゅう》北部《ほくぶ》をおさめたキリシタン大名《だいみょう》

イラスト●合間太郎《あいまたろう》

129/282

立《たち》花《ばな》宗《むね》茂《しげ》

大友一族《おおともいちぞく》で筑後柳川藩《ちくごやながわはん》初代藩主《しょだいはんしゅ》。実《じつ》の父《ちち》は高橋紹運《たかはしじょううん》、養父《ようふ》は立花道雪《たちばなどうせつ》とふたりの名将《めいしょう》を父《ちち》にもつ。秀吉《ひでよし》の九州征伐《きゅうしゅうせいばつ》で活躍《かつやく》し、秀吉《ひでよし》から「西国一《さいごくいち》の忠義《ちゅうぎ》と豪勇《ごうゆう》」とたたえられ、朝鮮《ちょうせん》の役《えき》でも明軍《みんぐん》相手《あいて》に勝利《しょうり》した。

出身《しゅっしん》	豊後国《ぶんごのくに》
生没《せいぼつ》	1567年《ねん》9月《がつ》20日《か》～1643年《ねん》1月《がつ》15日《にち》

イラスト●平林知子《ひらばやしともこ》

130/282

浅《あさ》井《い》長《なが》政《まさ》

イラスト●tocca+

北近江《きたおうみ》の戦国大名《せんごくだいみょう》。織田《おだ》信長《のぶなが》の妹《いもうと》のお市《いち》の方《かた》をめとり、織田氏《おだし》と同盟《どうめい》をむすぶが、信長《のぶなが》に攻《せ》められていた親交《しんこう》の深《ふか》い朝倉氏《あさくらし》をたすけるため、同盟《どうめい》を破棄《はき》して信長《のぶなが》と戦《たたか》った。しかし、信長《のぶなが》に小谷《おだに》城《じょう》を包囲《ほうい》されて自害《じがい》した。

出身	近江国
生《せい》没《ぼつ》	1545年《ねん》～1573年《ねん》9月《がつ》26日《にち》

131/282

朝《あさ》倉《くら》義《よし》景《かげ》

越前《えちぜん》の名門《めいもん》・朝倉家《あさくらけ》最後《さいご》の当主《とうしゅ》。越前《えちぜん》に逃《に》げてきた足利将軍《あしかがしょうぐん》をかくまい、天下《てんか》に号令《ごうれい》するチャンスをえたが上洛《じょうらく》を拒否《きょひ》。信長《のぶなが》と対立《たいりつ》し、各地《かくち》の武将《ぶしょう》と協力《きょうりょく》して信長包囲網《のぶながほういもう》をつくるが、一乗谷《いちじょうだに》城《じょう》の戦《たたか》いで自害《じがい》する。

出身	越前国
生没	1533年《ねん》10月《がつ》12日《にち》～1573年《ねん》9月《がつ》16日《にち》

イラスト●桐矢隆《きりやたかし》

132/282

尼《あま》子《ご》晴《はる》久《ひさ》

イラスト●坪井亮平《つぼいりょうへい》

出雲《いずも》の戦国大名《せんごくだいみょう》。謀略《ぼうりゃく》の天才《てんさい》・尼子経久《あまごつねひさ》の孫《まご》。経久《つねひさ》が反対《はんたい》した毛利《もうり》攻《ぜ》めを強行《きょうこう》して失敗《しっぱい》するが、大内氏《おおうちし》の侵攻《しんこう》を徹底抗戦《てっていこうせん》で戦《たたか》いぬき、失《うしな》っていた勢力《せいりょく》をばん回《かい》。室町幕府《むろまちばくふ》から山陰《さんいん》・山陽《さんよう》8ヵ国《こく》の守護《しゅご》に命《めい》じられた。

出身	出雲国
生没	1514年《ねん》3月《がつ》8日《か》～1561年《ねん》1月《がつ》9日《か》

133/282

黒《くろ》田《だ》長《なが》政《まさ》

秀吉《ひでよし》の軍師《ぐんし》・黒田《くろだ》官兵衛《かんべえ》の長男《ちょうなん》。父《ちち》とともに各地《かくち》を転戦《てんせん》して戦功《せんこう》をあげ、父《ちち》が隠居《いんきょ》すると家督《かとく》を継《つ》いだ。秀吉《ひでよし》の没後《ぼつご》は、石田三成《いしだみつなり》と対立《たいりつ》して家康《いえやす》に接近《せっきん》。関ケ原《せきがはら》の戦《たたか》いでは小早川秀秋《こばやかわひであき》などの寝返《ねがえ》りを成功《せいこう》させた。

出身《しゅっしん》 播磨国《はりまのくに》

生没《せいぼつ》 1568年《ねん》12月《がつ》21日《にち》～1623年《ねん》8月《がつ》29日《にち》

イラスト●zeNOx

134/282

吉《きっ》川《かわ》元《もと》春《はる》

毛利元就《もうりもとなり》の次男《じなん》。弟《おとうと》の小早川隆景《こばやかわたかかげ》が智謀《ちぼう》なら、元春《もとはる》は武勇《ぶゆう》でまさり、ふたりで「毛利両川《もうりりょうせん》」として毛利家《もうりけ》を支《ささ》えた。毛利《もうり》の主《おも》な戦《いくさ》にはすべて参戦《さんせん》し、勢力拡大《せいりょくかくだい》に貢献《こうけん》。生涯《しょうがい》の戦《いくさ》で一度《いちど》も負《ま》けなかったといわれている。

出身《しゅっしん》 安芸国《あきのくに》

生没《せいぼつ》 1530年《ねん》～1586年《ねん》12月《がつ》25日《にち》

イラスト●ナチコ

135/282

小《こ》西《にし》行《ゆき》長《なが》

豪商《ごうしょう》の子《こ》として生《う》まれ、宇喜多直家《うきたなおいえ》と豊臣秀吉《とよとみひでよし》につかえた。秀吉《ひでよし》のもとでは、貿易《ぼうえき》のほかに船奉行《ふなぶぎょう》として水軍《すいぐん》をまかされ、朝鮮《ちょうせん》の役《えき》では交渉役《こうしょうやく》もつとめた。関ケ原《せきがはら》の戦《たたか》いでは西軍《せいぐん》で敗戦《はいせん》。降伏《こうふく》して京都《きょうと》で処刑《しょけい》された。

出身《しゅっしん》 山城国《やましろのくに》

生没《せいぼつ》 不明《ふめい》

イラスト●えだまめ畑《ばたけ》

136/282

細《ほそ》川《かわ》忠《ただ》興《おき》

教養人《きょうようじん》でハンサムだが性格《せいかく》は残忍《ざんにん》

イラスト●Natto-7

妻《つま》は明智光秀《あけちみつひで》の娘《むすめ》でキリシタンの細川《ほそかわ》ガラシヤ。本能寺《ほんのうじ》の変《へん》のあと、義父《ぎふ》の光秀《みつひで》に味方《みかた》にさそわれるがことわり、秀吉《ひでよし》につかえた。秀吉《ひでよし》の没《ぼつ》後《ご》、関《せき》ケ原《がはら》の戦《たたか》いでは東《とう》軍《ぐん》に属《ぞく》して奮戦《ふんせん》。大坂《おおさか》の役《えき》でも武功《ぶこう》をあげた。

出身《しゅっしん》	山城国《やましろのくに》
生没《せいぼつ》	1563年《ねん》11月《がつ》28日《にち》～1646年《ねん》1月《がつ》18日《にち》

137/282

上《うえ》杉《すぎ》景《かげ》勝《かつ》

大大名《だいだいみょう》から転落《てんらく》した謙信《けんしん》の後継者《こうけいしゃ》

イラスト●ホマ蔵《ぞう》

上杉謙信《うえすぎけんしん》の養子《ようし》で後継《こうけい》者《しゃ》。豊臣政権《とよとみせいけん》下《か》では五大《ごたい》老《ろう》をつとめ、秀吉《ひでよし》の命《めい》で東北《とうほく》を監視《かんし》するため、越後《えちご》から会津《あいづ》120万石《まんごく》に移封《いほう》となる。その後《ご》、関《せき》ケ原《がはら》の戦《たたか》いで勝《か》った家《いえ》康《やす》に降伏《こうふく》し、米沢藩《よねざわはん》30万《まん》石《ごく》に減封《げんぽう》された。

出身《しゅっしん》	越後国《えちごのくに》
生没《せいぼつ》	1556年《ねん》1月《がつ》8日《か》～1623年《ねん》4月《がつ》19日《にち》

138/282

足《あし》利《かが》義《よし》昭《あき》

信長《のぶなが》を利用《りよう》した室町幕府《むろまちばくふ》最後《さいご》の将軍《しょうぐん》

イラスト●福田彰宏《ふくだあきひろ》

兄《あに》は室町幕府《むろまちばくふ》13代将軍《だいしょうぐん》で剣豪《けんごう》の足利義輝《あしかがよしてる》。僧《そう》として生涯《しょうがい》をおくる予定《よてい》だったが、義輝《よしてる》が暗殺《あんさつ》されると将軍《しょうぐん》家《け》の再興《さいこう》を決《けつ》意《い》。明智光秀《あけちみつひで》の仲介《ちゅうかい》で織《お》田《だ》信長《のぶなが》のもとで上洛《じょうらく》し、将軍《しょうぐん》となる。しかし、信《のぶ》長《なが》に反抗《はんこう》して追放《ついほう》される。

出身《しゅっしん》	山城国《やましろのくに》
生没《せいぼつ》	1537年《ねん》12月《がつ》15日《にち》～1597年《ねん》10月《がつ》9日《か》

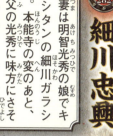

歴史《れきし》の転換点《てんかんてん》 その5

関《せき》ケ《が》原《はら》の戦《たたか》い

豊臣《とよとみ》から徳川《とくがわ》へ天下《てんか》が移動《いどう》した天下《てんか》わけ目《め》の決戦《けっせん》

この出来事《できごと》が起《お》きた年《とし》

1600年《ねん》

家康《いえやす》の会津《あいづ》攻《ぜ》めで三成《みつなり》が挙兵《きょへい》

1600年《ねん》6月《がつ》、徳川家康《とくがわいえやす》は石田三成《いしだみつなり》と通《つう》じた上杉《うえすぎ》を討《う》つべく、会津《あいづ》へとむかった。このタイミングで三成《みつなり》は挙兵《きょへい》。総大将《そうだいしょう》に毛利輝元《もうりてるもと》を立《た》てて大坂城《おおさかじょう》にまねき、徳川方《とくがわがた》の伏見城《ふしみじょう》を陥落《かんらく》させた。そのころ、家康《いえやす》は会津攻《あいづぜ》めの武将《ぶしょう》をあつめ、小山《おやま》で評定《ひょうてい》をおこない、そのほとんどを味方《みかた》につけることに成功《せいこう》。天下《てんか》をわがものとするべく、西《にし》に転進《てんしん》を開始《かいし》する。こうして国内《こくない》の大《だい》名《みょう》は、家康《いえやす》ひきいる東軍《とうぐん》と三成《みつなり》ひきいる西軍《せいぐん》にわかれ、美濃《みの》の関《せき》ケ《が》原《はら》で激突《げきとつ》した。

味方《みかた》の裏切《うらぎ》りで西軍《せいぐん》は総崩《そうくず》れ

東軍《とうぐん》の総兵力《そうへいりょく》は約《やく》7万《まん》4000。対《たい》する西軍総兵力《せいぐんそうへいりょく》は約《やく》8万《まん》2000。兵力《へいりょく》は西軍《せいぐん》が上《うえ》で、さらに地形《ちけい》も有利《ゆうり》にはたらき、西軍優位《せいぐんゆうい》で戦《たたか》いがすすめられていった。東軍《とうぐん》も連携《れんけい》がとれた攻《こう》撃《げき》で徐々《じょじょ》にもり返《かえ》すが、屈強《くっきょう》な西軍《せいぐん》の前《まえ》に戦局《せんきょく》をくつがえすまでにはいたらない。

そんななか、小早川秀秋《こばやかわひであき》が西《せい》軍《ぐん》を裏切《うらぎ》り、大谷吉継《おおたによしつぐ》の部隊《ぶたい》を急襲《きゅうしゅう》した。この攻撃《こうげき》はおし返《かえ》されたが、それまで動《うご》かずにいた西軍各隊《せいぐんかくたい》が東軍《とうぐん》に寝返《ねがえ》り、大谷《おおたに》隊《たい》を壊滅《かいめつ》させた。この機《き》に乗《じょう》じて家康《いえやす》は総攻撃《そうこうげき》をかけ、西軍《せいぐん》は総崩《そうくず》れとなった。こうして、早《そう》朝《ちょう》にはじまった戦《たたか》いは、夕方前《ゆうがたまえ》にあっさりと決着《けっちゃく》。天下《てんか》は家康《いえやす》のものとなったのである。

関ヶ原《せきがはら》の戦《たたか》い武将配置図《ぶしょうはいちず》

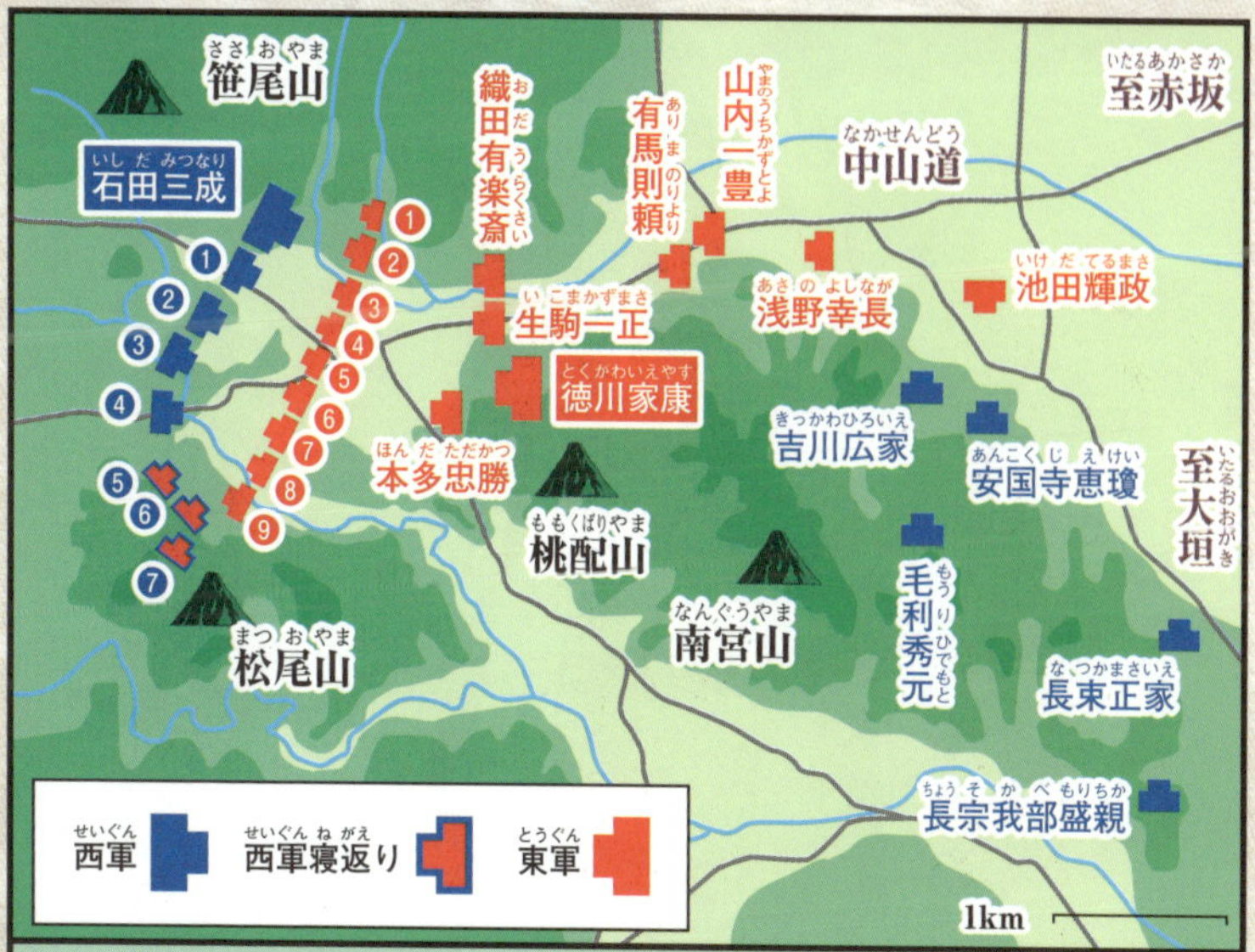

❶島津義弘《しまづよしひろ》	❹大谷吉継《おおたによしつぐ》	❼小早川秀秋《こばやかわひであき》	❶黒田長政《くろだながまさ》	❹田中吉政《たなかよしまさ》	❼藤堂高虎《とうどうたかとら》
❷小西行長《こにしゆきなが》	❺朽木元綱《くつきもとつな》		❷細川忠興《ほそかわただおき》	❺松平忠吉《まつだいらただよし》	❽京極高知《きょうごくたかとも》
❸宇喜多秀家《うきたひでいえ》	❻脇坂安治《わきさかやすはる》		❸加藤嘉明《かとうよしあき》	❻井伊直政《いいなおまさ》	❾福島正則《ふくしままさのり》

ポイント!

関ヶ原《せきがはら》の戦《たたか》いのその後《ご》…敗戦武将《はいせんぶしょう》はどうなった?

家康《いえやす》は、西軍《せいぐん》の主力《しゅりょく》だった石田三成《いしだみつなり》らを捕《ほ》ばく。安国寺恵瓊《あんこくじえけい》や小西行長《こにしゆきなが》とともに処断《しょだん》した。さらに薩摩《さつま》に帰《かえ》った島《しま》津義弘《づよしひろ》を捕《と》らえようと討伐軍《とうばつぐん》をおくるが、1万《まん》をこす兵力《へいりょく》が健在《けんざい》で手《て》が出《だ》せず、最後《さいご》は和《わ》ぼく。島津氏《しまづし》は幕末《ばくまつ》の薩《さつ》摩藩《まはん》へとつづく礎《いしずえ》をきずいた。

●関ヶ原《せきがはら》の戦《たたか》いがおこなわれた跡地《あとち》には石碑《せきひ》が建《た》てられている

139/282

千《せんの》利《り》休《きゅう》

天《てん》下《か》人《びと》につかえた茶《ちゃ》人《じん》

わび茶《ちゃ》を普《ふ》及《きゅう》させ
茶《ちゃ》の道《みち》をきわめた茶《ちゃ》聖《せい》

出《しゅっ》身《しん》	和泉国《いずみのくに》
生《せい》没《ぼつ》	1522年《ねん》～1591年《ねん》4月《がつ》21日《にち》
重要度《じゅうようど》	80%

能力《のうりょく》パラメータ

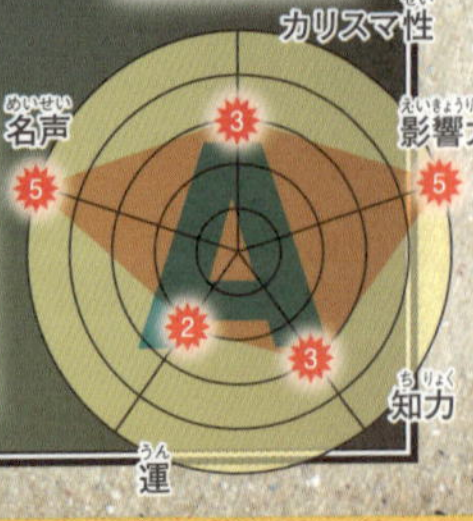

イラスト●麻亜沙《まあさ》

わび茶《ちゃ》の完成《かんせい》にとりくむ

堺《さかい》で倉庫業《そうこぎょう》をおこなう商家《しょうか》の家《いえ》に生《う》まれ、若《わか》いころから茶《ちゃ》の湯《ゆ》に親《した》しみ、17歳《さい》で北向《きたむき》道陳《どうちん》や武野紹鷗《たけのじょうおう》といった茶人《ちゃじん》に学《まな》んだ。

利休《りきゅう》はその後《ご》、師《し》とともに「わび茶《ちゃ》」の完成《かんせい》にとりくんだ。わび茶《ちゃ》とは、高価《こうか》な茶碗《ちゃわん》や派手《はで》な演出《えんしゅつ》などの無駄《むだ》だと思《おも》われるものをすべてそぎ落《お》とし、お茶《ちゃ》そのものを楽《たの》しもうとするものである。

利休《りきゅう》は堺《さかい》を制圧《せいあつ》した信長《のぶなが》に茶頭《さどう》（茶《ちゃ》の湯《ゆ》をつかさどる係《かかり》）としてむかえられた。信長《のぶなが》は茶《ちゃ》の湯《ゆ》をひじょうに大切《たいせつ》にした人《ひと》で、家臣《かしん》たちにも茶《ちゃ》を通《とお》して教養《きょうよう》を身《み》につけてもらおうと、利休《りきゅう》に指導《しどう》させた。そのため利休《りきゅう》は信長《のぶなが》の死後《しご》、後《こう》継者《けいしゃ》となった豊臣秀吉《とよとみひでよし》にそのままつかえることになった。

秀吉《ひでよし》は利休《りきゅう》を重用《ちょうよう》し、いつしか弟《おとうと》の豊臣秀長《とよとみひでなが》とともに政治《せいじ》面《めん》でも大《おお》きな影響力《えいきょうりょく》をもつようになる。

しかし、豊臣政権《とよとみせいけん》に深《ふか》くかかわった結果《けっか》、利休《りきゅう》への反発《はんぱつ》は強《つよ》まり、さらに権威《けんい》をみとめない利休《りきゅう》は孤立《こりつ》し、秀吉《ひでよし》との関係《かんけい》は悪化《あっか》していく。そして1591年《ねん》、秀吉《ひでよし》の大《おお》きな怒《いか》りをかった利休《りきゅう》は、自宅謹《じたくきん》慎《しん》させられたうえ、切腹《せっぷく》を申《もう》しわたされたが、その理由《りゆう》には不明《ふめい》な点《てん》が多《おお》い。

大徳寺《だいとくじ》

利休《りきゅう》の首《くび》は大徳寺《だいとくじ》にある木像《もくぞう》に踏《ふ》ませる形《かたち》でさらされたという

歴史《れきし》のウラ側《がわ》

重用《ちょうよう》していた利休《りきゅう》を秀吉《ひでよし》が切腹《せっぷく》させたナゾ

なぜ秀吉《ひでよし》は利休《りきゅう》を切腹《せっぷく》させたのか？　これにはさまざまな説《せつ》があり、「秀吉《ひでよし》が多《おお》くの有力武将《ゆうりょくぶしょう》を弟子《でし》としてかかえた利休《りきゅう》を脅威《きょうい》に感《かん》じていた」、「茶《ちゃ》の湯《ゆ》のことで批判《ひはん》されたから」、「茶《ちゃ》の湯《ゆ》とゆかりのある大徳寺《だいとくじ》の山門《さんもん》に利休《りきゅう》の木像《もくぞう》をかかげたから（秀吉《ひでよし》がその下《した》を通《とお》ることになる」などがあるが、「利休《りきゅう》が家康《いえやす》のスパイだったから」という説《せつ》もささやかれている。

日本史《にほんし》
Pick up!

戦国時代《せんごくじだい》のキリスト教《きょう》

日本《にほん》の文化《ぶんか》を尊重《そんちょう》しながらつづけられた布教活動《ふきょうかつどう》

順調《じゅんちょう》に信者《しんじゃ》をふやした

戦国時代《せんごくじだい》まっただなかの１５４９年《ねん》、イエズス会《かい》の宣教師《せんきょうし》、フランシスコ・ザビエルらが日《に》本《ほん》にキリスト教《きょう》を伝《つた》えた。

薩摩《さつま》（鹿児島《かごしま》）から布教《ふきょう》をはじめたザビエルらは、天皇《てんのう》や将《しょう》軍《ぐん》から正式《せいしき》な布教《ふきょう》の許可《きょか》をえるため、京《きょう》をめざした。京《きょう》で天皇《てんのう》や将軍《しょうぐん》には会《あ》えなかったが、その後《ご》、西国各地《さいこくかくち》をまわって布教《ふきょう》をつづけ、徐々《じょじょ》に信者《しんじゃ》（洗礼者《せんれいしゃ》）をふやしていった。

その後《ご》、ザビエル亡《な》きあとも、多《おお》くの宣教師《せんきょうし》が日本《にほん》に派遣《はけん》された。宣教師《せんきょうし》は遠《とお》いヨーロッパからやってきたので本国《ほんごく》からの支《し》援《えん》がなく、そのため戦国大名《せんごくだいみょう》に近《ちか》づき、南蛮貿易《なんばんぼうえき》の利益《りえき》をうったえて布教《ふきょう》の許可《きょか》をえるという手段《しゅだん》をとった。

ちょうど火縄銃《ひなわじゅう》が伝《つた》えられたのと同《おな》じ時期《じき》だったことから、南蛮人《なんばんじん》と交易《こうえき》したいと考《かんが》えていた戦国大名《せんごくだいみょう》は宣教師《せんきょうし》たちを歓迎《かんげい》した。そしてやがて戦国大名《せんごくだいみょう》のなかにも、洗礼《せんれい》をうけるものがあらわれた。

イエズス会《かい》の方針《ほうしん》で、日本《にほん》でのキリスト教布教《きょうふきょう》は、日本《にほん》の伝《でん》統《とう》文化《ぶんか》やならわしなどを尊重《そんちょう》し、日本人司祭《にほんじんしさい》を採用《さいよう》しながら思想《しそう》を広《ひろ》めた。さらに宣教師《せんきょうし》は、日本《にほん》の少年《しょうねん》たちをヨーロッパにおくる「天正遣欧少年使節《てんしょうけんおうしょうねんしせつ》」も企画《きかく》。大成功《だいせいこう》をおさめた。

しかし、天下統一《てんかとういつ》を目前《もくぜん》にした豊臣秀吉《とよとみひでよし》はキリスト教《きょう》の影響《えいきょう》力《りょく》をおそれ、「バテレン追放令《ついほうれい》」を出《だ》し、やがてキリスト教《きょう》を迫《はく》害《がい》していくことになる。

イラスト●きさらぎ

140/282

ザビエル

生《せい》 没《ぼつ》▶1506年《ねん》4月《がつ》7日《か》～1552年《ねん》12月《がつ》3日《か》

スペインの宣教師《せんきょうし》。1534年《ねん》、世界各地《せかいかくち》へキリスト教《きょう》を広《ひろ》めるためイエズス会《かい》を創設《そうせつ》。ポルトガル王《おう》の要請《ようせい》で植民地《しょくみんち》のインドへ布教《ふきょう》におもむく。その後《ご》、日本《にほん》に興味《きょうみ》をもち、1549年《ねん》に薩摩《さつま》（鹿児島県《かごしまけん》）に上陸《じょうりく》。はじめて日本《にほん》にキリスト教《きょう》を伝《つた》えた。天皇《てんのう》・将軍《しょうぐん》から布教《ふきょう》の許可《きょか》はえられなかったが、平戸《ひらど》（長崎県《ながさきけん》）・豊後《ぶんご》（大分県《おおいたけん》）・山口《やまぐち》などで地道《じみち》に布教活動《ふきょうかつどう》をつづけ、2年後《ねんご》に中国《ちゅうごく》への布教《ふきょう》をめざして日本《にほん》をはなれたが、志《こころざし》なかばでこの世《よ》をさる。

日本《にほん》にキリスト教《きょう》を伝《つた》えた聖人《せいじん》

ポイント！

キリスト教《きょう》を信《しん》じ、あるいは利用《りよう》した戦国大名《せんごくだいみょう》たち

戦国大名《せんごくだいみょう》のなかには、キリスト教《きょう》の信者《しんじゃ》になるものもあらわれた。彼《かれ》らは「キリシタン大名《だいみょう》」と呼《よ》ばれるが、信者《しんじゃ》になった理由《りゆう》は、「キリスト教《きょう》の教《おし》えにひかれたから」というのが、高山右近《たかやまうこん》、蒲生氏郷《がもううじさと》、黒田官《くろだかん》兵衛《べえ》らで、「南蛮貿易《なんばんぼうえき》をやりやすくするため」というのが、大友宗麟《おおともそうりん》、大村純忠《おおむらすみただ》らだった。また、信者《しんじゃ》ではないが宣教師《せんきょうし》を好意的《こういてき》にむかえ、政治的《せいじてき》に利用《りよう》していたのが、織田信《おだのぶ》長《なが》や島津貴久《しまづたかひさ》らで、豊臣秀吉《とよとみひでよし》もはじめは宣《せん》教師《きょうし》と親交《しんこう》が深《ふか》かったという。

平戸《ひらど》ザビエル記念教会《きねんきょうかい》

ザビエルは平戸《ひらど》に３度《ど》にわたって布教《ふきょう》におとずれた

超重要人物《ちょうじゅうようじんぶつ》ファイル!
No.015

武《ぶ》将《しょう》を支《ささ》えた戦《せん》国《ごく》美《び》女《じょ》

あるときは夫《おっと》をたすけ、あるときは最期《さいご》をともにした戦国《せんごく》の美女《びじょ》たち

越前《えちぜん》にちった織田信長《おだのぶなが》の妹《いもうと》

お市《いち》の方《かた》

141/282

生《せい》没《ぼつ》▶1547年《ねん》～1583年《ねん》6月《がつ》14日《か》

織田信長《おだのぶなが》の妹《いもうと》。政略結婚《せいりゃくけっこん》で浅井長政《あざいながまさ》にとつぎ、３人《にん》の娘《むすめ》にめぐまれる。信長《のぶなが》に敗北《はいぼく》した長政《ながまさ》が自害《じがい》すると、柴田勝家《しばたかついえ》と再婚《さいこん》。しかし、勝家《かついえ》が賤ケ岳《しずがたけ》の戦《たたか》いでやぶれると、勝家《かついえ》とともに自害《じがい》した。3人《にん》の娘《むすめ》は豊臣秀吉《とよとみひでよし》などの名家《めいか》にとついだ。

イラスト●奥田《おくだ》みき

明智光秀《あけちみつひで》の娘《むすめ》でキリシタン

細《ほそ》川《かわ》ガラシャ

生《せい》没《ぼつ》▶1563年《ねん》～1600年《ねん》8月《がつ》25日《にち》

本名《ほんみょう》は玉《たま》。明智光秀《あけちみつひで》の娘《むすめ》で細川忠興《ほそかわただおき》の妻《つま》。カトリックの教《おし》えに共感《きょうかん》し、洗礼《せんれい》をうけてガラシャの名《な》をさずかった。関ケ原《せきがはら》の戦《たたか》いのとき、西軍《せいぐん》の石田三成《いしだみつなり》にかこまれ、屋敷内《やしきない》の女性《じょせい》をすべて逃《に》がしたうえで自害《じがい》したといわれている。

142/282

イラスト●凹《うさぎ》

豊臣家《とよとみけ》を支《ささ》えた
秀吉《ひでよし》の正室《せいしつ》

143/282

ねね

生《せい》　没《ぼつ》▶1548年《ねん》～1624年《ねん》10月《がつ》17日《にち》

豊臣秀吉《とよとみひでよし》の正室《せいしつ》で、秀吉《ひでよし》の立身出世《りっしんしゅっせ》を影《かげ》で支《ささ》えつづけた。秀吉《ひでよし》が天下《てんか》を統一《とういつ》して関白《かんぱく》となると、北政所《きたのまんどころ》を名乗《なの》った。秀吉《ひでよし》が没《ぼっ》してからは、淀殿《よどどの》とともに豊臣秀頼《とよとみひでより》をたすけたが、豊臣家《とよとみけ》は滅亡《めつぼう》。京都《きょうと》にある高台寺《こうだいじ》を建立《こんりゅう》して、そこで生涯《しょうがい》をとげた。

イラスト●むなぁげ

144/282

千代《ちよ》

内助《ないじょ》の功《こう》で有名《ゆうめい》な
良妻賢母《りょうさいけんぼ》の見本《みほん》

生《せい》　没《ぼつ》▶1557年《ねん》～1617年《ねん》12月《がつ》31日《にち》

山内一豊《やまのうちかずとよ》の妻《つま》で、良妻賢母《りょうさいけんぼ》の見本《みほん》とされる。秀吉《ひでよし》の没後《ぼつご》、千代《ちよ》は石田三成《いしだみつなり》に監視《かんし》されるなか、一豊《かずとよ》に「家康《いえやす》に忠義《ちゅうぎ》をつくしなさい」という密書《みっしょ》をおくる。この密書《みっしょ》を家康《いえやす》にわたしたことで、一豊《かずとよ》は信用《しんよう》され、土佐一国《とさいっこく》をあたえられた。

イラスト●クロブチぬまま

肝《きも》のすわった
「おまつ様《さま》」

145/282

まつ

生《せい》　没《ぼつ》▶1547年《ねん》7月《がつ》25日《にち》～1617年《ねん》8月《がつ》17日《にち》

前田利家《まえだとしいえ》の正室《せいしつ》で、学問《がくもん》と武芸《ぶげい》にすぐれた女性《じょせい》だったという。賤ヶ岳《しずがたけ》の戦《たたか》いで利家《としいえ》が敗走《はいそう》すると、秀吉《ひでよし》に直接会《ちょくせつあ》って和議《わぎ》をむすび、利家《としいえ》の危機《きき》を救《すく》った。また、前田家《まえだけ》が徳川家康《とくがわいえやす》からむほんをうたがわれたときは、江戸《えど》におもむき、14年間《ねんかん》も人質《ひとじち》になった。

イラスト●平林知子《ひらばやしともこ》

日本史《にほんし》 Pick up!

戦国《せんごく》時代《じだい》に活躍《かつやく》!! 忍者《にんじゃ》の真相《しんそう》

忍者《にんじゃ》が使《つか》う技《わざ》は「忍術《にんじゅつ》」であり、「忍法《にんぽう》」ではない！

忍者《にんじゃ》というと、大名《だいみょう》につかえて、スパイ活動《かつどう》や暗殺《あんさつ》などの裏《うら》の仕事《しごと》をする人《ひと》のイメージが強《つよ》いが、忍者《にんじゃ》は飛鳥時代《あすかじだい》にすでに存在《そんざい》していたそうだ(聖徳太子《しょうとくたいし》が忍《しの》びを使《つか》っていたという説《せつ》もある)。それでもやはり忍者《にんじゃ》が注目《ちゅうもく》されるのは戦国時代《せんごくじだい》になってから。戦乱《せんらん》の世《よ》では情報収集《じょうほうしゅうしゅう》やゲリラ戦《せん》がひんぱんにおこなわれ、そのなかで忍者《にんじゃ》が活躍《かつやく》し、忍術《にんじゅつ》も発展《はってん》した。忍者《にんじゃ》の使《つか》う忍術《にんじゅつ》は定義《ていぎ》がむずかしいが、敵軍《てきぐん》に潜入《せんにゅう》するための密偵術《みっていじゅつ》(変装《へんそう》や心理操作《しんりそうさ》)と、剣術《けんじゅつ》・火術《かじゅつ》・呪術《じゅじゅつ》・薬学《やくがく》・天文学《てんもんがく》といった総合術《そうごうじゅつ》にわけられる(奇想天外《きそうてんがい》な忍法《にんぽう》はフィクションの世界《せかい》の技《わざ》)。忍者《にんじゃ》は長年《ながねん》のきびしい訓練《くんれん》によって常人《じょうじん》ばなれした肉体《にくたい》をつくりあげ、忍術《にんじゅつ》を会得《えとく》した。そしてその忍術《にんじゅつ》を忍者《にんじゃ》はだれにも教《おし》えてはいけない掟《おきて》になっていて、掟《おきて》をやぶるとみずからの命《いのち》でつぐなったそうだ。

●当時《とうじ》使《つか》われたとされる手裏剣《しゅりけん》の種類《しゅるい》

伊賀流忍者博物館提供《いがりゅうにんじゃはくぶつかんていきょう》

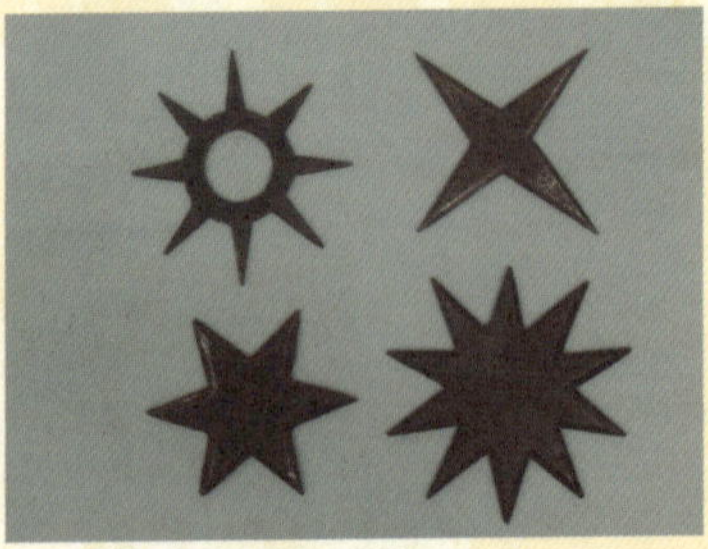

平型手裏剣《ひらがたしゅりけん》

刃《は》が多《おお》く携帯《けいたい》に不便《ふべん》だが、飛行《ひこう》が安定《あんてい》していて命中精度《めいちゅうせいど》が高《たか》い

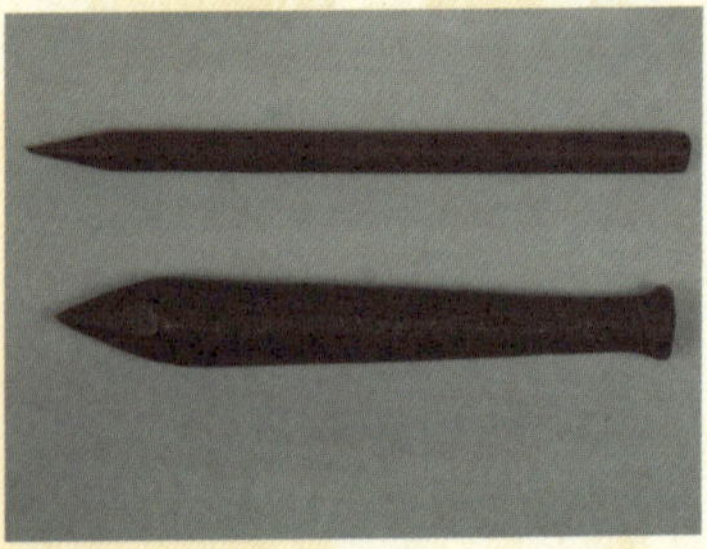

棒型手裏剣《ぼうがたしゅりけん》

携帯《けいたい》しやすく威力《いりょく》もあるが、投《な》げて敵《てき》にあてるには高度《こうど》な技術《ぎじゅつ》が必要《ひつよう》

第《だい》4章《しょう》

江戸時代《えどじだい》

（1603〜1868年《ねん》）

おもな出来事《できごと》

1603年《ねん》：江戸幕府《えどばくふ》が成立《せいりつ》

1614〜1615年《ねん》：大坂《おおさか》の陣《じん》

1637年《ねん》：島原《しまばら》の乱《らん》

1641年《ねん》：鎖国《さこく》が完成《かんせい》する

1716年《ねん》：享保《きょうほう》の改革《かいかく》

1837年《ねん》：大塩平八郎《おおしおへいはちろう》の乱《らん》

146/282

祖父《そふ》の家康《いえやす》にあこがれた将軍《しょうぐん》

徳《とく》川《がわ》家《いえ》光《みつ》

江戸《えど》幕府《ばくふ》の統治《とうち》体制《たいせい》を完成《かんせい》させた強気《つよき》な3代目《だいめ》

出身《しゅっしん》	江戸《えど》
生没《せいぼつ》	1604年《ねん》8月《がつ》12日《にち》～1651年《ねん》6月《がつ》8日《か》
重要度《じゅうようど》	80%

能力《のうりょく》パラメータ

イラスト●トミダトモミ

幕府《ばくふ》の権力《けんりょく》を強化《きょうか》した

江戸幕府《えどばくふ》2代将軍《だいしょうぐん》・徳川秀忠《とくがわひでただ》の次男《じなん》で、徳川家康《とくがわいえやす》の孫《まご》。幼少時《ようしょうじ》は病弱《びょうじゃく》で吃音症《きつおんしょう》をわずらっており、しかも美男《びなん》ではなかったため、秀忠《ひでただ》は弟《おとうと》の徳川忠長《とくがわただなが》を世継《よつ》ぎにしようと考《かんが》えていたという。

しかし、乳母《うば》の春日局《かすがのつぼね》が家康《いえやす》に実情《じつじょう》をうったえたことで、家光《いえみつ》の世継《よつ》ぎが決定《けってい》。1623年《ねん》、朝廷《ちょうてい》から征夷大将軍《せいいたいしょうぐん》の辞令《じれい》をうけた。将軍《しょうぐん》となった家光《いえみつ》は、大名《だいみょう》たちに「幕府《ばくふ》に不満《ふまん》があるものは戦《いくさ》の準備《じゅんび》をしなさい。いつでも相手《あいて》になる」と、将軍《しょうぐん》と幕府《ばくふ》の権威《けんい》を見《み》せつける発言《はつげん》などをして、将軍《しょうぐん》らしい強《つよ》い態度《たいど》を見《み》せた。これは、のちに武断政治《ぶだんせいじ》とも呼《よ》ばれた。

政治《せいじ》の実権《じっけん》をにぎっていた父《ちち》の秀忠《ひでただ》が死去《しきょ》すると、家光《いえみつ》の親政《しんせい》がはじまった。内政面《ないせいめん》では幕府《ばくふ》の支配体制《しはいたいせい》をかためるため、将軍《しょうぐん》をトップにおき、その下《した》に老中《ろうじゅう》、若年寄《わかどしより》、三奉行《さんぶぎょう》（寺社《じしゃ》・勘定《かんじょう》・町《まち》）、大目付《おおめつけ》などの職《しょく》をつくり、幕臣《ばくしん》の仕事《しごと》の分担《ぶんたん》を決《き》めた。1635年《ねん》には「武家諸法度《ぶけしょはっと》」をあらためて、幕府《ばくふ》が大名《だいみょう》より上《うえ》の地位《ちい》であることをしめし、大名《だいみょう》に参勤交代《さんきんこうたい》を命《めい》じた。対外的《たいがいてき》には、キリスト教《きょう》を弾圧《だんあつ》し、海外貿易《かいがいぼうえき》を統制《とうせい》して鎖国体制《さこくたいせい》を完成《かんせい》させた。

オランダ商館《しょうかん》

徳川家光《とくがわいえみつ》が破壊《はかい》を命《めい》じた平戸《ひらど》のオランダ商館《しょうかん》

歴史《れきし》のウラ側《がわ》

家光《いえみつ》がおこなった武断政治《ぶだんせいじ》のホント

家光《いえみつ》がおこなった「武断政治《ぶだんせいじ》」とは、武力《ぶりょく》を背景《はいけい》に相手《あいて》を屈服《くっぷく》させる強権的《きょうけんてき》な政治手法《せいじしゅほう》で、家光《いえみつ》は諸大名《しょだいみょう》の力《ちから》をそぎ落《お》とすため、参勤交代《さんきんこうたい》のほか、一国一城令《いっこくいちじょうれい》や、大規模《だいきぼ》な改易《かいえき》（藩《はん》のとりつぶし）と転封《てんぽう》をおこなった。しかし、こうした政治《せいじ》をすすめて幕府《ばくふ》の権限《けんげん》を強化《きょうか》したのは、リーダーの家光《いえみつ》ではなく、土井利勝《どいとしかつ》や酒井忠勝《さかいただかつ》など有能《ゆうのう》な家臣《かしん》たちだったともいわれている。

147
282

徳《とく》川《がわ》綱《つな》吉《よし》

「生類憐《しょうるいあわれ》みの令《れい》」で有名《ゆうめい》な犬公方《いぬくぼう》

イラスト●福田彰宏《ふくだあきひろ》

文治政治《ぶんじせいじ》をすすめた

江戸幕府第《えどばくふだい》5代将軍《だいしょうぐん》。将軍《しょうぐん》となった初期《しょき》は、文化《ぶんか》や教育《きょういく》を重視《じゅうし》する文治政治《ぶんちせいじ》をおしすすめ、「天和《てんな》の治《ち》」とたたえられる善政《ぜんせい》をしいた。しかし、後年《こうねん》に大老《たいろう》でもっとも信頼《しんらい》していた堀田正俊《ほったまさとし》が亡《な》くなると、寵愛《ちょうあい》する側用人《そばようにん》（老中《ろうじゅう》に命令《めいれい》を伝《つた》える役《やく》）に政治《せいじ》をまかせ、政治《せいじ》が荒《あ》れた。

出身《しゅっしん》	江戸《えど》
生没《せいぼつ》	1646年《ねん》2月《がつ》23日《にち》～1709年《ねん》2月《がつ》19日《にち》
重要度《じゅうようど》	60%

歴史《れきし》のウラ側《がわ》

生類憐《しょうるいあわれ》みの令《れい》は悪《わる》い法律《ほうりつ》なの？

徳川綱吉《とくがわつなよし》は「生類憐《しょうるいあわれ》みの令《れい》」の将軍《しょうぐん》として有名《ゆうめい》だ。生類憐《しょうるいあわれ》みの令《れい》とは、生《い》き物《もの》をころすことを禁止《きんし》した法律《ほうりつ》で、とくに犬《いぬ》が大切《たいせつ》にされた。綱吉《つなよし》に子《こ》どもがないのは、生《い》き物《もの》を大切《たいせつ》にしないからだと考《かんが》えられ、この法律《ほうりつ》ができたという説《せつ》もある。天下《てんか》の悪法《あくほう》といわれたが、もともとは捨《す》て子《ご》や辻斬《つじぎ》りをへらすための法律《ほうりつ》で、当時《とうじ》の生命軽視《せいめいけいし》の風潮《ふうちょう》に一石《いっせき》を投《とう》じるものだった。

湯島聖堂《ゆしませいどう》

徳川綱吉《とくがわつなよし》によって建《た》てられた学問所《がくもんしょ》・湯島聖堂《ゆしませいどう》

148/282

徳《とく》川《がわ》吉《よし》宗《むね》

江戸幕府《えどばくふ》の中興《ちゅうこう》の祖《そ》といわれる名君《めいくん》

イラスト●洵《じゅん》

出身《しゅっしん》	紀伊国《きいのくに》
生没《せいぼつ》	1684年《ねん》11月《がつ》27日《にち》～1751年《ねん》7月《がつ》12日《にち》
重要度《じゅうようど》	70%

能力パラメータ

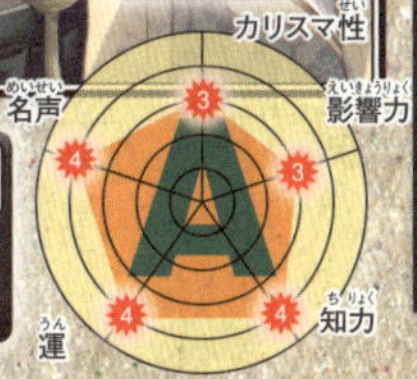

享保《きょうほう》の改革《かいかく》を実施《じっし》

江戸幕府《えどばくふ》第《だい》8代将軍《だいしょうぐん》。徳川《とくがわ》宗家《そうけ》に跡継《あとつ》ぎがなかったため、はじめて御三家《ごさんけ》（尾張《おわり》・紀伊《きい》・水戸《みと》）から将軍《しょうぐん》がえらばれ、紀伊《きい》の吉宗《よしむね》に白羽《しらは》の矢《や》が立《た》った。吉宗《よしむね》は享保《きょうほう》の改革《かいかく》を実施《じっし》し、危機《きき》にひんしていた幕府財政《ばくふざいせい》を質素倹約《しっそけんやく》で立《た》てなおし、行政改革《ぎょうせいかいかく》で幕政《ばくせい》の強《きょう》化《か》につとめた。

小石川養生所《こいしかわようじょうしょ》の古井戸《ふるいど》

徳川吉宗《とくがわよしむね》は無料《むりょう》の医療施設《いりょうしせつ》、小《こ》石川養生所《いしかわようじょうしょ》を設置《せっち》した

歴史《れきし》のウラ側《がわ》

名君《めいくん》ぶりを発揮《はっき》した享保《きょうほう》の改革《かいかく》の中身《なかみ》とは？

徳川吉宗《とくがわよしむね》が断行《だんこう》した政治改革《せいじかいかく》「享保《きょうほう》の改革《かいかく》」。まず、将軍《しょうぐん》が政治《せいじ》をおこなう政治体制《せいじたいせい》を整《ととの》えたうえで、新田開発《しんでんかいはつ》と新作物《しんさくもつ》（サツマイモなど）の栽培《さいばい》、足高《たしだか》の制《せい》による有能《ゆうのう》な人材《じんざい》の登用《とうよう》、庶《しょ》民《みん》の意見《いけん》を聞《き》く目安箱《めやすばこ》の設置《せっち》、火事《かじ》が多《おお》かった江戸《えど》に火消《ひけ》しの組合《くみあい》をつくったりなどした。さらにみずからも粗末《そまつ》な衣服《いふく》と食事《しょくじ》ですまし、大《おお》奥《おく》の女性《じょせい》50人《にん》をリストラしたという。

日本史《にほんし》
Pick up!

徳《とく》川《がわ》15代《だい》将《しょう》軍《ぐん》の系《けい》譜《ふ》

江戸《えど》時代《じだい》をとおして、征夷大将軍《せいいたいしょうぐん》の職《しょく》をうけ継《つ》いだ徳川《とくがわ》の家系《かけい》とは？

跡継《あとつ》ぎは養子《ようし》も多《おお》かった

徳川家康《とくがわいえやす》は1603年《ねん》に征夷《せいい》大将軍《たいしょうぐん》となり、江戸《えど》に幕府《ばくふ》をひらいて260あまりの大名《だいみょう》を統《とう》率《そつ》した。

家康《いえやす》は息子《むすこ》の秀忠《ひでただ》に将軍《しょうぐん》の職《しょく》を継《つ》がせ、秀忠《ひでただ》もその息子《むすこ》の家《いえ》光《みつ》にあとを継《つ》がせた。この家光《いえみつ》以来《いらい》、徳川将軍家《とくがわしょうぐんけ》では世継《よつ》ぎとなる嫡男《ちゃくなん》にかならず「家《いえ》」の文《も》字《じ》がつけられることになった。

しかし、4代将軍《だいしょうぐん》の徳川家綱《とくがわいえつな》には子《こ》どもがなく、弟《おとうと》の綱吉《つなよし》を養子《ようし》にして5代将軍《だいしょうぐん》とした。

ところがその綱吉《つなよし》にも子《こ》どもがなく、家光《いえみつ》の孫《まご》を養子《ようし》にし、家宣《いえのぶ》と改名《かいめい》して6代将軍《だいしょうぐん》にした。しかし、つぎの7代将軍《だいしょうぐん》の家継《いえつぐ》は8歳《さい》で、家宣《いえのぶ》のほかの息《むす》子《こ》はすべて3歳《さい》に満《み》たずに亡《な》くなり、将軍家直系《しょうぐんけちょっけい》の血《ち》すじがとだえてしまった。

御三家《ごさんけ》からの跡継《あとつ》ぎ

ここで将軍《しょうぐん》の座《ざ》についたのが、御三家《ごさんけ》の紀伊徳川家《きいとくがわけ》出身《しゅっしん》の徳川吉宗《とくがわよしむね》である。吉宗《よしむね》は将軍家《しょうぐんけ》の慣例《かんれい》にそって、嫡男《ちゃくなん》を家重《いえしげ》と名《な》づけ9代将軍《だいしょうぐん》とした。

しかし、つぎの10代将軍《だいしょうぐん》の家《いえ》治《はる》は嫡男《ちゃくなん》を18歳《さい》で亡《な》くし、吉宗《よしむね》の4男《なん》がつくった一橋徳川家《ひとつばしとくがわけ》から養子《ようし》をむかえて11代将軍《だいしょうぐん》とした。

その後《ご》、12・13代将軍《だいしょうぐん》は実子《じっし》が継《つ》いだが、ふたたび紀州徳川《きしゅうとくがわ》藩主《はんしゅ》を養子《ようし》にむかえ、家茂《いえもち》を14代将軍《だいしょうぐん》につけた。しかし家茂《いえもち》にも子《こ》がなく、水戸徳川家《みととくがわけ》出身《しゅっしん》の慶喜《よしのぶ》が15代将軍《だいしょうぐん》に就任《しゅうにん》した。この慶喜《よしのぶ》が最後《さいご》の徳川将軍《とくがわしょうぐん》である。

徳川《とくがわ》15代将軍《だいしょうぐん》の略系図《りゃくけいず》

江戸時代《えどじだい》の将軍《しょうぐん》は養子《ようし》がなることも多《おお》く、大奥《おおおく》など側室《そくしつ》の意向《いこう》が反映《はんえい》されることも多《おお》かったという。その際《さい》に起《お》こる後継争《こうけいあらそ》いは骨肉《こつにく》の政治《せいじ》バトルを生《う》んだ。

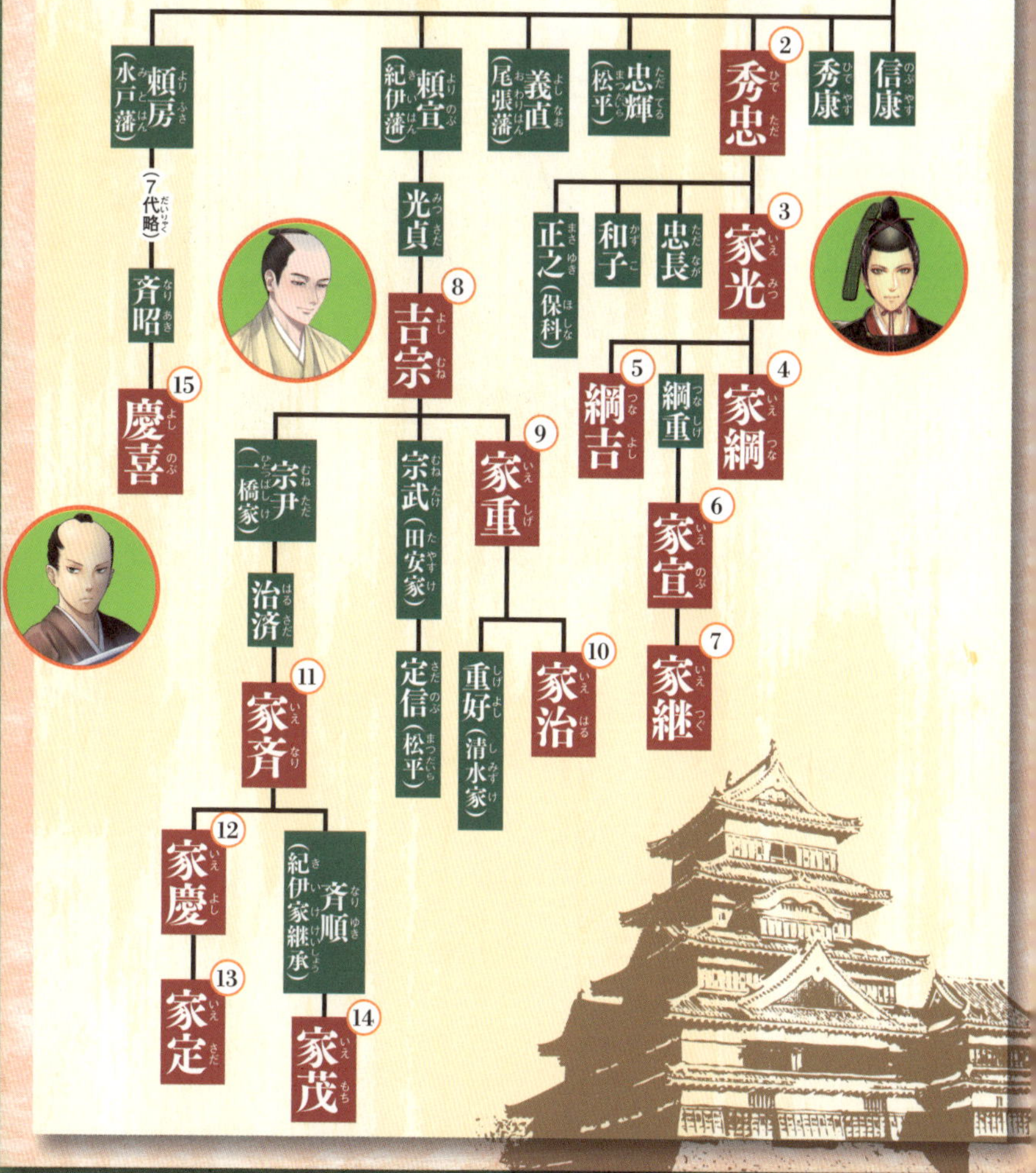

149/282

豊臣秀頼《とよとみひでより》

栄華《えいが》をきわめた豊臣家《とよとみけ》の終焉《しゅうえん》

イラスト●ホマ蔵《ぞう》

出身《しゅっしん》	摂津国
生没《せいぼつ》	1593年《ねん》8月《がつ》29日《にち》～1615年《ねん》6月《がつ》4日《か》
重要度《じゅうようど》	60%

能力パラメータ

徳川《とくがわ》との戦《たたか》いを決意《けつい》

豊臣家《とよとみけ》の2代目当主《だいめとうしゅ》。関ケ原《せきがはら》の戦《たたか》いのあと、政権《せいけん》が徳川家《とくがわけ》にわたり、65万石《まんごく》の大名《だいみょう》に転落《てんらく》。その後《ご》、徳川秀忠《とくがわひでただ》の娘《むすめ》・千姫《せんひめ》と結婚《けっこん》するが、徳川側《とくがわがわ》からつぎつぎに無理難題《むりなんだい》な要求《ようきゅう》をつきつけられ、戦《たたか》いに発展《はってん》。大坂《おおさか》の陣《じん》で敗北《はいぼく》し、最期《さいご》は武士《ぶし》としてみずから死《し》をえらんだとされる。

歴史《れきし》のウラ側《がわ》

豊臣家《とよとみけ》を滅亡《めつぼう》へと追《お》いやった大坂《おおさか》の陣《じん》

1614年《ねん》の冬《ふゆ》、最初《さいしょ》の大坂《おおさか》の陣《じん》がはじまったが、この戦《たたか》いで国内《こくない》の大名《だいみょう》はほとんど豊臣《とよとみ》に味方《みかた》せず、大坂城《おおさかじょう》にあつまったのは、真田信繁《さなだのぶしげ》など浪人《ろうにん》が中心《ちゅうしん》だったという。この戦《たたか》いは徳川《とくがわ》と豊臣《とよとみ》の和睦《わぼく》でおわったが、大坂城《おおさかじょう》の外堀《そとぼり》と内堀《うちぼり》はうめられ、1615年夏《ねんなつ》にはじまった2度目《どめ》の大坂《おおさか》の陣《じん》で、豊臣方《とよとみがた》は徳川方《とくがわがた》の攻撃《こうげき》をふせぐすべがなく、大坂城《おおさかじょう》は落城《らくじょう》。豊臣宗家《とよとみそうけ》は滅亡《めつぼう》した。

大坂夏《おおさかなつ》の陣図屏風《じんずびょうぶ》

大坂夏《おおさかなつ》の陣《じん》では、約《やく》15万《まん》の徳川方《とくがわかた》の大軍勢《だいぐんぜい》が大坂城《おおさかじょう》を攻《せ》めた

大阪城天守閣所蔵《おおさかじょうてんしゅかくしょぞう》

淀殿《よどどの》

波乱《はらん》の生涯《しょうがい》をおくった天下人《てんかびと》の妻《つま》

イラスト●クロブチぬまま

息子《むすこ》の秀頼《ひでより》の後見人《こうけんにん》

浅井長政《あさいながまさ》とお市《いち》の方《かた》の長女《ちょうじょ》。名《な》は茶々《ちゃちゃ》。父《ちち》・長政《ながまさ》が死《し》んだため尾張《おわり》にうつる。その後《ご》、お市《いち》が柴田勝家《しばたかついえ》と再婚《さいこん》して越前《えちぜん》にうつるが、賤ケ岳《しずがたけ》の戦《たたか》いで両親《りょうしん》が自害《じがい》し、秀吉《ひでよし》に引《ひ》きとられた。秀吉《ひでよし》の側室《そくしつ》となり、秀吉《ひでよし》の死後《しご》は息子《むすこ》の秀頼《ひでより》の後見人《こうけんにん》として豊臣家《とよとみけ》の実権《じっけん》をにぎった。

出身《しゅっしん》	近江国《おうみのくに》
生没《せいぼつ》	1569年《ねん》ごろ～1615年6月4日《ねんがつか》
重要度《じゅうようど》	50%

能力《のうりょく》パラメータ

豊臣秀頼《とよとみひでより》 淀殿《よどどの》ら自刃《じじん》の地《ち》

追《お》いつめられた豊臣秀頼《とよとみひでより》は武士《ぶし》の棟梁《とうりょう》らしく自害《じがい》してはてた

歴史《れきし》のウラ側《がわ》

徳川《とくがわ》に天下《てんか》をとらせた秀頼《ひでより》への過度《かど》な愛情《あいじょう》

秀吉《ひでよし》の死後《しご》、淀殿《よどどの》は豊臣家《とよとみけ》の実権《じっけん》をにぎったが、最大《さいだい》の失敗《しっぱい》は関ヶ原《せきがはら》の戦《たたか》いに息子《むすこ》の秀頼《ひでより》を出陣《しゅつじん》させなかったことだろう。もし、秀頼《ひでより》が出陣《しゅつじん》していたら、加藤清正《かとうきよまさ》や福島正則《ふくしままさのり》は徳川方《とくがわがた》につかず、西軍《せいぐん》の団結力《だんけつりょく》は強《つよ》まって、東軍《とうぐん》に勝利《しょうり》していたかもしれない。淀殿《よどどの》はつづく大坂《おおさか》の陣《じん》でも秀頼《ひでより》を出陣《しゅつじん》させなかった。息子《むすこ》かわいさの行動《こうどう》が、豊臣家《とよとみけ》をほろぼしたともいえる。

超重要人物《ちょうじゅうようじんぶつ》ファイル!
No.016

江《え》戸《ど》時《じ》代《だい》の改《かい》革《かく》者《しゃ》

幕政《ばくせい》の立《た》てなおしをはかった政治家《せいじか》たちの見事《みごと》な手腕《しゅわん》を知《し》ろう!

イラスト●むなぁげ

家光《いえみつ》に人格《じんかく》をみとめられた名君《めいくん》

151/282

保《ほ》科《しな》正《まさ》之《ゆき》

生《せい》没《ぼつ》▶1611年《ねん》6月《がつ》17日《にち》～1673年《ねん》2月《がつ》4日《か》

徳川家光《とくがわいえみつ》の異母弟《いぼてい》で会津藩主《あいづはんしゅ》をつとめた。4代将軍《だいしょうぐん》・徳川家《とくがわいえ》綱《つな》を補佐《ほさ》し、減税《げんぜい》、飢《き》きん対《たい》策《さく》、救急《きゅうきゅう》医療制度《いりょうせいど》の創設《そうせつ》、殉《じゅん》死《し》の禁止《きんし》など、さまざまな政《せい》策《さく》を実施《じっし》。民衆《みんしゅう》が安心《あんしん》して暮《く》らせる社会《しゃかい》の育成《いくせい》にはげみ、力《ちから》をつくした。

イラスト●霞《かすみ》

綱吉《つなよし》に信頼《しんらい》されて大出世《だいしゅっせ》

152/282

柳《やなぎ》沢《さわ》吉《よし》保《やす》

生《せい》没《ぼつ》▶1658年《ねん》12月《がつ》18日《にち》～1714年《ねん》12月《がつ》8日《か》

5代将軍《だいしょうぐん》・徳川綱吉《とくがわつなよし》の寵《ちょう》愛《あい》をうけ大老格《たいろうかく》に出世《しゅっせ》。新田開発《しんでんかいはつ》の成功《せいこう》や、朝廷《ちょうてい》と将軍家《しょうぐんけ》のかけ橋《はし》となるなど、功績《こうせき》は大《おお》きかった。

イラスト●zeNOx

儒教《じゅきょう》をもとに政治《せいじ》を改革《かいかく》

153/282

新《あら》井《い》白《はく》石《せき》

生《せい》没《ぼつ》▶1657年《ねん》3月《がつ》24日《か》～1725年《ねん》6月《がつ》29日《にち》

儒学者《じゅがくしゃ》・政治家《せいじか》。6～7代将軍《だいしょうぐん》の政治《せいじ》を補佐《ほさ》し、儒学《じゅがく》の教《おし》えをもとに倹約《けんやく》をすすめ、幕政《ばくせい》の改革《かいかく》にあたった（正徳《しょうとく》の治《ち》）。

商業《しょうぎょう》をおもんじた政治家《せいじか》 154/282 田《た》沼《ぬま》意《おき》次《つぐ》

生《せい》 没《ぼつ》▶1719年《ねん》9月《がつ》11日《にち》～1788年《ねん》7月《がつ》27日《にち》

10代将軍《だいしょうぐん》・徳川家治《とくがわいえはる》の時代《じだい》に老中《ろうじゅう》として政《せい》治《じ》をおこなった。商業《しょうぎょう》と産業《さんぎょう》をおもんじて、同《おな》じものを売《う》る商人《しょうにん》の組合《くみあい》である株仲間《かぶなかま》を奨励《しょうれい》。しかし、幕府《ばくふ》は株仲間《かぶなかま》からお金《かね》（冥《みょう》加金《がきん》）をうけとり、商売《しょうばい》の独占権《どくせんけん》をあたえたため、わいろが多発《たはつ》したという。

イラスト●天辰公瞭《あまたつさとあき》

155/282 松《まつ》平《だいら》定《さだ》信《のぶ》 かたくるしいといわれた老中《ろうじゅう》

生《せい》 没《ぼつ》▶1759年《ねん》1月《がつ》25日《にち》～1829年《ねん》6月《がつ》14日《か》

田沼意次《たぬまおきつぐ》にかわって老中《ろうじゅう》となった徳川吉宗《とくがわよしむね》の孫《まご》。祖父《そふ》の享保《きょうほう》の改革《かいかく》を理想《りそう》とし、田沼《たぬま》時代《じだい》に飢《き》きんで荒《あ》れた農村《のうそん》の立《た》てなおしをはかった。ほかにも旗本《はたもと》の借金《しゃっきん》を帳消《ちょうけ》しにしたり、儒学《じゅがく》（朱子学《しゅしがく》）以外《いがい》の学問《がくもん》を禁止《きんし》したりしたが、改革《かいかく》は失敗《しっぱい》におわった。

イラスト●きさらぎ

反発《はんぱつ》も多《おお》かった天保《てんぽう》の改革《かいかく》 156/282 水《みず》野《の》忠《ただ》邦《くに》

生《せい》 没《ぼつ》▶1794年《ねん》7月《がつ》19日《にち》～1851年《ねん》3月《がつ》12日《にち》

11代将軍《だいしょうぐん》・徳川家斉《とくがわいえなり》の放漫《ほうまん》な政治《せいじ》を一掃《いっそう》し、質素倹約《しっそけんやく》をすすめた老中《ろうじゅう》。庶民《しょみん》の贅沢《ぜいたく》をきびしく制限《せいげん》し、株仲間《かぶなかま》の解散《かいさん》、農民《のうみん》の出稼《でかせ》ぎ禁止《きんし》、大名《だいみょう》から幕府《ばくふ》に土地《とち》を差《さ》し出《だ》させるなどの政策《せいさく》をうちだすが、反発《はんぱつ》も多《おお》く、天保《てんぽう》の改革《かいかく》はわずか２年《ねん》で挫折《ざせつ》する。

イラスト●合間太郎《あいまたろう》

超重要人物《ちょうじゅうようじんぶつ》ファイル！
No.017

地《ち》方《ほう》の名《めい》君《くん》主《しゅ》

財《ざい》政《せい》難《なん》でくるしんでいた藩《はん》を救《すく》い、名《めい》君《くん》と称《しょう》された地《ち》方《ほう》のヒーロー

「なせばなる」で有名《ゆうめい》な名君《めいくん》

上《うえ》杉《すぎ》鷹《よう》山《ざん》

157/282

生《せい》　没《ぼつ》▶ 1751年《ねん》9月《がつ》9日《か》～
1822年《ねん》4月《がつ》2日《か》

17歳《さい》で米沢藩主《よねざわはんしゅ》になると、ばく大《だい》な借金《しゃっきん》をかかえていた藩《はん》の財政改革《ざいせいかいかく》にとりくみ、大倹約令《だいけんやくれい》を実施《じっし》。天災《てんさい》によって荒《あ》れた農村《のうそん》の復興《ふっこう》や、藩《はん》の新《あら》たな産業《さんぎょう》の開発《かいはつ》をおこなった。35歳《さい》で引退《いんたい》したあとも政治《せいじ》に参加《さんか》し、改革《かいかく》をつづけた。

イラスト●坪井亮平《つぼいりょうへい》

困窮《こんきゅう》した熊本藩《くまもとはん》を救《すく》った

細《ほそ》川《かわ》重《しげ》賢《かた》

158/282

生《せい》　没《ぼつ》▶ 1721年《ねん》1月《がつ》23日《にち》～
1785年《ねん》11月《がつ》27日《にち》

重賢《しげかた》が６代藩主《だいはんしゅ》となると、困窮《こんきゅう》がはげしい藩政《はんせい》の改革《かいかく》に着手《ちゃくしゅ》。質素倹約《しっそけんやく》を奨励《しょうれい》し、生糸《きいと》などの主力産業《しゅりょくさんぎょう》を藩《はん》の専売《せんばい》とした。また、藩校《はんこう》の時習館《じしゅうかん》、医学校《いがっこう》の再春館《さいしゅんかん》をもうけて人材《じんざい》の育成《いくせい》をはかった。改革《かいかく》は成功《せいこう》し、名君《めいくん》とたたえられた。

イラスト●平林知子《ひらばやしともこ》

岡山藩《おかやまはん》の全盛期《ぜんせいき》をつくりあげる 池田光政《いけだみつまさ》

生《せい》没《ぼつ》▶1609年《ねん》5月《がつ》10日《か》～1682年《ねん》6月《がつ》27日《にち》

江戸時代初期《えどじだいしょき》に名君《めいくん》とたたえられた西国《さいこく》の大名《だいみょう》。もともと姫路藩主《ひめじはんしゅ》だったが、まだおさなかったために鳥取《とっとり》藩《はん》に減封《げんぽう》となり、のちに岡山藩主《おかやまはんしゅ》となった。岡山藩《おかやまはん》では藩主《はんしゅ》への権力集《けんりょくしゅう》中《ちゅう》をはかり、質素倹約《しっそけんやく》を奨励《しょうれい》して教《きょう》育《いく》を充実《じゅうじつ》させ、新田開発《しんでんかいはつ》や治水事業《ちすいじぎょう》をおこなった。

イラスト●ナチコ

160/282 松平治郷《まつだいらはるさと》 財政再建《ざいせいさいけん》と茶《ちゃ》の湯《ゆ》に没頭《ぼっとう》

生《せい》没《ぼつ》▶1751年《ねん》3月《がつ》11日《にち》～1818年《ねん》5月《がつ》28日《にち》

松江藩《まつえはん》７代藩主《だいはんしゅ》で茶人《ちゃじん》としても有名《ゆうめい》。17歳《さい》で藩主《はんしゅ》になると、破《は》たん寸前《すんぜん》の松《まつ》江藩《えはん》の改革《かいかく》に乗《の》り出《だ》す。大規模《だいきぼ》な治水《ちすい》工事《こうじ》をおこない、朝鮮人参《ちょうせんにんじん》など価値《かち》の高《たか》い特産品《とくさんひん》を栽培《さいばい》させ、きびしい倹約《けんやく》令《れい》を出《だ》した。役人《やくにん》のリストラもおこない、財政再建《ざいせいさいけん》に成功《せいこう》する。

イラスト●Natto-7

江戸時代《えどじだい》の武士《ぶし》の暮《く》らしはきびしい？

江戸《えど》時代《じだい》、領地《りょうち》のない武士《ぶし》は、領主《りょうしゅ》である大名《だいみょう》から給《きゅう》料《りょう》（俸禄《ほうろく》）をもらって生活《せいかつ》をしていた。給料《きゅうりょう》はお金《かね》ではなくて米《こめ》で、食《た》べる分《ぶん》以《い》外《がい》を現金《げんきん》にして生活費《せいかつひ》にした。しかし、藩《はん》によって給《きゅう》料《りょう》に差《さ》があり、財政難《ざいせいなん》だった外様藩《とざまはん》や小《ちい》さな藩《はん》の武士《ぶし》は、給料《きゅうりょう》も少《すく》なく、暮《く》らしぶりはきびしかった。副業《ふくぎょう》で生活費《せいかつひ》をかせいでいた武《ぶ》士《し》も多《おお》かったという。

●江戸時代《えどじだい》の武士《ぶし》の食事《しょくじ》

???

歴史《れきし》ミステリー

大《おお》奥《おく》のナゾにせまる！

徳《とく》川《がわ》将《しょう》軍《ぐん》の夫《ふ》人《じん》が住《す》んでいるエリアで、男《だん》子《し》禁《きん》制《せい》といわれた大《おお》奥《おく》の実《じっ》態《たい》とは？

大奥《おおおく》にはダレでも入《はい》れた⁉

大奥《おおおく》というと、将軍《しょうぐん》の寵愛《ちょうあい》をうけるために女性《じょせい》が火花《ひばな》をちらす場所《ばしょ》、という印象《いんしょう》が強《つよ》いが、実際《じっさい》は「将軍《しょうぐん》の世《よ》継《つ》ぎを生《う》んで育《そだ》てるところ」である。江戸城《えどじょう》で大奥《おおおく》がおかれたのは本丸《ほんまる》、二《に》の丸《まる》、西《にし》の丸《まる》の3カ所《しょ》。本丸《ほんまる》には将軍《しょうぐん》夫妻《ふさい》、二《に》の丸《まる》は将軍《しょうぐん》の母《はは》やかつての側室《そくしつ》、西《にし》の丸《まる》は跡継《あとつ》ぎ夫妻《ふさい》や引退《いんたい》した将軍《しょうぐん》夫妻《ふさい》が暮《く》らした。大奥《おおおく》のトップは将軍《しょうぐん》の正室《せいしつ》の「御台所《みだいどころ》」で、3代将軍《だいしょうぐん》家光《いえみつ》以来《いらい》、天皇家《てんのうけ》や公家《くげ》からむかえるのがならわしになっていた。この御台所《みだいどころ》を頂点《ちょうてん》に、大奥《おおおく》のすべてをとりしきる「御年寄《おとしより》」から雑用《ざつよう》をこなす「御末《おすえ》」まで、厳格《げんかく》な上下関係《じょうげかんけい》があるなか、1000人以上《にんいじょう》の女性《じょせい》がはたらいていた。また、大奥《おおおく》は家柄《いえがら》がよい女性《じょせい》がはたらく場所《ばしょ》と思《おも》われがちだが、町民《ちょうみん》でも教養《きょうよう》があれば大奥《おおおく》に入《はい》ることができた。

御台所《みだいどころ》の生活《せいかつ》とは⁉

大奥《おおおく》の生活《せいかつ》のサイクルは、起《き》床《しょう》が朝《あさ》7時《じ》ごろ。起《お》きると歯《は》みがきと洗顔《せんがん》、お歯黒《はぐろ》をして入浴《にゅうよく》し、朝食《ちょうしょく》をとる。そしてお化粧《けしょう》をして正装《せいそう》し、将軍《しょうぐん》へのごあいさつ。午前中《ごぜんちゅう》はここまでで、そのあと昼食《ちゅうしょく》をとり、そのあとは健康診断《けんこうしんだん》をして自由時間《じゆうじかん》（おやつも出《で》た）。そして夕食《ゆうしょく》をとってふたたび自由時間《じゆうじかん》で午後《ごご》9時《じ》ごろに就寝《しゅうしん》する。御台所《みだいどころ》はこのあいだ、5回《かい》くらいの着替《きが》えがあったという。しかも毎日《まいにち》ちがう着物《きもの》を着《き》たというから、なんとも贅沢《ぜいたく》な生活《せいかつ》である。

関《かん》連《れん》する人《じん》物《ぶつ》

161/282 春日《かすがの》局《つぼね》

1604年《ねん》、家柄《いえがら》と教養《きょうよう》の高《たか》さから家《いえ》光《みつ》（竹千代《たけちよ》）の乳母《うば》に任命《にんめい》され、家《いえ》光《みつ》が将軍《しょうぐん》になってからは大御台所《おおみだいどころ》の江《ごう》のもとで大奥《おおおく》の公務《こうむ》をとりしきり、老中《ろうじゅう》以上《いじょう》の権力《けんりょく》をにぎった。

生《せい》　没《ぼつ》▶1579年《ねん》～1643年《ねん》10月《がつ》26日《にち》

イラスト●クニヨネ

イラスト●奥田《おくだ》みき

162/282 江《ごう》

浅井長政《あざいながまさ》の3女《じょ》。徳川家康《とくがわいえやす》の後継《こうけい》者《しゃ》・徳川秀忠《とくがわひでただ》と3度目《どめ》の結婚《けっこん》をする。波乱《はらん》の人生《じんせい》をおくったが、後《こう》半《はん》は将軍《しょうぐん》御《み》台所《だいどころ》・生母《せいぼ》として安定《あんてい》した生活《せいかつ》をおくった。

生《せい》　没《ぼつ》▶1573年《ねん》～1626年《ねん》11月《がつ》3日《か》

●『千代田《ちよだ》の大奥《おおおく》』

江戸《えど》城《じょう》の大奥《おおおく》の日常《にちじょう》を描《えが》いた浮世絵《うきよえ》『千代田《ちよだ》の大奥《おおおく》』。平穏《へいおん》そうに見《み》えるが、江《ごう》と春日局《かすがのつぼね》など大奥内部《おおおくないぶ》では権《けん》力争《りょくあらそ》いがたえず、女性同士《じょせいどうし》のいがみ合《あ》いが長《なが》くつづいた

163/282

松《まつ》尾《お》芭《ば》蕉《しょう》

旅《たび》に生《い》きた俳《はい》聖《せい》

放《ほう》浪《ろう》して書《か》いた
大《だい》傑《けつ》作《さく》『奥《おく》の細《ほそ》道《みち》』

出《しゅっ》身《しん》	伊賀国《いがのくに》
生《せい》没《ぼつ》	1644年《ねん》～1694年《ねん》11月《がつ》28日《にち》
重要度《じゅうようど》	70%

能力《のうりょく》パラメータ

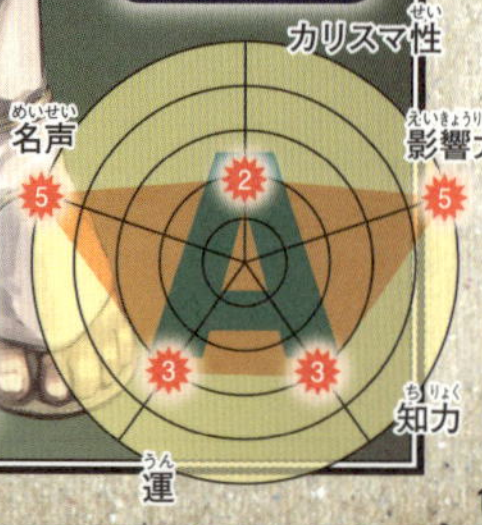

イラスト●末冨正直《すえとみまさなお》

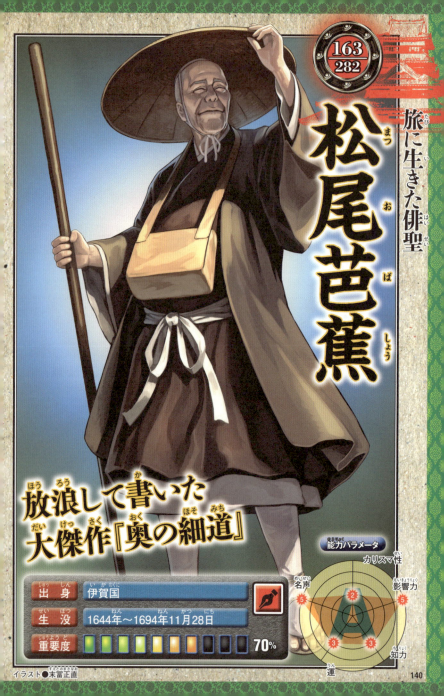

江戸《えど》の俳句《はいく》に失望《しつぼう》する

江戸《えど》時代《じだい》の俳人《はいじん》。井原西鶴《いはらさいかく》、近松門左衛門《ちかまつもんざえもん》とならんで、元禄《げんろく》の3文豪《ぶんごう》に数《かぞ》えられる。伊賀《いが》の農民《のうみん》の家《いえ》に生《う》まれ、18歳《さい》で藤堂藩《とうどうはん》の侍大将《さむらいだいしょう》に料理人《りょうりにん》としてつかえるが、22歳《さい》のときに京《きょう》に出《で》て、俳諧《はいかい》の道《みち》に入《はい》った。

28歳《さい》で地元《じもと》・伊賀《いが》の俳壇《はいだん》で若手《わかて》の代表格《だいひょうかく》の地位《ちい》をきずいた芭蕉《ばしょう》は、江戸《えど》へ出《で》て修行《しゅぎょう》をつみ、「桃青《とうせい》」と名乗《なの》るようになった。33歳《さい》で俳諧師《はいかいし》の免許皆伝《めんきょかいでん》（宗匠《そうしょう》）となり、江戸俳壇《えどはいだん》の中心地《ちゅうしんち》だった日本橋《にほんばし》に家《いえ》をもった。

しかし、当時《とうじ》の江戸俳壇《えどはいだん》の俳諧師《はいかいし》は金《かね》や名声《めいせい》ばかりを求《もと》めており、こうした状況《じょうきょう》に失望《しつぼう》した芭蕉《ばしょう》は深川《ふかがわ》（現在《げんざい》の東京都江東区《とうきょうとこうとうく》。隅田川《すみだがわ》の東岸《とうがん》）に家《いえ》をうつし、世間《せけん》に背《せ》を向《む》けた生活《せいかつ》をしながら俳句《はいく》をよんだ。深川《ふかがわ》の家《いえ》を弟子《でし》たちは「芭蕉庵《ばしょうあん》」と呼《よ》んだので、号《ごう》も「芭蕉《ばしょう》」となる。

40歳《さい》のときに母《はは》の死去《しきょ》がきっかけで墓参《はかまい》りを目的《もくてき》とした旅《たび》をし、『野《の》ざらし紀行《きこう》』をまとめる。そして45歳《さい》のとき、弟子《でし》の河合曾良《かわいそら》とともに『奥《おく》の細道《ほそみち》』の旅《たび》に出《で》る。紀行文《きこうぶん》の傑作《けっさく》『奥《おく》の細道《ほそみち》』が完成《かんせい》したのは50歳《さい》のときであった。有名《ゆうめい》な一句《いっく》に「夏草《なつくさ》や 兵《つわもの》どもが 夢《ゆめ》の跡《あと》」などがある。

歴史《れきし》のウラ側《がわ》

全国《ぜんこく》を一緒《いっしょ》にまわった一番弟子《いちばんでし》・河合曾良《かわいそら》

松尾芭蕉《まつおばしょう》の『奥《おく》の細道《ほそみち》』の旅《たび》に同行《どうこう》したのが「蕉門十哲《しょうもんじってつ》（芭蕉《ばしょう》のすぐれた弟子《でし》10人《にん》）」のひとり、河合曾良《かわいそら》である。曾良《そら》は『曾良旅日記《そらたびにっき》』という旅日記《たびにっき》をのこしているが、のちに幕府《ばくふ》の命令《めいれい》で諸国《しょこく》の実態調査《じったいちょうさ》をおこなう巡見使《じゅんけんし》にも任命《にんめい》された。こうした曾良《そら》の経歴《けいれき》もあり、芭蕉《ばしょう》と曾良《そら》は幕府《ばくふ》のスパイとして全国《ぜんこく》をめぐっていたのではないか？　という説《せつ》も生《う》まれた。

164/282

河合曾良《かわいそら》

生没《せいぼつ》▶1649年《ねん》～1710年《ねん》6月《がつ》18日《にち》

イラスト●ファルゼーレ

165
282

伊《い》能《のう》忠《ただ》敬《たか》

国土《こくど》をあきらかにした地理《ちり》の巨人《きょじん》

イラスト●チェロキー

足《あし》かけ17年《ねん》の大事業《だいじぎょう》

江戸《えど》時代後期《じだいこうき》の商人《しょうにん》、測量《そくりょう》家《か》。酒造業《しゅぞうぎょう》の伊能家《いのうけ》に入《はい》り、大《おお》きな財《ざい》をつくると、49歳《さい》で隠居《いんきょ》して江戸《えど》で天文学《てんもんがく》と暦学《れきがく》を勉強《べんきょう》する。その修行中《しゅぎょうちゅう》に地《ち》図《ず》づくりをはじめ、幕府《ばくふ》から測量事業《そくりょうじぎょう》の許可《きょか》をもらい、17年《ねん》をかけて全国《ぜんこく》を測量《そくりょう》し「大《だい》日本沿海輿地全図《にほんえんかいよちぜんず》」を完成《かんせい》させた。

出身《しゅっしん》	上総国《かずさのくに》
生没《せいぼつ》	1745年《ねん》2月《がつ》11日《にち》～1818年《ねん》5月《がつ》17日《にち》
重要度《じゅうようど》	60%

能力《のうりょく》パラメータ

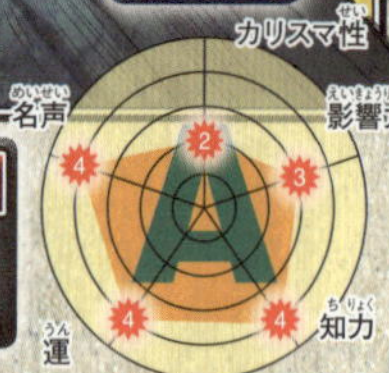

歴史《れきし》のウラ側《がわ》　最先端《さいせんたん》の器具《きぐ》を使《つか》った天体観測《てんたいかんそく》

伊能忠敬《いのうただたか》は49歳《さい》で天文学《てんもんがく》を学《まな》ぶために江戸《えど》にむかい、幕府《ばくふ》の天文学《てんもんがく》の第一人者《だいいちにんしゃ》に弟子入《でしい》り。財力《ざいりょく》をいかして自宅《じたく》に最先端《さいせんたん》の星《ほし》の測量器具《そくりょうきぐ》を設置《せっち》した大規模《だいきぼ》な観測所《かんそくじょ》をつくり、太陽《たいよう》や恒星《こうせい》を観測《かんそく》して天体運行《てんたいうんこう》の計算《けいさん》に熱中《ねっちゅう》したという。観測《かんそく》は時間《じかん》を決《き》めておこなうため、忠敬《ただたか》は外出《がいしゅつ》をほとんどせず、雨《あめ》でも降《ふ》らないと周囲《しゅうい》と話《はな》すこともしなかったそうだ。

象限儀《しょうげんぎ》

忠敬《ただたか》が使用《しよう》したという星《ほし》の高度《こうど》をはかる象限儀《しょうげんぎ》

香取市立伊能忠敬記念館所蔵《かとりしりついのうただたかきねんかんしょぞう》

166/282

杉《すぎ》田《た》玄《げん》白《ぱく》

イラスト●zeNOx

日本《にほん》の近代《きんだい》医学《いがく》のはじまり

衝撃《しょうげき》をうけた人体解剖《じんたいかいぼう》

江戸時代中期《えどじだいちゅうき》の医師《いし》・蘭学《らんがく》者《しゃ》。1771年《ねん》、刑死体《けいしたい》の解剖《かいぼう》にドイツ（オランダ語訳《ごやく》）の医学書《いがくしょ》「ターヘル＝アナトミア」をもって立《た》ちあい、その内容《ないよう》がぴったりと一致《いっち》することに感激《かんげき》して、同書《どうしょ》の和訳《わやく》を決意《けつい》。前野良沢《まえのりょうたく》らと4年《ねん》をかけて翻訳《ほんやく》し、『解体新書《かいたいしんしょ》』として出版《しゅっぱん》した。

出身	若狭国《わかさのくに》
生没	1733年《ねん》10月《がつ》20日《か》～1817年《ねん》6月《がつ》1日《たち》
重要度	60%

能力《のうりょく》パラメータ

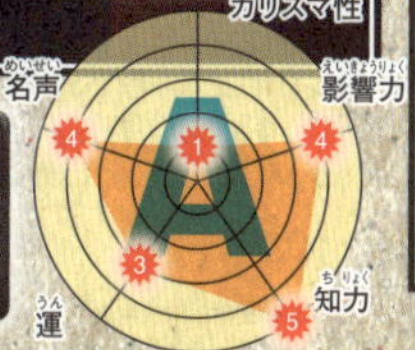

『解体新書《かいたいしんしょ》』扉絵《とびらえ》

『解体新書《かいたいしんしょ》』で名声《めいせい》をえた杉田《すぎた》玄白《げんぱく》には、多《おお》くの門下生《もんかせい》がいた

福井県立図書館所蔵《ふくいけんりつとしょかんしょぞう》

歴史《れきし》のウラ側《がわ》

オランダ語《ご》が読《よ》めないのに西洋《せいよう》の医学書《いがくしょ》を翻訳《ほんやく》!?

『ターヘル＝アナトミア』の和訳版《わやくばん》『解体新書《かいたいしんしょ》』は、杉田玄白《すぎたげんぱく》ひとりで翻訳作業《ほんやくさぎょう》をしたわけではない。総勢《そうぜい》４人《にん》で作業《さぎょう》し、翻訳《ほんやく》のリーダシップをとったのは、唯一《ゆいいつ》オランダ語《ご》がわかった前野良沢《まえのりょうたく》で、オランダ語《ご》が読《よ》めない玄白《げんぱく》は、全体《ぜんたい》のまとめ役《やく》だった。著者《ちょしゃ》に「前野良沢《まえのりょうたく》」の名前《なまえ》がないのは、翻訳《ほんやく》が不完全《ふかんぜん》なため、良沢《りょうたく》が出版《しゅっぱん》に難色《なんしょく》をしめしたからといわれている。

167/282

平賀《ひら》《が》源《げん》内《ない》

変《か》わり者《もの》といわれた江戸《えど》の大天才《だいてんさい》

イラスト●合間太郎《あいまたろう》

マルチな才能《さいのう》を発揮《はっき》

江戸時代中期《えどじだいちゅうき》の学者《がくしゃ》、発明家《はつめいか》。後世《こうせい》に「日本《にほん》のダ・ヴィンチ」と呼《よ》ばれる天才《てんさい》。若《わか》いころは長崎《ながさき》や江戸《えど》に遊学《ゆうがく》した。本草学《ほんぞうがく》（薬学《やくがく》）やオランダ語《ご》を学《まな》んだが、脱藩《だっぱん》して浪人《ろうにん》となるとマルチな才能《さいのう》を発揮《はっき》。エレキテルなどさまざまな発明品《はつめいひん》を生《う》むが、世間《せけん》にはなかなかみとめられなかった。

出身《しゅっしん》	讃岐国《さぬきのくに》
生没《せいぼつ》	1728年《ねん》～1780年《ねん》1月《がつ》24日《か》
重要度《じゅうようど》	60%

能力《のうりょく》パラメータ

衝撃《しょうげき》スクープ！

平賀源内《ひらがげんない》は日本《にほん》で最初《さいしょ》のコピーライター

源内《げんない》はうなぎのかば焼屋《やきや》の主人《しゅじん》にたのまれ、「土用《どよう》の丑《うし》の日《ひ》はうなぎを食《た》べると元気《げんき》になる」というコピーを考《かんが》えた。それまでの日本《にほん》には夏《なつ》にうなぎを食《た》べるという習慣《しゅうかん》はなかった。

うなぎ屋《や》が描《えが》かれた江戸《えど》の書物《しょもつ》

江戸《えど》でうなぎは庶民《しょみん》の食《た》べ物《もの》。うなぎ屋《や》は400軒《けん》ほどあったという

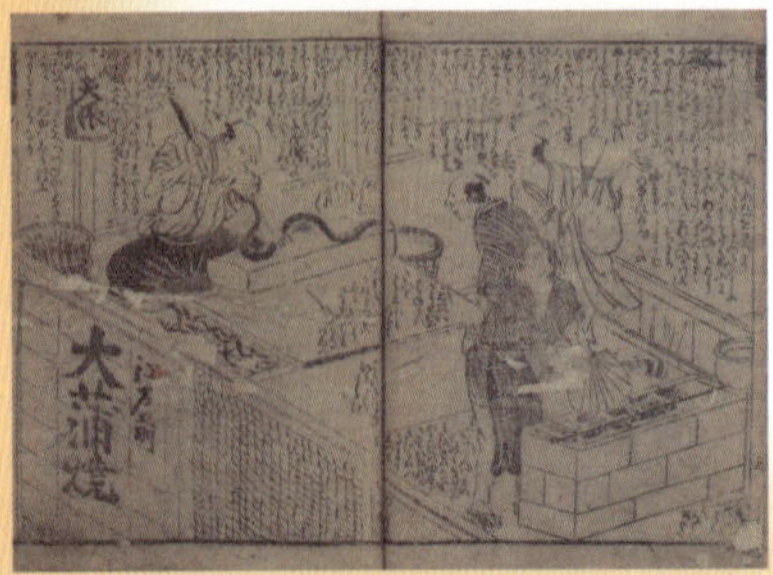

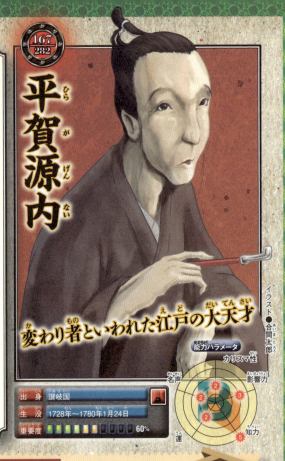

168/282

二宮尊徳《にのみやそんとく》

学校《がっこう》の銅像《どうぞう》で有名《ゆうめい》な農政家《のうせいか》

イラスト●奥田《おくだ》みき

出身《しゅっしん》	相模国《さがみのくに》
生没《せいぼつ》	1787年《ねん》9月《がつ》4日《か》～1856年《ねん》11月《がつ》17日《にち》
重要度《じゅうようど》	50%

能力《のうりょく》パラメータ

豊《ゆた》かに生《い》きる知恵《ちえ》

江戸時代後期《えどじだいこうき》の農政家《のうせいか》。おさないころに災害《さいがい》で父母《ふぼ》を失《うしな》い、没落《ぼつらく》した家《いえ》を独力《どくりょく》で再興《さいこう》。この体験《たいけん》をもとに報徳《ほうとく》の教《おし》え（豊《ゆた》かに生《い》きるための知恵《ちえ》）をとき、飢《き》きんにくるしむ各地《かくち》の農村《のうそん》を復興《ふっこう》させた。晩年《ばんねん》は幕臣《ばくしん》にとり立《た》てられ、日光《にっこう》などの幕府領《ばくふりょう》の再建《さいけん》にとりくんだ。

偉人《いじん》の名言《めいげん》

人《ひと》の短所《たんしょ》を捨《す》て、長所《ちょうしょ》を友《とも》とするのだ

解説《かいせつ》

どんな人《ひと》のなかにもすぐれた部分《ぶぶん》はある

人《ひと》にはそれぞれ長所《ちょうしょ》も短所《たんしょ》もある。人《ひと》は相手《あいて》を見《み》るとき、短所《たんしょ》ばかりに目《め》がいってしまうもの。しかし、二宮尊徳《にのみやそんとく》は、相手《あいて》の短所《たんしょ》は切《き》り捨《す》てて考《かんが》えればいいという。自分《じぶん》から見《み》て、気《き》に入《い》らない部分《ぶぶん》であっても別《べつ》の人《ひと》から見《み》ればそれは長所《ちょうしょ》なのかもしれない。結局《けっきょく》、どんな人《ひと》のなかにもすぐれた部分《ぶぶん》があるのだから、それを見《み》つけることが大切《たいせつ》なのだと教《おし》えてくれる名言《めいげん》だ。

169
282

本《もと》居《おり》宣《のり》長《なが》

日本文学《にほんぶんがく》の真髄《しんずい》をといた国学《こくがく》の巨人《きょじん》

イラスト●霞《かすみ》

古典文学《こてんぶんがく》を徹底研究《てっていけんきゅう》

江戸《えど》時代《じだい》中期《ちゅうき》の国学者《こくがくしゃ》、日《に》本《ほん》古典《こてん》研究家《けんきゅうか》。伊勢《いせ》の木綿商《もめんしょう》の家《いえ》に生《う》まれるが、医者《いしゃ》となる。医業《いぎょう》をいとなむかたわら、『源氏物語《げんじものがたり》』や『古事記《こじき》』などの古典《こてん》や古来《こらい》の言葉《ことば》を徹底的《てっていてき》に研究《けんきゅう》。35年《ねん》をついやして古《こ》事記《じき》の詳細《しょうさい》な注釈書《ちゅうしゃくしょ》『古事記《こじき》伝《でん》』44巻《かん》を執筆《しっぴつ》した。国学研《こくがくけん》究《きゅう》を発展《はってん》させた第一人者《だいいちにんしゃ》だ。

出身《しゅっしん》	伊勢国《いせのくに》
生没《せいぼつ》	1730年《ねん》6月《がつ》21日《にち》～1801年《ねん》11月《がつ》15日《にち》
重要度《じゅうようど》	50%

能力《のうりょく》パラメータ

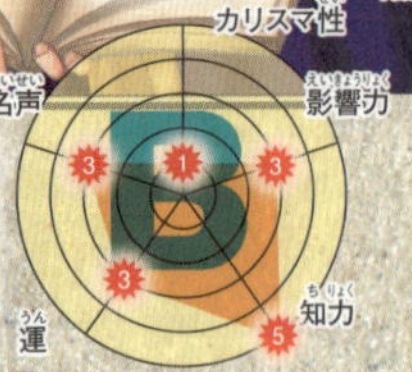

歴史《れきし》のウラ側《がわ》

江戸《えど》の二大思想家《にだいしそうか》 荻生徂徠《おぎゅうそらい》と本居宣長《もとおりのりなが》

本居宣長《もとおりのりなが》は京《きょう》での医術《いじゅつ》の修行中《しゅぎょうちゅう》、荻生徂徠《おぎゅうそらい》の学《がく》問《もん》（徂徠学《そらいがく》）に出会《であ》い、その影響《えいきょう》をうけて国学《こくがく》に没頭《ぼっとう》していったといわれている。しかし、宣長《のりなが》と徂徠《そらい》の思想《しそう》は大《おお》きくちがう。徂徠《そらい》は儒学《じゅがく》を否定《ひてい》せず、中国《ちゅうごく》の孔子《こうし》や孟子《もうし》（古代《こだい》の儒学《じゅがく》者《しゃ》）の思想《しそう》を研究《けんきゅう》した。いっぽうの宣長《のりなが》は中国《ちゅうごく》からの思想《しそう》をすべて否定《ひてい》し、日本人《にほんじん》が古《ふる》くからもっていた独自《どくじ》の思想《しそう》を研究《けんきゅう》したのである。

本居宣長旧宅《もとおりのりながきゅうたく》

本居宣長《もとおりのりなが》は12歳《さい》から亡《な》くなるまで伊勢《いせ》（三重県《みえけん》）の家《いえ》で暮《く》らした

170
282

大《おお》塩《しお》平《へい》八《はち》郎《ろう》

維新志士《いしんしし》にも影響《えいきょう》をあたえた義人《ぎじん》

イラスト●喜久家系《きくやけい》

世《よ》の不正《ふせい》をあばき出《だ》す

旗本《はたもと》の家《いえ》に生《う》まれ、25歳《さい》で大坂《おおさか》の奉行所《ぶぎょうしょ》で与力《よりき》、翌年《よくとし》に吟味役《ぎんみやく》（裁判官《さいばんかん》）となり、数々《かずかず》の不正《ふせい》をあばき出《だ》す。1833年《ねん》に天保《てんぽう》の大飢《だいき》きんが発生《はっせい》すると、米《こめ》の価格《かかく》が高騰《こうとう》。その後《ご》、豪商《ごうしょう》の米《こめ》の買《か》い占《し》めと判断《はんだん》した平八郎《へいはちろう》は、弟子《でし》とともに豪商《ごうしょう》を襲撃《しゅうげき》する事件《じけん》を起《お》こした（大塩平八郎《おおしおへいはちろう》の乱《らん》）。

出身《しゅっしん》	大坂《おおさか》
生没《せいぼつ》	1793年《ねん》3月《がつ》4日《か》～1837年《ねん》5月《がつ》1日《たち》
重要度《じゅうようど》	70%

能力《のうりょく》パラメータ

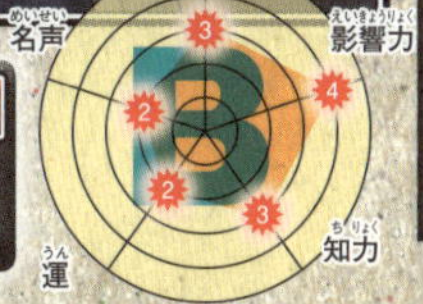

『出潮引汐奸賊聞集記《でしおひきしおかんぞくもんしゅうき》』

大塩平八郎《おおしおへいはちろう》の乱《らん》で大坂《おおさか》の町《まち》は約《やく》5分《ぶん》の1が焼失《しょうしつ》したという

大阪歴史博物館所蔵《おおさかれきしはくぶつかんしょぞう》

歴史《れきし》のウラ側《がわ》

日本中《にほんじゅう》を震《しん》かんさせた大塩平八郎《おおしおへいはちろう》の乱《らん》

天保《てんぽう》の大飢《だいき》きんのあと米《こめ》の価格《かかく》が高騰《こうとう》すると、大塩平八郎《おおしおへいはちろう》は大坂町奉行《おおさかまちぶぎょう》に豪商《ごうしょう》の買《か》い占《し》めている米《こめ》を人々《ひとびと》にわけあたえるよう進言《しんげん》した。しかし意見《いけん》はうけ入《い》れられず、平八郎《へいはちろう》は弟子《でし》たちと豪商《ごうしょう》を襲撃《しゅうげき》する。この乱《らん》はわずか半日《はんにち》で鎮圧《ちんあつ》され、のちに平八郎《へいはちろう》は自殺《じさつ》したが、みなが幕府《ばくふ》に従順《じゅうじゅん》だった時代《じだい》、平八郎《へいはちろう》が起《お》こしたこの事件《じけん》は、徳川政権《とくがわせいけん》に大《おお》きなショックをあたえた。

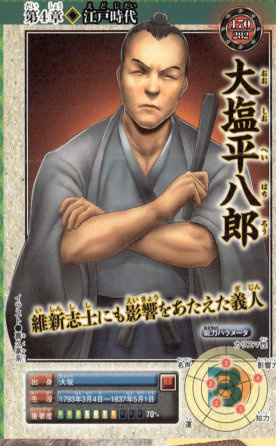

歴史《れきし》の転換点《てんかんてん》 その6

花《はな》ひらく江戸文化《えどぶんか》

町民《ちょうみん》が発展《はってん》させた大衆的《たいしゅうてき》な文化《ぶんか》

この出来事《できごと》が起《お》きた年《とし》

17～19世紀《せいき》

文化熱《ぶんかねつ》が高《たか》かった江戸時代《えどじだい》

戦国時代《せんごくじだい》がおわり、江戸幕府《えどばくふ》がひらかれてからの264年間《ねんかん》、平和《へいわ》な時代《じだい》をむかえた日本《にほん》ではさまざまな文化《ぶんか》が花《はな》ひらいた。それまでの文化《ぶんか》というと、一部《いちぶ》の貴族階級《きぞくかいきゅう》だけが楽《たの》しんだ格式《かくしき》の高《たか》いものだったが、江戸時代《えどじだい》になると庶民《しょみん》のあいだにも広《ひろ》がった。江戸時代《えどじだい》は農民《のうみん》や商人《しょうにん》、武士《ぶし》などのさまざまな職業《しょくぎょう》があり、それぞれに格差《かくさ》もあったが、文化《ぶんか》や芸術《げいじゅつ》については、だれもが純粋《じゅんすい》に楽《たの》しんでいたようだ。

江戸時代《えどじだい》のはじめは、大坂《おおさか》を中心《ちゅうしん》とした「元禄文化《げんろくぶんか》」が花《はな》ひらいた。大商人《だいしょうにん》がにない手《て》となった自由《じゆう》で活気《かっき》のある文化《ぶんか》で、伝統芸能《でんとうげいのう》、娯楽《ごらく》、芸術《げいじゅつ》が盛《さか》んになった。たいして江戸時代《えどじだい》のおわりになると、江戸《えど》を中心《ちゅうしん》にした「化政文化《かせいぶんか》」が隆盛《りゅうせい》。元禄文化《げんろくぶんか》とくらべて華《はな》やかさはないが、町人文化《ちょうにんぶんか》として円熟《えんじゅく》し、教育《きょういく》が向上《こうじょう》して印刷技術《いんさつぎじゅつ》も上《あ》がったことから、皮肉《ひにく》や滑《こっ》けいさがよろこばれ、凝《こ》った芸術《げいじゅつ》（錦絵《にしきえ》など）も生《う》まれた。しかし、こうした大衆文化《たいしゅうぶんか》の繁栄《はんえい》は、幕府《ばくふ》には「世《よ》の乱《みだ》れ」とうつり、たびたび取《と》り締《し》まりもおこなわれたが、庶《しょ》民《みん》の文化熱《ぶんかねつ》は高《たか》く、ほとんど効《こう》果《か》がなかったという。また、庶《しょ》民文化《みんぶんか》といっても、すべての国《こく》民《みん》が文化《ぶんか》・娯楽《ごらく》にふれられたわけではなく、多《おお》くは江戸《えど》や大坂《おおさか》など大都市《だいとし》に暮《く》らす町民《ちょうみん》のものだったようだ。

関連《かんれん》する資料《しりょう》

『肌競花の勝婦湯《はだくらべはなのしょうぶゆ》』 江戸《えど》の銭湯文化《せんとうぶんか》がわかる浮世絵《うきよえ》。当時《とうじ》は家《いえ》に風呂《ふろ》がある家《いえ》が少《すく》なく、銭湯《せんとう》がメイン。流行《りゅうこう》の発信地《はっしんち》の役割《やくわり》をはたしていたという。

ポイント！ 知《し》られざる江戸時代《えどじだい》のくらし

江戸時代《えどじだい》に文化《ぶんか》が庶民《しょみん》に広《ひろ》がった要因《よういん》は、伝統芸能《でんとうげいのう》や浮世絵《うきよえ》などの娯楽文化《ごらくぶんか》が、手《て》ごろな値段《ねだん》で見《み》たり、買《か》えたりしたことであろう。このような文化《ぶんか》が栄《さか》えたのは、江戸時代《えどじだい》の人々《ひとびと》が世界《せかい》と比《くら》べても読《よ》み書《か》きできる割《わ》りあいが70〜80%と、とても高《たか》かったからだ。ちなみに、江戸時代《えどじだい》の町民《ちょうみん》の食卓《しょくたく》は、基本的《きほんてき》にみそ汁《しる》とごはん、それに漬《つ》け物《もの》とメザシなどが添《そ》えられただけの質《しっ》素《そ》なものだったといわれている。

江戸時代《えどじだい》の食事《しょくじ》（サツマイモ飯《めし》）の調理風景《ちょうりふうけい》

江戸《えど》の職人《しょくにん》の日常風景《にちじょうふうけい》を描《えが》いた風景画《ふうけいが》

171/282

井《い》原《はら》西《さい》鶴《かく》

江戸《えど》時代《じだい》はじめの小説《しょうせつ》家《か》・俳人《はいじん》。若《わか》いころは俳《はい》諧師《かいし》として活躍《かつやく》したが、40歳《さい》をすぎてから小説《しょうせつ》を書《か》きはじめ、『好色一代《こうしょくいちだい》男《おとこ》』や『日本永代蔵《にっぽんえいたいぐら》』などの現実主義的《げんじつしゅぎてき》な市民文《しみんぶん》学十数編《がくじゅうすうへん》をおさめた『浮《うき》世草子《よぞうし》』を世《よ》に出《だ》した。

出身	大坂《おおさか》
生《せい》没《ぼつ》	1642年《ねん》～1693年《ねん》9月《がつ》9日《か》

人間《にんげん》のありのままを描《えが》いた

イラスト●桐矢隆《きりやたかし》

172/282

近《ちか》松《まつ》門《もん》左《ざ》衛《え》門《もん》

江戸《えど》時代《じだい》はじめの浄瑠《じょうる》璃《り》・歌舞伎作家《かぶきさっか》。その作《さく》品《ひん》は歴史《れきし》を材料《ざいりょう》にした「時代物《じだいもの》」と町人《ちょうにん》の生活《せいかつ》をテーマにした「世話物《せわもの》」にわけられ、20歳《さい》から72歳《さい》まで、浄瑠璃《じょうるり》と歌舞伎《かぶき》あわせて１３０本《ほん》あまりのすぐれた脚本《きゃくほん》を書《か》いた。

出身	越前国
生《せい》没《ぼつ》	1653年《ねん》～1725年《ねん》1月《がつ》6日《か》

多《おお》くの傑作《けっさく》をのこした脚本家《きゃくほんか》

イラスト●菊屋《きくや》シロウ

173/282

市《いち》川《かわ》団《だん》十《じゅう》郎《ろう》

元禄歌舞伎《げんろくかぶき》を代表《だいひょう》する名優《めいゆう》。歌舞伎《かぶき》における荒《あら》事《ごと》（勇者《ゆうしゃ》や鬼神《きじん》を主役《しゅやく》とする芝居《しばい》）を完成《かんせい》させ、江戸《えど》でおおいに人気《にんき》をはくした。脚本《きゃくほん》も数多《かずおお》くのこしたが、ほかの役者《やくしゃ》のうらみをかい、舞台《ぶたい》で刺《さ》されて死《し》んだ。

出身	下総国
生《せい》没《ぼつ》	1666年《ねん》～1704年《ねん》3月《がつ》24日《か》

「成田屋《なりたや》」の屋号《やごう》で知《し》られた名優《めいゆう》

イラスト●なんばきび

174/282

小《こ》林《ばやし》一《いっ》茶《さ》

江戸時代後期《えどじだいこうき》の俳人《はいじん》。信濃《しなの》の農家《のうか》に生まれ、江戸《えど》で奉公生活《ほうこうせいかつ》をしながら俳句《はいく》をよむ。その後《ご》、諸国《しょこく》を遍歴《へんれき》して俳句《はいく》の修行《しゅぎょう》にはげんだ。妻子《さいし》に先立《さきだ》たれるなど不遇《ふぐう》の生涯《しょうがい》だったが、生活派《せいかつは》の素朴《そぼく》な俳人《はいじん》として異彩《いさい》をはなつ。

出身《しゅっしん》	信濃国
生没《せいぼつ》	1763年《ねん》6月《がつ》15日《にち》～1828年《ねん》1月《がつ》5日《か》

イラスト●はとまめ

175/282

滝《たき》沢《ざわ》馬《ば》琴《きん》

江戸時代後期《えどじだいこうき》の小説家《しょうせつか》。別名《べつめい》は曲亭馬琴《きょくていばきん》。小説家《しょうせつか》・山東京伝《さんとうきょうでん》の弟子《でし》となり、絵入《えい》りの読《よ》み物作家《ものさっか》としてデビュー。のちに読本《とくほん》（文章中心《ぶんしょうちゅうしん》の長編小説《ちょうへんしょうせつ》）作家《さっか》にてんじ、傑作《けっさく》『南総里見八犬伝《なんそうさとみはっけんでん》』を28年《ねん》をかけて完成《かんせい》させた。

出身《しゅっしん》	江戸
生没《せいぼつ》	1767年《ねん》7月《がつ》4日《か》～1848年《ねん》12月《がつ》1日《たち》

イラスト●平林知子《ひらばやしともこ》

176/282

塙《はなわ》保《ほ》己《き》一《いち》

江戸時代中《えどじだいちゅう》～後期《こうき》の国学者《こくがくしゃ》。7歳《さい》のときに失明《しつめい》し、江戸《えど》に出《で》て盲人《もうじん》の修行《しゅぎょう》をするが、学問《がくもん》の道《みち》にすすんで国学《こくがく》を学《まな》ぶ。その後《ご》、幕府《ばくふ》に願《ねが》い出《で》て学問所《がくもんしょ》をひらき、日本《にほん》の古書《こしょ》や記録《きろく》をあつめ『群書類従《ぐんしょるいじゅう》』を編《へん》さんした。

出身《しゅっしん》	武蔵国
生没《せいぼつ》	1746年《ねん》6月《がつ》23日～1821年《ねん》10月《がつ》7日《か》

イラスト●合間太郎《あいまたろう》

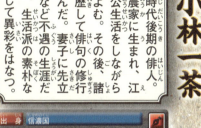

177/282

シーボルト

長崎《ながさき》で西洋医学《せいよういがく》を広《ひろ》めた

出《しゅっ》身《しん》　ドイツ

生没《せいぼつ》　1796年《ねん》2月《がつ》17日《にち》～1866年《ねん》10月《がつ》18日《にち》

重要度《じゅうようど》　50%

イラスト●ファルゼーレ

国外追放処分《こくがいついほうしょぶん》をうける

ドイツ人《じん》の医師《いし》、博物《はくぶつ》学者《がくしゃ》。1823年《ねん》、東洋《とうよう》研究《けんきゅう》のため、長崎出島《ながさきでじま》のオランダ商館《しょうかん》つきの医師《いし》として来日《らいにち》。長崎《ながさき》の郊外《こうがい》に鳴滝塾《なるたきじゅく》をひらき、医業《いぎょう》をするかたわら、門人《もんじん》たちに西洋医学《せいよういがく》や自然科学《しぜんかがく》を教《おし》えた。しかし、帰国《きこく》の際《さい》に禁制《きんせい》の日本地図《にほんちず》をもっていたことから、国《こく》外追放処分《がいついほうしょぶん》となった。

178/282

関《せき》孝《たか》和《かず》

和算《わさん》を確立《かくりつ》した数学《すうがく》の天才《てんさい》

出《しゅっ》身《しん》　上野国《こうづけのくに》または江戸《えど》

生没《せいぼつ》　1642年《ねん》～1708年《ねん》12月《がつ》5日《か》

重要度《じゅうようど》　30%

イラスト●むなぁげ

正確《せいかく》な円周率《えんしゅうりつ》を求《もと》めた

「算聖《さんせい》」とたたえられる江戸時代《えどじだい》はじめの数学《すうがく》者《しゃ》。中国《ちゅうごく》と日本《にほん》の数学書《すうがくしょ》を独学《どくがく》で研究《けんきゅう》し、行列《ぎょうれつ》式《しき》・方程式《ほうていしき》の立《た》てかたや、点《てん》ざん術《じゅつ》といわれる代数《だいすう》計算法《けいさんほう》、円周率《えんしゅうりつ》の計算法《けいさんほう》を考《かんが》えだし、「和算《わさん》」という日本独自《にほんどくじ》の数学《すうがく》を確《かく》立《りつ》。中国《ちゅうごく》の数学《すうがく》を使《つか》っていた日本《にほん》の数学《すうがく》を日本固《にほんこ》有《ゆう》のものに高《たか》めた。

179
282
緒方洪庵《おがたこうあん》
維新《いしん》の原動力《げんどうりょく》となった人材《じんざい》を育成《いくせい》
出身《しゅっしん》
備中国《びっちゅうのくに》
生没《せいぼつ》
1810年《ねん》8月《がつ》13日《にち》～1863年《ねん》7月《がつ》25日《にち》
重要度《じゅうようど》
40%

イラスト●Natto-7

天然痘《てんねんとう》の治療《ちりょう》に尽力《じんりょく》

江戸時代後期《えどじだいこうき》の蘭学者《らんがくしゃ》、医学者《いがくしゃ》で、天然痘《てんねんとう》やコレラ治療《ちりょう》に貢献《こうけん》した。医師《いし》武士《ぶし》の子《こ》に生《う》まれ、医師《いし》をめざして大坂《おおさか》、江戸《えど》、長崎《ながさき》で学《まな》び、大坂《おおさか》で蘭学塾《らんがくじゅく》「適塾《てきじゅく》」をひらく。はじめ適塾《てきじゅく》は医学塾《いがくじゅく》をめざしたが、蘭学《らんがく》の基礎《きそ》を教《おし》える塾《じゅく》となり、福沢諭吉《ふくざわゆきち》や大村益次郎《おおむらますじろう》などさまざまな人材《じんざい》があつまった。

180
282
青木昆陽《あおきこんよう》
吉宗《よしむね》につかえたサツマイモ先生《せんせい》
出身《しゅっしん》
江戸《えど》
生没《せいぼつ》
1698年《ねん》6月《がつ》19日《にち》～1769年《ねん》11月《がつ》9日《か》
重要度《じゅうようど》
30%

イラスト●新堂《しんどう》アラタ

農民《のうみん》を救《すく》った新作物《しんさくもつ》

江戸時代中期《えどじだいちゅうき》の学者《がくしゃ》。江戸日本橋《えどにほんばし》の魚屋《さかなや》に生《う》まれ、京《きょう》で儒学《じゅがく》を学《まな》び、27歳《さい》で江戸《えど》に塾《じゅく》をひらき、町奉行《まちぶぎょう》の大岡忠相《おおおかただすけ》の目《め》にとまる。飢《き》きんに役立《やくだ》つよう8代将軍《だいしょうぐん》の徳川吉宗《とくがわよしむね》にサツマイモの栽培《さいばい》を進《しん》言《げん》し、4年間《ねんかん》の試行錯誤《しこうさくご》のすえ、関東《かんとう》でのサツマイモ栽培《さいばい》に成功《せいこう》。飢《き》きんにくるしむ農民《のうみん》を救《すく》った。

日本史《にほんし》
Pick up!

世界《せかい》にほこる江戸絵画《えどかいが》

海外《かいがい》の著名《ちょめい》な画家《がか》にも影響《えいきょう》をあたえた日本《にほん》の浮世絵《うきよえ》の世界《せかい》

●『富嶽三十六景《ふがくさんじゅうろっけい》』神奈川沖浪裏《かながわおきなみうら》

力強《ちからづよ》い線《せん》と奇抜《きばつ》な構図《こうず》

181
282

葛《かつ》飾《しか》北《ほく》斎《さい》

生《せい》 没《ぼつ》▶1760年《ねん》10月《がつ》31日《にち》？～1849年《ねん》5月《がつ》10日《か》

19歳《さい》で浮世絵《うきよえ》を学《まな》んだが、浮《うき》世絵《よえ》にあきたらず狩野派《かのうは》や土《と》佐派《さは》の絵《え》を研究《けんきゅう》。さらにオランダの風景版画《ふうけいはんが》にも感銘《かんめい》をうけ、日本画《にほんが》と西洋画《せいようが》の技法《ぎほう》をとり入《い》れた独特《どくとく》の画風《がふう》を完成《かんせい》させる。40歳《さい》のときに「北《ほく》斎《さい》」を号《ごう》し、人物画《じんぶつが》から風景《ふうけい》画《が》、妖怪画《ようかいが》など、あらゆるジャンルの作品《さくひん》をのこした。

イラスト●安采《あんざい》サチエ

●三世大谷鬼次《さんせいおおたにおにじ》の奴江戸兵衛《やっこえどべえ》

●市川富右衛門《いちかわとみうえもん》の蟹坂藤馬《かにざかとうま》と
三世佐野川市松《さんせいさのがわいちまつ》の祇園町《ぎおんまち》の白人《はくじん》おなよ

ミステリアスな個性派浮世絵師《こせいはうきよえし》

182/282 東洲斎写楽《とうしゅうさいしゃらく》

生没《せいぼつ》▶不明《ふめい》

生《お》い立《た》ちなどはいっさい不《ふ》明《めい》。1794〜95年《ねん》の約《やく》10ヵ月《げつ》の活動期間《かつどうきかん》で140点《てん》あまりの作《さく》品《ひん》をのこしたナゾの浮世絵《うきよえ》師《し》。その絵《え》は、役者《やくしゃ》の表情《ひょうじょう》や顔《かお》などを独特《どくとく》のデフォルメ（強《きょう》調《ちょう》）で描《えが》き、その内面《ないめん》までも表現《ひょうげん》しているかのような強烈《きょうれつ》なインパクトが特徴《とくちょう》で、世界《せかい》的《てき》な評価《ひょうか》も高《たか》い。

イラスト●合間太郎《あいまたろう》

●『東海道五十三次《とうかいどうごじゅうさんつぎ》』日本橋《にほんばし》（朝之景《あさのけい》）、仙鶴堂版《せんかくどうばん》

風景画《ふうけいが》の新境地《しんきょうち》をひらいた巨匠《きょしょう》

183/282

歌《うた》川《がわ》広《ひろ》重《しげ》

生《せい》　没《ぼつ》▶1797年《ねん》～1858年《ねん》10月《がつ》12日《にち》

安藤広重《あんどうひろしげ》とも呼《よ》ばれる。父《ちち》のあとを継《つ》いで火消同心《ひけしどうしん》となるが、のちに歌川派《うたがわは》の浮世絵《うきよえ》を学《まな》んだ。はじめは美人画《びじんが》や武《む》者絵《しゃえ》など幅広《はばひろ》く活動《かつどう》したがふるわず、葛飾北斎《かつしかほくさい》の影響《えいきょう》をうけて風景画《ふうけいが》の世界《せかい》に転向《てんこう》。やがて『東海道五十三次《とうかいどうごじゅうさんつぎ》』などが人気《にんき》をはくし、風景画家《ふうけいがか》としての地位《ちい》を確立《かくりつ》した。

イラスト●tocca+

日本史《にほんし》Pick up!

●『著色花鳥版画《ちゃくしょくかちょうはんが》　薔薇《ばら》に鸚哥図《いんこず》』（複写《ふくしゃ》）

自由《じゆう》かつ孤高《ここう》の天才絵師《てんさいえし》

184/282

伊《い》藤《とう》若《じゃく》冲《ちゅう》

生《せい》　没《ぼつ》▶1716年《ねん》3月《がつ》1日《たち》～1800年《ねん》10月《がつ》27日《にち》

江戸時代《えどじだい》の中《なか》ごろの絵師《えし》。青《あお》物問屋《ものどんや》を営《いとな》むいっぽうで、30歳《さい》から本格的《ほんかくてき》に絵《え》を学《まな》び、狩《か》野派《のうは》の門《もん》をたたいたが、やめて独学《どくがく》で腕《うで》をみがく。動植物《どうしょくぶつ》を写実的《しゃじつてき》に描《えが》き、そこに独自《どくじ》の装飾性《そうしょくせい》をくわえた画風《がふう》が特《とく》徴《ちょう》で、大作《たいさく》『動植綵絵《どうしょくさいえ》』シリーズは、日本美術史《にほんびじゅつし》にのこる花鳥画《かちょうが》の傑作《けっさく》である。

イラスト●ナチコ

超重要人物《ちょうじゅうようじんぶつ》ファイル!
No.018

江《え》戸《ど》時《じ》代《だい》の剣《けん》豪《ごう》

太平《たいへい》の時代《じだい》でも剣術《けんじゅつ》に磨《みが》きをかけて最強《さいきょう》をきそった猛者《もさ》たち

生涯無敗《しょうがいむはい》をほこった二刀流《にとうりゅう》の剣豪《けんごう》

185/282

宮本武蔵《みやもとむさし》

生《せい》 没《ぼつ》▶1584年《ねん》ごろ～
1645年《ねん》6月《がつ》13日《にち》

13歳《さい》で新当流《しんとうりゅう》の有馬喜兵衛《ありまきへえ》に勝《か》って以来《いらい》、29歳《さい》までに60回《かい》の勝負《しょうぶ》をして一度《いちど》も負《ま》けなかったという剣豪《けんごう》。剣術《けんじゅつ》（兵法《へいほう》）をきわめるべく諸国《しょこく》をまわって修行《しゅぎょう》。57歳《さい》で熊本藩《くまもとはん》の客分《きゃくぶん》となり、禅《ぜん》の修行《しゅぎょう》につとめて『五輪書《ごりんのしょ》』を書《か》きあげた。

イラスト●きさらぎ

●宿敵《しゅくてき》・佐々木小次郎《ささきこじろう》と決闘《けっとう》した巌流島《がんりゅうじま》

●宮本武蔵《みやもとむさし》が修行《しゅぎょう》のためにこもった洞窟《どうくつ》

ポイント!

幕末《ばくまつ》に黄金期《おうごんき》をむかえた日本剣術《にほんけんじゅつ》
そのワザは神《かみ》の領域《りょういき》にたっした

江戸時代初期《えどじだいしょき》の剣豪《けんごう》は本当《ほんとう》に強《つよ》かったかどうか、ナゾの多《おお》い人物《じんぶつ》ばかりだが、幕末《ばくまつ》になると千葉周作《ちばしゅうさく》を筆頭《ひっとう》に著名《ちょめい》な剣術家《けんじゅつか》が大勢《おおぜい》あらわれた。当時《とうじ》、達人《たつじん》や名人《めいじん》と呼《よ》ばれた人《ひと》たちは、掛《か》け値《ね》なしに強《つよ》かったそうだ。

つばめ返《がえ》しを駆使《くし》したナゾの剣士《けんし》

佐《さ》々《さ》木《き》小《こ》次《じ》郎《ろう》

生《せい》没《ぼつ》▶不明《ふめい》～1612年《ねん》5月《がつ》13日《にち》

出自《しゅつじ》ははっきりしないが、武者修行《むしゃしゅぎょう》で諸国《しょこく》をまわり、「巌流《がんりゅう》」という剣術《けんじゅつ》の流派《りゅうは》をひらいて、小倉藩《こくらはん》につかえたという剣術家《けんじゅつか》。身《み》の丈《たけ》ほどの長刀《ちょうとう》を使《つか》った必殺剣《ひっさつけん》「つばめ返《がえ》し」が有名《ゆうめい》だが、巌流島《がんりゅうじま》で宮本武蔵《みやもとむさし》と決闘《けっとう》し、亡《な》くなったといわれている。

イラスト●神矢柊《かみやしゅう》

187
282

柳生《やぎゅう》宗《むね》矩《のり》

柳生藩《やぎゅうはん》の当主《とうしゅ》で新陰流《しんかげりゅう》の達人《たつじん》

生《せい》没《ぼつ》▶1571年《ねん》～1646年《ねん》5月《がつ》11日《にち》

大和《やまと》の柳生《やぎゅう》の庄出身《しょうしゅっしん》の武将《ぶしょう》で剣豪《けんごう》。父《ちち》は柳《やぎ》生新陰流《ゅうしんかげりゅう》の開祖《かいそ》・柳生宗厳《やぎゅうむねよし》。徳川家康《とくがわいえやす》につかえ、徳川家《とくがわけ》の剣術指南役《けんじゅつしなんやく》として江戸《えど》に柳《やぎ》生新陰流《ゅうしんかげりゅう》を広《ひろ》めた。３代将軍《だいしょうぐん》の徳川家光《とくがわいえみつ》に信頼《しんらい》され、総目付役《そうめつけやく》として、全国《ぜんこく》の大名《だいみょう》を監視《かんし》した。

イラスト●塩花《しおはな》

維新《いしん》の英雄《えいゆう》を輩出《はいしゅつ》した北辰一刀流《ほくしんいっとうりゅう》の開祖《かいそ》

千《ち》葉《ば》周《しゅう》作《さく》

生《せい》没《ぼつ》▶1793年《ねん》～1856年《ねん》1月《がつ》17日《にち》

江戸時代後期《えどじだいこうき》の剣術家《けんじゅつか》で、北辰一刀流《ほくしんいっとうりゅう》の創《そう》始者《ししゃ》。23歳《さい》で小野派一刀流《おのはいっとうりゅう》の免許皆伝《めんきょかいでん》をうけ、各地《かくち》を武者修行《むしゃしゅぎょう》してまわり、江戸《えど》に北《ほく》辰一刀流《しんいっとうりゅう》の看板《かんばん》をかかげて道場《どうじょう》・玄武館《げんぶかん》をかまえた。門弟《もんてい》は3000人《にん》を超《こ》え、そのなかには山岡鉄舟《やまおかてっしゅう》や坂本龍馬《さかもとりょうま》などがいる。

イラスト●麻亜沙《まあさ》

超重要人物《ちょうじゅうようじんぶつ》ファイル！
No.019

テレビ番組《ばんぐみ》になった偉人《いじん》

時代劇《じだいげき》などでおなじみの実在《じつざい》した偉人《いじん》たちの真実《しんじつ》！

黄門《こうもん》さまのほまれ高《たか》い名君《めいくん》

189
282

徳《とく》川《がわ》光《みつ》圀《くに》

生《せい》　没《ぼつ》▶1628年《ねん》7月《がつ》11日《にち》～1701年《ねん》1月《がつ》14日《か》

御三家《ごさんけ》水戸藩《みとはん》初代藩主《しょだいはんしゅ》・徳川頼房《とくがわよりふさ》の３男《なん》で２代藩《だいはん》主《しゅ》。藩主《はんしゅ》になる前《まえ》から江《え》戸《ど》の中屋敷《なかやしき》に彰考館《しょうこうかん》をもうけ、歴史書《れきししょ》『大日本史《だいにほんし》』の編《へん》さんをはじめる。藩《はん》主《しゅ》になると、幕府《ばくふ》に先《さき》がけて殉死《じゅんし》を禁止《きんし》するなど藩士《はんし》の規律《きりつ》をさだめた。のちに「水戸黄門漫遊《みとこうもんまんゆう》記《き》」が創作《そうさく》された。

イラスト●なんばきび

ポイント！

水戸藩独自《みとはんどくじ》の学問《がくもん》
水戸学《みとがく》ってなに？

徳川光圀《とくがわみつくに》の『大日本史《だいにほんし》』編《へん》さんをきっかけに、江戸時代《えどじだい》の後半《こうはん》、水《み》戸藩《とはん》で独自《どくじ》に成立《せいりつ》した水戸学《みとがく》は、儒学《じゅがく》を中心《ちゅうしん》に国学《こくがく》・史学《しがく》・神道《しんとう》を組《く》み合《あ》わせた尊王思想《そんのうしそう》である。この学問《がくもん》は、水戸藩士《みとはんし》だけでなく、西郷隆盛《さいごうたかもり》や吉田松陰《よしだしょういん》といった幕末《ばくまつ》の維新志士《いしんしし》たちにも大《おお》きな影響《えいきょう》をあたえた。さらに明治維新以降《めいじいしんいこう》も、陸軍大将《りくぐんたいしょう》となった乃木希典《のぎまれすけ》が愛《あい》読《どく》。日本《にほん》の天皇思想《てんのうしそう》を脈々《みゃくみゃく》と伝《つた》えてきた水戸学《みとがく》は、歴史上重要《れきしじょうじゅうよう》な意《い》味《み》をもつといえるだろう。

●徳川光圀像《とくがわみつくにぞう》
徳川《とくがわ》ミュージアム所蔵《しょぞう》

赤穂浪士《あこうろうし》で有名《ゆうめい》な
忠臣蔵《ちゅうしんぐら》の主人公《しゅじんこう》

190/282

大《おお》石《いし》良《よし》雄《お》

生《せい》　没《ぼつ》▶1659年《ねん》～1703年《ねん》3月《がつ》20日《か》

赤穂浪士《あこうろうし》のリーダーで、「大石内蔵助《おおいしくらのすけ》」の通称《つうしょう》で有名《ゆうめい》。赤穂藩《あこうはん》の家老《かろう》の家《いえ》に生《う》まれ、21歳《さい》の若《わか》さで筆頭家老《ひっとうかろう》となるが、藩主《はんしゅ》が江戸城《えどじょう》で刃傷沙汰《にんじょうざた》におよび切腹《せっぷく》。赤穂藩《あこうはん》は断絶《だんぜつ》する。良雄《よしお》は混乱《こんらん》する藩士《はんし》をまとめ、江戸《えど》で吉良義央《きらよしなか》を殺害《さつがい》した。

イラスト●zeNOx

191/282

大《おお》岡《おか》忠《ただ》相《すけ》

大名《だいみょう》まで出世《しゅっせ》した
エリート奉行《ぶぎょう》

生《せい》　没《ぼつ》▶1677年《ねん》～1752年《ねん》2月《がつ》3日《か》

大岡忠高《おおおかただたか》の４男《なん》として生《う》まれ、23歳《さい》で家督《かとく》を継《つ》ぎ、幕府官僚《ばくふかんりょう》となって頭角《とうかく》をあらわす。８代将軍《だいしょうぐん》・徳川吉宗《とくがわよしむね》のとき、41歳《さい》という異例《いれい》の若《わか》さで町奉行《まちぶぎょう》となり、享保《きょうほう》の改革《かいかく》で江戸《えど》の都市政策《としせいさく》にかかわり活躍《かつやく》。その後《ご》、1万石《まんごく》の大名《だいみょう》にまで出世《しゅっせ》した。

イラスト●桐矢隆《きりやたかし》

遠山《とおやま》の金《きん》さんの
モデルになった名奉行《めいぶぎょう》

192/282

遠《とお》山《やま》景《かげ》元《もと》

生《せい》　没《ぼつ》▶1793年《ねん》9月《がつ》27日《にち》～1855年《ねん》4月《がつ》15日《にち》

江戸時代後期《えどじだいこうき》の旗本《はたもと》で、北町奉行《きたまちぶぎょう》と南町奉行《みなみまちぶぎょう》を歴任《れきにん》。大岡忠相《おおおかただすけ》とならび称《しょう》される名奉行《めいぶぎょう》だったが、天保《てんぽう》の改革《かいかく》の水野忠邦《みずのただくに》と対立《たいりつ》。左遷《させん》と復帰《ふっき》をくり返《かえ》した。時代劇《じだいげき》では「桜吹雪《さくらふぶき》」の入《い》れずみが有名《ゆうめい》だが、模様《もよう》は「女《おんな》の生首《なまくび》」だったともいわれる。

イラスト●天辰公瞭《あまたつさとあき》

193/282

天《あま》草《くさ》四《し》郎《ろう》

神《かみ》の子《こ》の再来《さいらい》とされた少年《しょうねん》キリシタン

イラスト●みつなり都《みやこ》

民衆《みんしゅう》の精神的支柱《せいしんてきしちゅう》

本名《ほんみょう》は益田四郎時貞《ますだしろうときさだ》。島原《しまばら》の乱《らん》の精神的指導者《せいしんてきしどうしゃ》。重《おも》い年《ねん》貢《ぐ》と大凶作《だいきょうさく》、そこにキリスト教《きょう》禁教令《きんきょうれい》もくわわり、民衆《みんしゅう》の怒《いか》りが爆発《ばくはつ》。四郎《しろう》を精神的支柱《せいしんてきしちゅう》とした約《やく》３万《まん》７０００人《にん》の一揆勢《いっきぜい》は、原城《はらじょう》に立《た》てこもり幕府《ばくふ》の大軍《たいぐん》をむかえうったが、３ヵ月《げつ》で落城《らくじょう》。全員《ぜんいん》が虐殺《ぎゃくさつ》された。

出身《しゅっしん》	肥後国《ひごのくに》
生没《せいぼつ》	1621年《ねん》ごろ～1638年《ねん》4月《がつ》12日《にち》
重要度《じゅうようど》	70%

能力《のうりょく》パラメータ

歴史《れきし》のウラ側《がわ》

キリシタン弾圧《だんあつ》が強化《きょうか》された島原《しまばら》の乱《らん》

島原《しまばら》の乱《らん》は農民一揆《のうみんいっき》だったが、幕府《ばくふ》はキリシタンの反乱《はんらん》と認識《にんしき》し、いっそうキリスト教《きょう》の禁止《きんし》を徹底《てってい》した。1639年《ねん》に「第《だい》５次《じ》鎖国令《さこくれい》」が出《だ》されてポルトガル人《じん》は追放《ついほう》。交易国《こうえきこく》のオランダもきびしく監視《かんし》され、キリシタンが入《はい》りこまないよう長崎《ながさき》の出島《でじま》に隔離《かくり》された。こうしたきびしい弾圧《だんあつ》のなか、国内《こくない》のキリシタンは明治《めいじ》のキリシタン解禁《かいきん》まで信仰《しんこう》を守《まも》りつづけたという。

天草四郎像《あまくさしろうぞう》

神《かみ》の子《こ》とされ、わずか15歳《さい》で一揆《いっき》の総大将《そうだいしょう》にかつぎ出《だ》された

194/282

支《はせ》倉《くら》常《つね》長《なが》

伊達政宗《だてまさむね》の命《めい》で欧州《おうしゅう》にわたった男《おとこ》

イラスト●きさらぎ

出身	出羽国《でわのくに》
生没	1571年《ねん》～1622年《ねん》8月《がつ》7日《か》
重要度	50%

能力パラメータ

渡欧《とおう》の目的《もくてき》とは?

伊達政宗《だてまさむね》に命《めい》じられて、遣《けん》欧使節団《おうしせつだん》の代表《だいひょう》となり、スペインを経由《けいゆ》してローマにわたる。政宗《まさむね》の目的《もくてき》は、領内《りょうない》でのキリスト教《きょう》の布教《ふきょう》と、メキシコとの直接貿易《ちょくせつぼうえき》の許可《きょか》をえることだったとされている。しかし、幕府《ばくふ》のキリシタン弾圧《だんあつ》がきびしさを増《ま》したことで交《こう》渉《しょう》はうまくいかなかった。

ローマ市公民権証書《しこうみんけんしょうしょ》

ローマ市議会《しぎかい》は、ローマ市《し》の公民《こうみん》の権利《けんり》を常長《つねなが》たち使節団全員《しせつだんぜんいん》にあたえた

QVOD·LVDOVICVS·RENTIVS·VINCENTIVS·MV·FVS
DE·PAPAZVRRIS·IACOBVS·VELLIVS·ALMAE·VRBIS
CONSERVATORES

仙台市博物館所蔵《せんだいしはくぶつかんしょぞう》

衝撃《しょうげき》スクープ!

アジア人《じん》ではとても貴重《きちょう》なローマ貴族《きぞく》になった人物《じんぶつ》!

常長《つねなが》はその高潔《こうけつ》な人柄《ひとがら》がみとめられ、ローマ市議会《しぎかい》から名誉《めいよ》あるローマ貴族《きぞく》の位《くらい》とローマの市民権《しみんけん》があたえられた。遠《とお》い国《くに》からきた常長《つねなが》と使節団《しせつだん》が熱《あつ》い歓《かん》迎《げい》をうけていたことがわかる。

日本史《にほんし》
Pick up!

江戸時代《えどじだい》の日本《にほん》で活躍《かつやく》した外国人《がいこくじん》BEST5!!

鎖国《さこく》をしていた江戸時代《えどじだい》に日本《にほん》へやってきた外国人《がいこくじん》たち

第《だい》1位《い》 ペリー

江戸時代《えどじだい》の日本《にほん》を驚《おどろ》かせた張本人《ちょうほんにん》

黒船《くろふね》で来航《らいこう》し、日本《にほん》を開国《かいこく》させたペリー。来日《らいにち》する前《まえ》に「恐怖《きょうふ》にうったえるほうが、友好《ゆうこう》にうったえるより多《おお》くの利点《りてん》があるだろう」と語《かた》っていたそうで、日本人《にほんじん》に近代国家《きんだいこっか》の軍事力《ぐんじりょく》を見《み》せつけるために軍艦《ぐんかん》を４隻《せき》も引《ひ》きつれてきた。

第《だい》2位《い》 シーボルト

日本《にっぽん》の植物《しょくぶつ》を探求《たんきゅう》した

シーボルトは医者《いしゃ》であるだけでなく、植物学者《しょくぶつがくしゃ》でもあった。日本《にほん》の文化《ぶんか》に興味《きょうみ》をしめし、日本茶《にほんちゃ》の種子《しゅし》をジャワ島《とう》にもち帰《かえ》った。日本《にほん》でも1400種類以上《しゅるいいじょう》の植物《しょくぶつ》を栽培《さいばい》した。

第《だい》3位《い》 グラバー

長崎《ながさき》の近代化《きんだいか》に大《おお》きく貢献《こうけん》

武器商人《ぶきしょうにん》として来日《らいにち》したスコットランド人《じん》。長崎《ながさき》の造船業《ぞうせんぎょう》を発展《はってん》させて、日本《にほん》の近代化《きんだいか》に貢献《こうけん》。五代友厚《ごだいともあつ》の海外留学《かいがいりゅうがく》の手引《てび》きをするなど、その功績《こうせき》は大《おお》きい。

第《だい》4位《い》 ゴローニン

獄中《ごくちゅう》で日本人《にほんじん》にロシア語《ご》を教《おし》えた

千島列島《ちしまれっとう》を測量中《そくりょうちゅう》に国後島《くなしりとう》で日本人《にほんじん》に捕《と》らえられてしまったロシア人《じん》（ゴローニン事件《じけん》）。獄中《ごくちゅう》にいながら幕府《ばくふ》の要請《ようせい》をうけてロシア語《ご》の翻訳《ほんやく》や教育《きょういく》にもたずさわった。

第《だい》5位《い》 W・アダムズ

徳川家康《とくがわいえやす》につかえた英国人《えいこくじん》

江戸時代初期《えどじだいしょき》、航海中《こうかいちゅう》に苦難《くなん》にあい、日本《にほん》に漂着《ひょうちゃく》したイギリス人《じん》。帰国《きこく》を願《ねが》い出《で》たが徳川家康《とくがわいえやす》に頼《たの》まれて、外交顧問《がいこうこもん》としてつかえた。三浦按針《みうらあんじん》の日本名《にほんめい》でも知《し》られる。

第《だい》5章《しょう》

幕《ばく》末《まつ》・明《めい》治《じ》維《い》新《しん》
(1853年《ねん》ごろ～1868年《ねん》)

おもな出来事《できごと》

1853年《ねん》：黒船《くろふね》が来航《らいこう》

1860年《ねん》：桜田門外《さくらだもんがい》の変《へん》

1863年《ねん》：薩英戦争《さつえいせんそう》

1864年《ねん》：池田屋事件《いけだやじけん》

1866年《ねん》：薩長同盟《さっちょうどうめい》が成立《せいりつ》

1868年《ねん》：戊辰戦争《ぼしんせんそう》

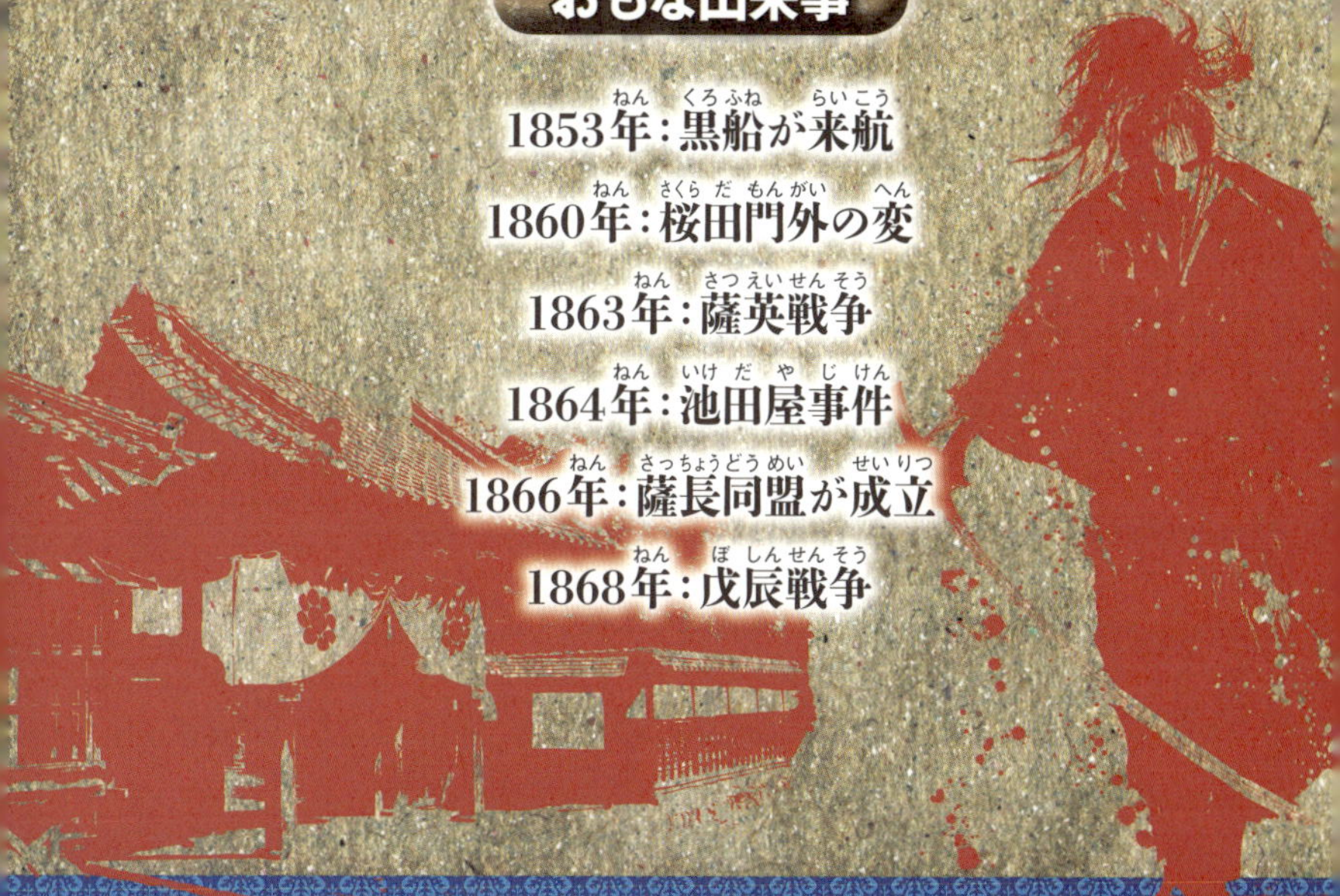

195
282

西《さい》郷《ごう》隆《たか》盛《もり》

明《めい》治《じ》維《い》新《しん》の功《こう》労《ろう》者《しゃ》

決断力《けつだんりょく》にすぐれた 薩摩《さつま》の英雄《えいゆう》

出身《しゅっしん》	薩摩国《さつまのくに》
生没《せいぼつ》	1828年《ねん》1月《がつ》23日《にち》～1877年《ねん》9月《がつ》24日《か》
重要度《じゅうようど》	90%

能力《のうりょく》パラメータ

カリスマ性《せい》 4
影響力《えいきょうりょく》 4
知力《ちりょく》 4
運《うん》 2
名声《めいせい》 4
A

イラスト●菊屋シロウ

新政府《しんせいふ》の要職《ようしょく》につくが…

薩摩《さつま》出身《しゅっしん》の幕末《ばくまつ》の志士《しし》。薩《さつ》摩《ま》藩主《はんしゅ》・島津斉彬《しまづなりあきら》にとり立《た》てられて藩政《はんせい》にかかわるうち、京都《きょうと》で討幕派《とうばくは》の志士《しし》たちと交《こう》流《りゅう》をもつ。はじめは幕府派《ばくふは》として長州《ちょうしゅう》と戦《たたか》ったが、長州征《ちょうしゅうせい》伐《ばつ》後《ご》に討幕派《とうばくは》となり、坂本龍《さかもとりょう》馬《ま》の仲介《ちゅうかい》で長州《ちょうしゅう》と同盟《どうめい》をむすんだ。これを薩長同盟《さっちょうどうめい》と呼《よ》び、明治維新《めいじいしん》の中心的《ちゅうしんてき》な勢力《せいりょく》となった。

隆盛《たかもり》らの勢力《せいりょく》は、幕府《ばくふ》を武《ぶ》力《りょく》で打倒《だとう》しようと王政復古《おうせいふっこ》の大号令《だいごうれい》を出《だ》し、戊辰戦争《ぼしんせんそう》が勃《ぼっ》発《ぱつ》した。隆盛《たかもり》は新政府軍《しんせいふぐん》の参《さん》謀《ぼう》として各地《かくち》で幕府軍《ばくふぐん》をたおし、江戸《えど》へ進軍《しんぐん》する。江戸《えど》に乗《の》りこんだ際《さい》には勝海舟《かつかいしゅう》とひそかに会談《かいだん》し、江戸城《えどじょう》の無血《むけつ》開城《かいじょう》に同意《どうい》して、新政府軍《しんせいふぐん》の総攻撃《そうこうげき》を中止《ちゅうし》させた。

明治政府《めいじせいふ》で隆盛《たかもり》は参議《さんぎ》（政《せい》府《ふ》の重職《じゅうしょく》のひとつ）となり、廃藩置県《はいはんちけん》などの政策《せいさく》にとりくんだ。陸軍省《りくぐんしょう》、海軍省《かいぐんしょう》をもうけて陸軍元帥《りくぐんげんすい》にもなるが、征《せい》韓論《かんろん》（武力《ぶりょく》で朝鮮《ちょうせん》を開国《かいこく》しようとする主張《しゅちょう》⇩P．１９９）にやぶれて薩摩《さつま》にもどった。

薩摩《さつま》で静《しず》かにくらしていた隆盛《たかもり》だが、１８７７年《ねん》、ついに政府《せいふ》に反乱《はんらん》を起《お》こす（西南《せいなん》戦争《せんそう》）。戦《たたか》いは一進一退《いっしんいったい》をくり返《かえ》したが、徐々《じょじょ》に隆盛《たかもり》は追《お》いつめられ、薩摩《さつま》の地《ち》で自刃《じじん》した。

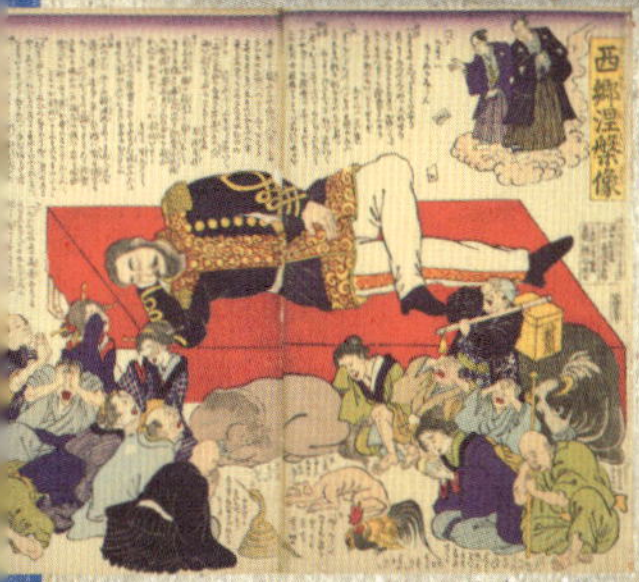

西郷涅槃像《さいごうねはんぞう》

西郷隆盛《さいごうたかもり》の死《し》に多《おお》くの人《ひと》や動物《どうぶつ》がかなしんでいる「西郷涅槃像《さいごうねはんぞう》」

歴史《れきし》のウラ側《がわ》　なぜ西郷隆盛《さいごうたかもり》は西南戦争《せいなんせんそう》を起《お》こしたか

西郷隆盛《さいごうたかもり》は新政府《しんせいふ》をやめて薩摩《さつま》にもどり、日本《にほん》の将来《しょうらい》をたくす人材《じんざい》を育《そだ》てようと私学校《しがっこう》をひらき、若者《わかもの》を教《おし》えながら静《しず》かにくらしていた。しかし新政府《しんせいふ》は隆盛《たかもり》をおそれ、薩摩《さつま》に密偵《みってい》をおくって武器《ぶき》や弾薬《だんやく》を運《はこ》びだそうとした（隆盛《たかもり》を暗《あん》殺《さつ》しようとした説《せつ》もある）。これに怒《おこ》った私学《しがっ》校《こう》の生徒《せいと》が弾薬庫《だんやくこ》を襲撃《しゅうげき》。政府《せいふ》への反逆《はんぎゃく》をうたがわれることになった隆盛《たかもり》は反乱《はんらん》を起《お》こした。

196/282

幕《ばく》末《まつ》最《さい》大《だい》のヒーロー

坂《さか》本《もと》龍《りょう》馬《ま》

類《たぐい》まれな行《こう》動《どう》力《りょく》で維《い》新《しん》の礎《いしずえ》となった志《し》士《し》

出《しゅっ》身《しん》	土佐国《とさのくに》
生《せい》没《ぼつ》	1836年《ねん》1月《がつ》3日《か》～1867年《ねん》12月《がつ》10日《か》
重要度《じゅうようど》	80%

能力《のうりょく》パラメータ

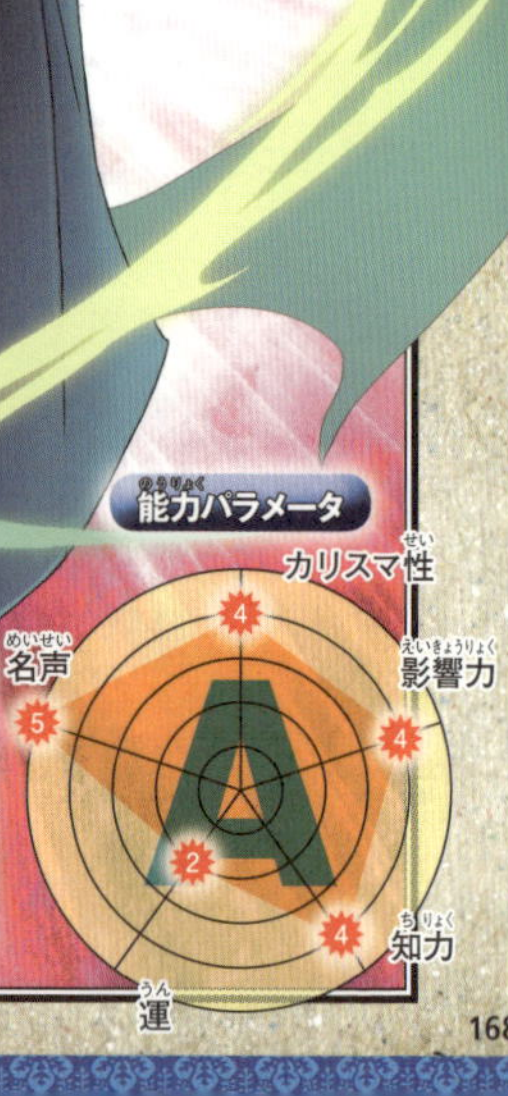

イラスト●ナチコ

薩長同盟《さっちょうどうめい》を見事《みごと》に実現《じつげん》

土佐藩士《とさはんし》の次男《じなん》に生《う》まれる。子《こ》どものころは気《き》が弱《よわ》く臆病《おくびょう》で、11歳《さい》までおねしょをしていたという。

1853年《ねん》、18歳《さい》で江戸《えど》に剣術修行《けんじゅつしゅぎょう》に出《で》て、北辰一刀流《ほくしんいっとうりゅう》の千葉道場《ちばどうじょう》に通《かよ》う。そのとき浦賀《うらが》に来航《らいこう》した黒船《くろふね》を目撃《もくげき》し、開国《かいこく》の重要性《じゅうようせい》を感《かん》じたが、1861年《ねん》、同郷《どうきょう》の武市半平太《たけちはんぺいた》が結成《けっせい》した土佐勤王党《とさきんのうとう》に参加《さんか》し、尊皇攘夷思想《そんのうじょういしそう》にかたむいていく。

翌年《よくねん》、土佐藩《とさはん》を脱藩《だっぱん》してふたたび江戸《えど》に出《で》て、勝海舟《かつかいしゅう》の門下生《もんかせい》となり、海運《かいうん》と海軍《かいぐん》について学《まな》び、神戸海軍操練所《こうべかいぐんそうれんじょ》の建設《けんせつ》に尽力《じんりょく》する。そして1865年《ねん》、薩摩藩《さつまはん》の援助《えんじょ》をうけて、貿易会社《ぼうえきがいしゃ》と政治組織《せいじそしき》をかねた亀山社中《かめやましゃちゅう》（のちの海援隊《かいえんたい》）を結成《けっせい》。犬猿《けんえん》の仲《なか》だった長州藩《ちょうしゅうはん》と薩摩藩《さつまはん》の仲介役《ちゅうかいやく》をつとめ、西郷隆盛《さいごうたかもり》と桂小五郎《かつらこごろう》の会談《かいだん》に同席《どうせき》して薩長同盟《さっちょうどうめい》を成立《せいりつ》させた。

さらに土佐藩士《とさはんし》の後藤象二郎《ごとうしょうじろう》と長崎《ながさき》から京《きょう》へもどる途中《とちゅう》、独自《どくじ》の新国家構想《しんこっかこうそう》である「船中八策《せんちゅうはっさく》」をまとめ、これが大政奉還《たいせいほうかん》を成立《せいりつ》させるきっかけとなる。ところが1867年《ねん》、京都《きょうと》の近江屋《おうみや》で刺客《しかく》におそわれ、志《こころざし》なかばでこの世《よ》をさり、新時代《しんじだい》の陽《ひ》の目《め》を見《み》ることはなかった。

歴史《れきし》のウラ側《がわ》

新政府《しんせいふ》の基礎《きそ》となった龍馬《りょうま》の船中八策《せんちゅうはっさく》

長崎《ながさき》から京《きょう》へむかう船《ふね》の上《うえ》で、坂本龍馬《さかもとりょうま》が後藤象二郎《ごとうしょうじろう》に口頭《こうとう》で伝《つた》えた新国家構想《しんこっかこうそう》が船中八策《せんちゅうはっさく》である。その内容《ないよう》は「大政奉還《たいせいほうかん》」「上下院《じょうかいん》を設置《せっち》した議会政治《ぎかいせいじ》」「有能《ゆうのう》な人材《じんざい》の政治登用《せいじとうよう》」「不平等条約《ふびょうどうじょうやく》の改定《かいてい》」「憲法《けんぽう》の制定《せいてい》」「海軍力《かいぐんりょく》の増強《ぞうきょう》」「御親兵《ごしんぺい》（政府直属《せいふちょくぞく》の軍隊《ぐんたい》）の設置《せっち》」「金銀交換《きんぎんこうかん》レートの変更《へんこう》」の８つ。この内容《ないよう》はそのまま明治維新《めいじいしん》と新政府《しんせいふ》にうけ継《つ》がれていった。

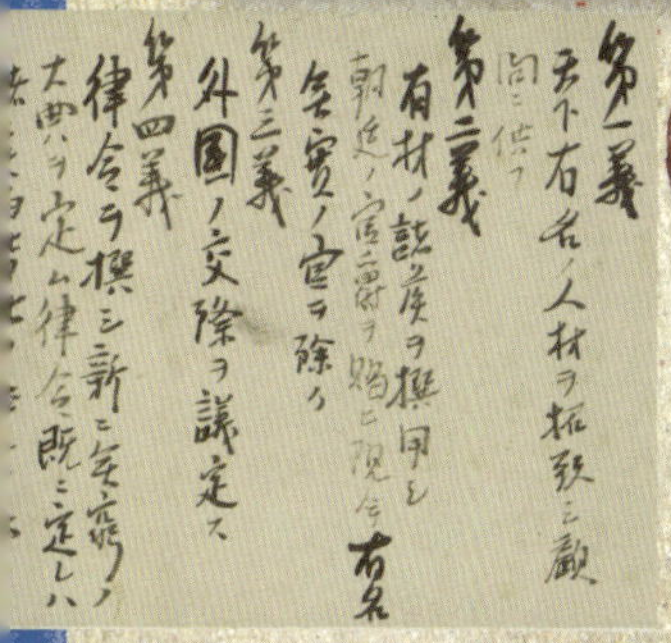

『新政府綱領八策《しんせいふこうりょうはっさく》』

通称《つうしょう》「船中八策《せんちゅうはっさく》」と呼《よ》ばれる龍馬《りょうま》の新国家構想《しんこっかこうそう》

197/282

桂《かつら》小《こ》五《ご》郎《ろう》

「維新三傑《いしんさんけつ》」と称《しょう》された勤皇志士《きんのうしし》

イラスト●tocca+

幕府《ばくふ》に命《いのち》をねらわれる

勤皇志士《きんのうしし》にして江戸《えど》・練兵館塾頭《れんぺいかんじゅくとう》の剣豪《けんごう》。明治維新後《めいじいしんご》に木戸孝允《きどたかよし》と名乗《なの》る。長州藩《ちょうしゅうはん》の外交《がいこう》をまかされ、幕府《ばくふ》から命《いのち》をねらわれながら京《きょう》に潜伏《せんぷく》し、長州征伐《ちょうしゅうせいばつ》への対応《たいおう》や薩長同盟《さっちょうどうめい》などの立役者《たてやくしゃ》として活躍《かつやく》。倒幕《とうばく》に成功《せいこう》すると新政府《しんせいふ》の重鎮《じゅうちん》となり、数々《かずかず》の開明的《かいめいてき》な政策《せいさく》を実行《じっこう》にうつした。

能力パラメータ

出身《しゅっしん》	長門国《ながとのくに》
生没《せいぼつ》	1833年《ねん》8月《がつ》11日《にち》～1877年《ねん》5月《がつ》26日《にち》
重要度	70%

解説《かいせつ》

人民《じんみん》をいたわることが政治《せいじ》のつとめである

明治新政府《めいじしんせいふ》を引《ひ》っぱる立場《たちば》になった桂《かつら》小五郎《こごろう》（木戸孝允《きどたかよし》）は、政府《せいふ》と人民《じんみん》を医者《いしゃ》と病人《びょうにん》にたとえ、国民《こくみん》のことを第一《だいいち》に考《かんが》えた。まずは「五箇条《ごかじょう》の御誓文《ごせいもん》」で、日本《にほん》が近代国家《きんだいこっか》として発展《はってん》するための方針《ほうしん》をしめし、マスコミの発達《はったつ》と推進《すいしん》、封建的風習《ほうけんてきふうしゅう》の廃止《はいし》、版籍奉還《はんせきほうかん》と廃藩置県《はいはんちけん》、四民平等《しみんびょうどう》、憲法制定《けんぽうせいてい》と三権分立《さんけんぶんりつ》の確立《かくりつ》、二院制《にいんせい》の確立《かくりつ》、教育《きょういく》の充実《じゅうじつ》、法治主義《ほうちしゅぎ》の確立《かくりつ》など、人民《じんみん》のため数々《かずかず》の政策《せいさく》を実施《じっし》した。

偉人《いじん》の名言《めいげん》

人民《じんみん》は病人《びょうにん》なり。政府《せいふ》は医者《いしゃ》なり。

198
282

勝《かつ》海《かい》舟《しゅう》

江戸《えど》を救《すく》った開明政治家《かいめいせいじか》

イラスト●クニヨネ

黒船《くろふね》の来航《らいこう》で幕政《ばくせい》へ

江戸幕府《えどばくふ》の幕臣《ばくしん》。黒船《くろふね》が来《らい》航《こう》すると、老中《ろうじゅう》の阿部正弘《あべまさひろ》に提出《ていしゅつ》した海防《かいぼう》の意見書《いけんしょ》がみとめられ、長崎海軍伝習所《ながさきかいぐんでんしゅうじょ》に入《はい》った。使節団《しせつだん》の一員《いちいん》として咸《かん》臨丸《りんまる》で渡米《とべい》し、帰国後《きこくご》は神戸《こうべ》で軍艦奉行《ぐんかんぶぎょう》となる。戊辰戦争《ぼしんせんそう》では西郷隆盛《さいごうたかもり》と会談《かいだん》して江戸《えど》城《じょう》を無血開城《むけつかいじょう》にみちびいた英《えい》雄《ゆう》だ。

能力《のうりょく》パラメータ

出《しゅっ》身《しん》	江戸《えど》
生《せい》没《ぼつ》	1823年《ねん》3月《がつ》12日《にち》〜1899年《ねん》1月《がつ》19日《にち》
重要度《じゅうようど》	70%

観光丸《かんこうまる》

長崎海軍伝習所《ながさきかいぐんでんしゅうじょ》にオランダからおくられた西洋船《せいようせん》・観光丸《かんこうまる》

歴史《れきし》のウラ側《がわ》

幕府《ばくふ》が海軍教育《かいぐんきょういく》のためにつくった長崎海軍伝習所《ながさきかいぐんでんしゅうじょ》

黒船《くろふね》の来航《らいこう》から２年後《ねんご》の１８５５年《ねん》、江戸幕府《えどばくふ》は長崎《ながさき》の出島《でじま》のそばに海軍伝習所《かいぐんでんしゅうじょ》をもうけた。オランダ商館長《しょうかんちょう》から「これからは海軍《かいぐん》をもったほうがいい」といわれた幕府《ばくふ》は、オランダの支援《しえん》のもと、オランダ海軍士官《かいぐんしかん》22名《めい》を先生《せんせい》にむかえ、伝習所《でんしゅうしょ》で西洋《せいよう》の船《ふね》を動《うご》かせる人材《じんざい》を育《そだ》てた。第一期《だいいっき》の伝習生《でんしゅうせい》は旗本《はたもと》や藩士《はんし》から選抜《せんばつ》した39名《めい》で、勝海舟《かつかいしゅう》もそのなかで学《まな》んだ。

199/282

大《おお》久《く》保《ぼ》利《とし》通《みち》

新政府《しんせいふ》を牛耳《ぎゅうじ》った明治《めいじ》の元勲《げんくん》

イラスト●麻《ま》亜《あ》沙《さ》

日本《にほん》の近代化《きんだいか》をすすめる

薩摩藩《さつまはん》の実権《じっけん》をにぎっていた島津久光《しまづひさみつ》の側近《そっきん》に抜《ばっ》てきされ、京都《きょうと》で岩倉具視《いわくらともみ》らと朝廷《ちょうてい》工作《こうさく》をおこない、武力《ぶりょく》による倒幕《とうばく》を決意《けつい》して新政府樹立《しんせいふじゅりつ》に尽力《じんりょく》した。新政府《しんせいふ》では参議《さんぎ》、大蔵卿《おおくらきょう》、内務卿《ないむきょう》を歴任《れきにん》するが、急進的《きゅうしんてき》な国政改革《こくせいかいかく》が反発《はんぱつ》を呼《よ》び、刺客《しかく》におそわれ命《いのち》を落《お》とした。

出身《しゅっしん》	薩摩国《さつまのくに》
生没《せいぼつ》	1830年《ねん》9月《がつ》26日《にち》～1878年《ねん》5月《がつ》14日《か》
重要度《じゅうようど》	70%

能力《のうりょく》パラメータ

歴史《れきし》のウラ側《がわ》

大久保利通《おおくぼとしみち》がすすめた王政復古《おうせいふっこ》ってなに？

15代将軍《だいしょうぐん》・徳川慶喜《とくがわよしのぶ》は大政奉還《たいせいほうかん》をして政権《せいけん》を朝廷《ちょうてい》に返還《へんかん》した。しかし、慶喜《よしのぶ》は政権担当能力《せいけんたんとうのうりょく》のない朝廷《ちょうてい》からふたたび政権《せいけん》を委任《いにん》され、政治《せいじ》の実権《じっけん》を掌握《しょうあく》できると見込《みこ》んでいた。そこで大《おお》久保利通《くぼとしみち》と岩倉具視《いわくらともみ》らは慶喜《よしのぶ》を排除《はいじょ》しようと王《おう》政復古《せいふっこ》の大号令《だいごうれい》というクーデターを起こして、政権《せいけん》を朝廷《ちょうてい》にもどし、「天皇《てんのう》を頂点《ちょうてん》とする新体《しんたい》制《せい》の誕生《たんじょう》」を宣言《せんげん》したのである。

京都御所《きょうとごしょ》 小御所《こごしょ》

1867年《ねん》、京都御所《きょうとごしょ》から「王政《おうせい》復古《ふっこ》の大号令《だいごうれい》」が発《はっ》せられた

200
282

高《たか》杉《すぎ》晋《しん》作《さく》

若《わか》くして世《よ》をさった幕末《ばくまつ》の革命児《かくめいじ》

イラスト○シノメン

出《しゅっ》身《しん》	長門国《ながとのくに》
生《せい》没《ぼつ》	1839年《ねん》9月《がつ》27日《にち》～1867年《ねん》5月《がつ》17日《にち》
重要度《じゅうようど》	60%

能力パラメータ

革新的《かくしんてき》な軍事指導者《ぐんじしどうしゃ》

長州藩士《ちょうしゅうはんし》の家《いえ》に生《う》まれ、吉《よし》田松陰《だしょういん》の松下村塾《しょうかそんじゅく》に入門《にゅうもん》して江戸《えど》へ遊学《ゆうがく》。海軍《かいぐん》で学《まな》び、上海《しゃんはい》にも留学《りゅうがく》する。しかしそこで、列強《れっきょう》による中国《ちゅうごく》（清《しん》）の植民地化《しょくみんちか》に大《おお》きな危機感《ききかん》をおぼえて帰国《きこく》。尊皇攘夷派《そんのうじょういは》の軍事指導者《ぐんじしどうしゃ》として、「奇兵隊《きへいたい》」をはじめとする長州軍《ちょうしゅうぐん》の指揮《しき》をとった。

偉人《いじん》の名言《めいげ》

おもしろき
こともなき
世《よ》をおもしろく

解説《かいせつ》

つまらないことをおもしろいと思《おも》える心《こころ》

この言葉《ことば》は、高杉晋作《たかすぎしんさく》の辞世《じせい》の句《く》の上《かみ》の句《く》の部分《ぶぶん》である。下《しも》の句《く》は「すみなすものは心《こころ》なりけり」。下《しも》の句《く》もあわせると「自分《じぶん》の心《こころ》もちしだいで、世《よ》の中《なか》はおもしろくなる」という意味《いみ》になる。維新志士《いしんしし》の晋作《しんさく》は、その句《く》で「つまらない世《よ》の中《なか》を自分《じぶん》がおもしろくしてみせる」といったわけではない。どんなつまらない状況《じょうきょう》でも、それを「おもしろい」と思《おも》えることが大切《たいせつ》だと、晋作《しんさく》はいっているのだろう。

201
282

吉《よし》田《だ》松《しょう》陰《いん》

維新《いしん》の英才《えいさい》を育《そだ》てる

幕末《ばくまつ》の長州藩士《ちょうしゅうはんし》で思想家《しそうか》。おさないころから西洋兵学《せいようへいがく》を学《まな》び、のちに佐久間象山《さくましょうざん》のもとで洋学《ようがく》を学《まな》んで攘夷《じょうい》の立場《たちば》をとる。叔父《おじ》の松下村塾《しょうかそんじゅく》を引《ひ》き継《つ》ぎ、明治維新《めいじいしん》で活躍《かつやく》した高杉晋作《たかすぎしんさく》、伊藤博文《いとうひろぶみ》など多《おお》くの人材《じんざい》を育《そだ》てるが、安政《あんせい》の大《たい》獄《ごく》でつかまって投獄《とうごく》され、その後刑死《ごけいし》した。

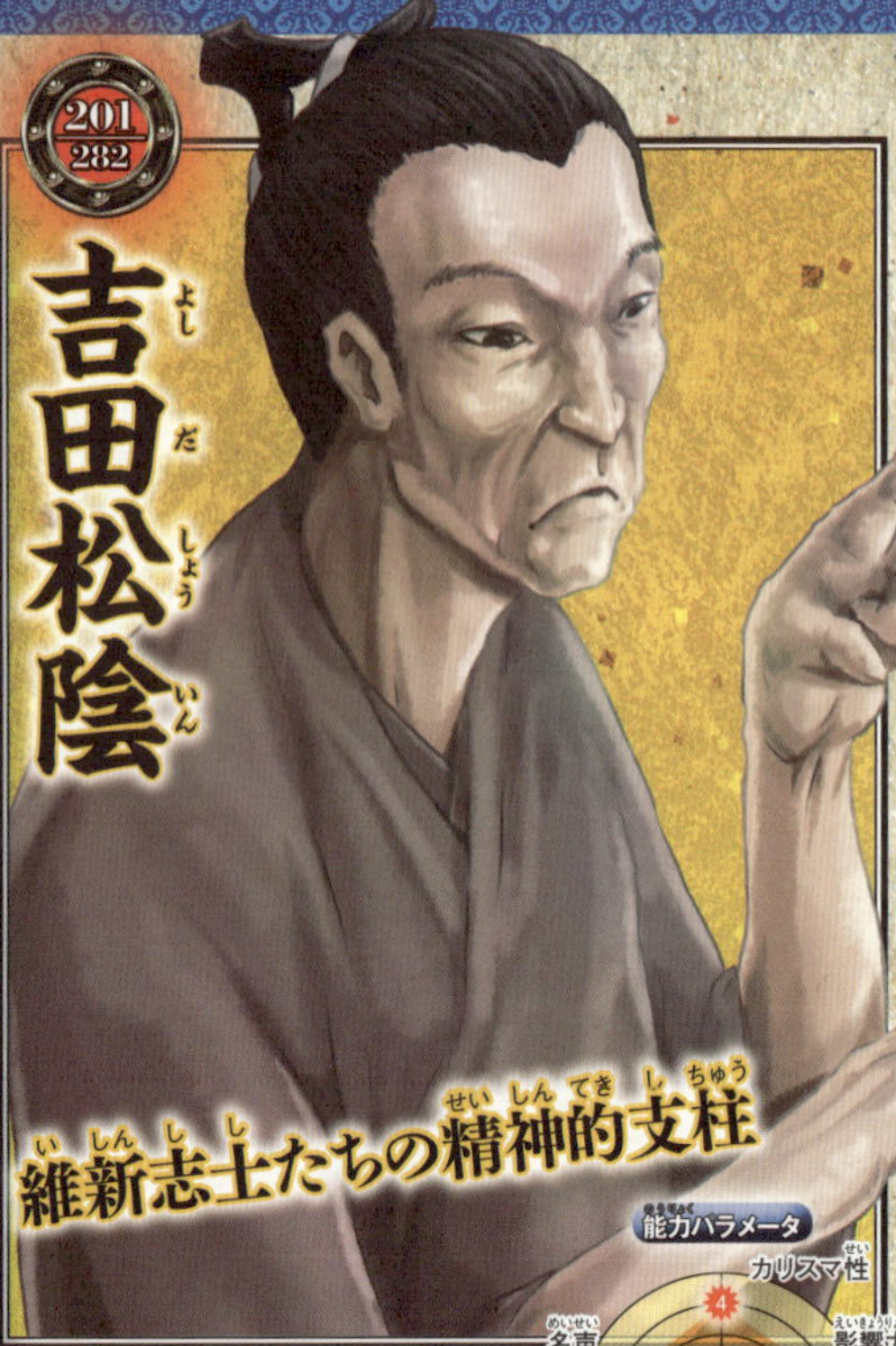

維新志士《いしんしし》たちの精神的支柱《せいしんてきしちゅう》

イラスト●合間太郎《あいまたろう》

出身	長門国《ながとのくに》
生没《せいぼつ》	1830年《ねん》9月《がつ》20日《か》～1859年《ねん》11月《がつ》21日《にち》
重要度	70%

能力パラメータ

歴史《れきし》のウラ側《がわ》　維新《いしん》の思想《しそう》を育《そだ》てた松下村塾《しょうかそんじゅく》

叔父《おじ》の玉木文之進《たまきぶんのしん》が設立《せつりつ》した私塾《しじゅく》を引《ひ》き継《つ》いで、吉田松陰《よしだしょういん》が主宰《しゅさい》したのが松下村塾《しょうかそんじゅく》である。松陰《しょういん》は身分《みぶん》や階級《かいきゅう》にまったくとらわれず塾生《じゅくせい》をうけ入《い》れたため、周辺《しゅうへん》から多《おお》くの英才《えいさい》があつまった。塾《じゅく》では武士《ぶし》の心構《こころがま》えや剣術《けんじゅつ》を教《おし》え、いっしょに農作業《のうさぎょう》をおこなうなど、わずか２年近《ねんちか》くの指導《しどう》だったが、明治維新《めいじいしん》の原動力《げんどうりょく》となり、明《めい》治新政府《じしんせいふ》で活躍《かつやく》した多《おお》くの人材《じんざい》を育《そだ》てた。

松下村塾《しょうかそんじゅく》

あまり広《ひろ》くない学《まな》び舎《や》に大勢《おおぜい》の逸材《いつざい》があつまった松下村塾《しょうかそんじゅく》

202/282

徳《とく》川《がわ》家《いえ》定《さだ》

凡庸《ぼんよう》と評《ひょう》された病弱将軍《びょうじゃくしょうぐん》

出身《しゅっしん》　江戸《えど》

生没《せいぼつ》　1824年《ねん》5月《がつ》6日《か》～1858年《ねん》8月《がつ》14日《か》

重要度《じゅうようど》　20%

ハリスと江戸城《えどじょう》で会見《かいけん》

江戸幕府第《えどばくふだい》13代将軍《だいしょうぐん》。正室《せいしつ》は天璋院篤姫《てんしょういんあつひめ》。おさないころから病弱《びょうじゃく》で、天然痘《てんねんとう》の影響《えいきょう》で顔《かお》にあばたが多《おお》く、人《ひと》に会《あ》うのをひじょうに嫌《きら》ったという。それでも将軍《しょうぐん》になると米《べい》国総領事《こくそうりょうじ》のハリスと江戸《えど》城《じょう》で会見《かいけん》するなど公務《こうむ》をこなしたが、年々病状《ねんねんびょうじょう》が悪化《あっか》し、後継者《こうけいしゃ》を指名《しめい》した翌日《よくじつ》に死去《しきょ》した。

イラスト●神矢柊《かみやしゅう》

203/282

徳《とく》川《がわ》家《いえ》茂《もち》

才能《さいのう》をしめすも早《はや》すぎた死《し》

出身《しゅっしん》　紀伊国《きいのくに》

生没《せいぼつ》　1846年《ねん》7月《がつ》17日《にち》～1866年《ねん》8月《がつ》29日《にち》

重要度《じゅうようど》　30%

将軍《しょうぐん》の資質《ししつ》は高《たか》かった

御三家《ごさんけ》の紀州藩主《きしゅうはんしゅ》だったが、大老《たいろう》・井伊直弼《いいなおすけ》らにおされ、わずか13歳《さい》で江戸幕府第《えどばくふだい》14代将軍《だいしょうぐん》に就《しゅう》任《にん》した。公武合体策《こうぶがったいさく》として孝明天皇《こうめいてんのう》の妹《いもうと》・和宮《かずのみや》と結婚《けっこん》。政略結婚《せいりゃくけっこん》だったが夫婦仲《ふうふなか》はとてもよかったという。将軍《しょうぐん》としての資《し》質《しつ》も高《たか》かったが、長州征《ちょうしゅうせい》伐中《ばっちゅう》にわずか20歳《さい》の若《わか》さで病没《びょうぼつ》した。

イラスト●圓《つぶら》マルオ

204
282

篤《あつ》姫《ひめ》

将軍《しょうぐん》の正室《せいしつ》として徳川《とくがわ》を守《まも》る

イラスト●きさらぎ

出《しゅっ》身《しん》	薩摩国《さつまのくに》
生《せい》没《ぼつ》	1837年《ねん》1月《がつ》25日《にち》～1883年《ねん》11月《がつ》12日《にち》
重要度《じゅうようど》	40%

能力《のうりょく》パラメータ

実家《じっか》と幕府《ばくふ》の板《いた》ばさみ

今和泉島津家《いまいずみしまづけ》に生《う》まれ、島《しま》津斉彬《づなりあきら》の養女《ようじょ》となり、13代将《だいしょう》軍《ぐん》の徳川家定《とくがわいえさだ》の正室《せいしつ》となる。家定《いえさだ》が亡《な》くなると、出家《しゅっけ》して天璋院《てんしょういん》を名乗《なの》った。幕府《ばくふ》が大《たい》政奉還《せいほうかん》したのち、父《ちち》の部下《ぶか》で倒幕軍《とうばくぐん》を指揮《しき》する西郷隆盛《さいごうたかもり》に書状《しょじょう》をおくり、徳川家《とくがわけ》の救済《きゅうさい》をうったえ、江戸城《えどじょう》の無血開《むけつかい》城《じょう》を前《まえ》に大奥《おおおく》をしりぞいた。

ペリーから献上《けんじょう》されたミシン

ミシンは明治時代《めいじじだい》に普及《ふきゅう》しはじめ、1921年《ねん》には日本発《にほんはつ》の国産《こくさん》ミシンが誕生《たんじょう》した

ブラザー工業提供《こうぎょうていきょう》

衝撃《しょうげき》スクープ!

日本《にほん》ではじめてミシンを使《つか》った天璋院篤姫《てんしょういんあつひめ》

日本《にほん》にミシンが伝《つた》わった経緯《けいい》はいろいろな説《せつ》があるが、黒船《くろふね》をひきいたペリーが篤姫《あつひめ》にプレゼントしたミシンが最《さい》初《しょ》というのが有力《ゆうりょく》。篤姫《あつひめ》はミシンを上《じょう》手《ず》に使《つか》いこなしたという

205/282

和宮《かずのみや》

イラスト●まっつん！

徳川家《とくがわけ》の一員《いちいん》にこだわった皇女《こうじょ》

出《しゅつ》身《しん》	山城国《やましろのくに》
生《せい》没《ぼつ》	1846年《ねん》7月《がつ》3日《か》～1877年《ねん》9月《がつ》2日《か》
重要度《じゅうようど》	30%

能力《のうりょく》パラメータ

政略結婚《せいりゃくけっこん》で江戸《えど》へ

孝明天皇《こうめいてんのう》の妹《いもうと》で14代将軍《だいしょうぐん》・徳川家茂《とくがわいえもち》の正室《せいしつ》。朝廷《ちょうてい》の立場《たちば》を考《かんが》え、いやいやながら将軍《しょうぐん》との結婚《けっこん》を承諾《しょうだく》した。家茂《いえもち》との夫婦仲《ふうふなか》はよかったというが、姑《しゅうとめ》にあたる篤姫《あつひめ》とは対《たい》立《りつ》したといわれている。鳥羽《とば》伏見《ふしみ》の戦《たたか》いで幕府《ばくふ》が朝敵《ちょうてき》となって以降《いこう》は、徳川家《とくがわけ》の名誉回《めいよかい》復《ふく》にほんそうした。

徳川家茂肖像《とくがわいえもちしょうぞう》

徳川家茂《とくがわいえもち》と和宮《かずのみや》は、ひじょうに仲《なか》むつまじかったという

歴史《れきし》のウラ側《がわ》

公武合体《こうぶがったい》の象徴《しょうちょう》だった和宮内親王《かずのみやないしんのう》

和宮《かずのみや》が将軍家《しょうぐんけ》にとついだのは「公武合体《こうぶがったい》」をするためのものだった。幕末《ばくまつ》、日本沿岸《にほんえんがん》に外国船《がいこくせん》がたびたびおとずれ、開国《かいこく》を要求《ようきゅう》した。もはや江戸幕府《えどばくふ》だけで立《た》ちむかうのはむずかしく、朝《ちょう》廷《てい》（公《おおやけ》）と幕府《ばくふ》（武《ぶ》）で難題《なんだい》にあたろうとした。これが公武合体《こうぶがったい》である。そこにはまた、朝廷《ちょうてい》と協力《きょうりょく》することで、権威《けんい》が弱《よわ》まった幕府《ばくふ》を立《た》てなおそうとする幕府側《ばくふがわ》の思惑《おもわく》もあった。

歴史《れきし》の転換点《てんかんてん》 その7

開国《かいこく》をせまったアメリカに幕府《ばくふ》はどうした？

黒《くろ》船《ふね》来《らい》航《こう》

この出来事《できごと》が起《お》きた年《とし》

1853年《ねん》

伊豆大島《いずおおしま》のような船《ふね》！

1853年《ねん》、アメリカのペリーひきいる4隻《せき》の黒船《くろふね》が浦賀《うらが》にあらわれた。当時《とうじ》の世界最新鋭《せかいさいしんえい》の船《ふね》ではなかったが、それでも日本最大《にほんさいだい》の船《ふね》の20倍以上《ばいいじょう》の大《おお》きさで、「伊豆大島《いずおおしま》のような巨大《きょだい》な船《ふね》」という人《ひと》もいたそうだ。

ペリーは鎖国《さこく》をおこなっていた日本《にほん》に開国《かいこく》をせまり、幕府《ばくふ》にアメリカ大統領《だいとうりょう》の親書《しんしょ》をわたした。しかし、幕府《ばくふ》もいきなりの要求《ようきゅう》にすぐに返事《へんじ》ができない。そこで返事《へんじ》まで1年《ねん》の猶予《ゆうよ》をもらい、ひとまず開国《かいこく》の危機《きき》を脱《だっ》したのだった。

幕府《ばくふ》の権威《けんい》が地《ち》に落《お》ちる

なぜアメリカは日本《にほん》に開国《かいこく》を要求《ようきゅう》したのか？　当時《とうじ》のアメリカは食料《しょくりょう》と油《あぶら》にするクジラを太《たい》平洋《へいよう》でとっていた。そのため捕《ほ》鯨船《げいせん》の寄港地《きこうち》をさがしており、ちょうどいい場所《ばしょ》が日本《にほん》だった。さらに今後《こんご》、中国《ちゅうごく》（清《しん》）と貿易《ぼうえき》をしていくうえでも日本《にほん》を開国《かいこく》しておきたかったのだ。

この異例《いれい》の事態《じたい》をうけ、幕府《ばくふ》は朝廷《ちょうてい》や大名《だいみょう》の意見《いけん》も聞《き》いて結《けつ》論《ろん》を出《だ》そうとした。しかし、幕《ばく》府《ふ》のこうした弱腰《よわごし》な態度《たいど》は、幕《ばく》府《ふ》の権威《けんい》を落《お》とすことになった。

その半年後《はんとしご》、ペリーは7隻《せき》の黒船《くろふね》を引《ひ》きつれ、ふたたび日本《にほん》にやってきた。期限《きげん》の約束《やくそく》が守《まも》られずあせった幕府《ばくふ》はやむをえず開国《かいこく》し、日米和親条約《にちべいわしんじょうやく》をむすんで下田《しもだ》と箱館《はこだて》を開港《かいこう》した。

関連《かんれん》する人物《じんぶつ》

206
282

マシュー・ペリー

アメリカ海軍軍人《かいぐんぐんじん》。海軍《かいぐん》の英雄《えいゆう》と呼《よ》ばれた兄《あに》の影響《えいきょう》で14歳《さい》で海軍《かいぐん》士官候補生《しかんこうほせい》になる。アメリカ海軍《かいぐん》の蒸気船導入《じょうきせんどうにゅう》に尽力《じんりょく》して「蒸気海《じょうきかい》軍《ぐん》の父《ちち》」と呼《よ》ばれ、メキシコ戦争《せんそう》では艦隊司令長官《かんたいしれいちょうかん》となり、蒸気船《じょうきせん》をひきいて勝利《しょうり》に貢献《こうけん》。その後《ご》、東《ひがし》インド艦隊司令長官《かんたいしれいちょうかん》として開国《かいこく》交渉《こうしょう》のため日本《にほん》へむかうよう命令《めいれい》をうける。

生《せい》　没《ぼつ》▶　1794年《ねん》4月《がつ》10日《か》～1858年《ねん》3月《がつ》4日《か》

イラスト●奥田《おくだ》みき

ポイント!

開国《かいこく》してむすばれた不平等《ふびょうどう》な条約《じょうやく》

日米和親条約《にちべいわしんじょうやく》が締結《ていけつ》されて開港《かいこう》した下田《しもだ》に総領事《そうりょうじ》としてやってきたのはハリスである。ハリスは日本《にほん》とのあいだの自由貿易《じゆうぼうえき》を求《もと》め、幕府《ばくふ》との交渉《こうしょう》のすえに日《にち》米修好通商条約《べいしゅうこうつうしょうじょうやく》をむすぶことに成功《せいこう》した。この条約《じょうやく》は日本《にほん》がアメリカなど外国相手《がいこくあいて》にとても不《ふ》利《り》になるものだったため、明治《めいじ》維新後《いしんご》、新政府《しんせいふ》はこの条約《じょうやく》の改《かい》正《せい》を外交《がいこう》の最優先課題《さいゆうせんかだい》とした。

●巨大《きょだい》な黒船《くろふね》を見《み》るため、浦賀《うらが》には大勢《おおぜい》の人《ひと》があつまったという

4種類《しゅるい》の黒船《くろふね》

船《ふね》の名前《なまえ》	概要《がいよう》
サスケハナ号《ごう》	名前《なまえ》はアメリカ原住民《げんじゅうみん》の言葉《ことば》で「広《ひろ》く深《ふか》い川《かわ》」を意味《いみ》する
ミシシッピ号《ごう》	ペリーがひきいる西《にし》インド艦隊《かんたい》の旗艦《きかん》をつとめた戦艦《せんかん》
サラトガ号《ごう》	東《ひがし》インド艦隊《かんたい》に所属《しょぞく》し、アメリカの南北戦争《なんぼくせんそう》でも活躍《かつやく》した
プリマス号《ごう》	日本《にほん》に来航《らいこう》したのち、アメリカで練習船《れんしゅうせん》として使用《しよう》された

207
282

井伊直弼《いいなおすけ》

開国《かいこく》を判断《はんだん》した幕府《ばくふ》の大老《たいろう》

独断《どくだん》で条約《じょうやく》を締結《ていけつ》

江戸幕府《えどばくふ》の大老《たいろう》。攘夷派《じょういは》から反対《はんたい》されるなか、日米修好《にちべいしゅうこう》通商条約《つうしょうじょうやく》を独断《どくだん》で締結《ていけつ》し、朝《ちょう》廷《てい》と幕府《ばくふ》の関係《かんけい》を悪化《あっか》させた。強権的《きょうけんてき》な姿勢《しせい》をとり、吉《よし》田松陰《だしょういん》など過激《かげき》な攘夷派《じょういは》を弾《だん》圧《あつ》したり処刑《しょけい》（安政《あんせい》の大獄《たいごく》）したりしたため、水戸《みと》の脱藩《だっぱん》浪士《ろうし》らに桜田門《さくらだもん》で暗殺《あんさつ》された（桜田門外《さくらだもんがい》の変《へん》）。

出身《しゅっしん》	近江国《おうみのくに》
生没《せいぼつ》	1815年《ねん》11月《がつ》29日《にち》～1860年《ねん》3月《がつ》24日《ひ》
重要度《じゅうようど》	60%

能力《のうりょく》パラメータ

歴史《れきし》のウラ側《がわ》　壮絶《そうぜつ》な最期《さいご》をとげた桜田門外《さくらだもんがい》の変《へん》

1860年《ねん》3月《がつ》、井伊直弼《いいなおすけ》は江戸城《えどじょう》でひらかれる桃《もも》の節句《せっく》に出席《しゅっせき》するため、午前《ごぜん》9時《じ》ごろ駕籠《かご》に乗《の》って屋敷《やしき》を出発《しゅっぱつ》。桜田門外《さくらだもんがい》にさしかかったとき、1発《ぱつ》の銃声《じゅうせい》がなりひびき、18人《にん》の浪士《ろうし》が直弼《なおすけ》めがけておそいかかった。直弼《なおすけ》はめった刺《ざ》しにされ、銃弾《じゅうだん》の的《まと》にもされて惨殺《ざんさつ》された。江戸城《えどじょう》のすぐそばでの暗殺劇《あんさつげき》だったため、警備《けいび》をおろそかにした幕府《ばくふ》の面子《めんつ》は丸《まる》つぶれとなった。

桜田門《さくらだもん》

暗殺《あんさつ》された井伊直弼《いいなおすけ》の屋敷《やしき》は桜《さくら》田門《だもん》の西《にし》500mほどのところにあった

208/282

徳《とく》川《がわ》慶《よし》喜《のぶ》

幕府《ばくふ》の幕引《まくひ》き役《やく》となった最後《さいご》の将軍《しょうぐん》

イラスト●ナチコ

出身	江戸《えど》
生没	1837年10月28日～1913年11月22日
重要度	70%

能力《のうりょく》パラメータ

大政奉還《たいせいほうかん》を宣言《せんげん》

尊皇攘夷派《そんのうじょういは》で一橋派《ひとつばしは》トップの水戸藩主《みとはんしゅ》・徳川斉昭《とくがわなりあき》の子《こ》。江戸幕府《えどばくふ》の要職《ようしょく》を歴任《れきにん》したあと、15代将軍《だいしょうぐん》に就任《しゅうにん》。薩長諸《さっちょうしょ》藩《はん》による倒幕《とうばく》を回避《かいひ》するため大政奉還《たいせいほうかん》を宣言《せんげん》し、政治《せいじ》の実権《じっけん》を守《まも》ろうとした。しかし戊《ぼ》辰戦争《しんせんそう》に敗北《はいぼく》して新政府《しんせいふ》にしたがい、隠居《いんきょ》して余生《よせい》をすごした。

幕末《ばくまつ》の啓蒙思想家《けいもうしそうか》・西周《にしあまね》

オランダ留学《りゅうがく》のあと幕府《ばくふ》につかえ、徳川慶喜《とくがわよしのぶ》にフランス語《ご》を教《おし》えた

歴史《れきし》のウラ側《がわ》　ヨーロッパに精通《せいつう》していた最後《さいご》の将軍《しょうぐん》

徳川慶喜《とくがわよしのぶ》は将軍時代《しょうぐんじだい》、幕臣《ばくしん》で啓蒙思想家《けいもうしそうか》の西周《にしあまね》からフランス語《ご》をならっていた。いそがしかったため途中《とちゅう》で勉強《べんきょう》は断念《だんねん》したが、その後《ご》も慶喜《よしのぶ》はフランスとは縁《えん》が深《ふか》く、フランス公使《こうし》の仲介《ちゅうかい》でフランスから援助《えんじょ》をうけて横須賀《よこすか》に製鉄所《せいてつじょ》や造船所《ぞうせんじょ》を設立《せつりつ》し、西洋式《せいようしき》の軍制改革《ぐんせいかいかく》をおこなった。また、弟《おとうと》をパリ万国博覧会《ばんこくはくらんかい》に派遣《はけん》するなど、幕臣《ばくしん》らのヨーロッパ留学《りゅうがく》を奨励《しょうれい》した。

超重要人物《ちょうじゅうようじんぶつ》ファイル！

No.020

幕《ばく》末《まつ》に活《かつ》躍《やく》した新《しん》撰《せん》組《ぐみ》

幕《ばく》府《ふ》側《がわ》の戦《せん》力《りょく》として最《さい》後《ご》まで戦《たたか》った新《しん》撰《せん》組《ぐみ》の主《しゅ》要《よう》人《じん》物《ぶつ》！

新《しん》撰《せん》組《ぐみ》組《そ》織《しき》図《ず》

局長《きょくちょう》・近藤勇《こんどういさみ》

参謀《さんぼう》・伊東甲子太郎《いとうかしたろう》

副長《ふくちょう》・土方歳三《ひじかたとしぞう》

勘定方《かんじょうかた》

副長助勤《ふくちょうじょきん》

諸士取調兼監察《しょしとりしらべけんかんさつ》

一番隊《いちばんたい》・沖田総司《おきたそうじ》

二番隊《にばんたい》・永倉新八《ながくらしんぱち》

三番隊《さんばんたい》・斎藤一《さいとうはじめ》

四番隊《よんばんたい》・松原忠司《まつばらちゅうじ》

五番隊《ごばんたい》・武田観柳斎《たけだかんりゅうさい》

六番隊《ろくばんたい》・井上源三郎《いのうえげんざぶろう》

七番隊《ななばんたい》・谷三十郎《たにさんじゅうろう》

八番隊《はちばんたい》・藤堂平助《とうどうへいすけ》

九番隊《きゅうばんたい》・鈴木三樹三郎《すずきみきさぶろう》

十番隊《じゅうばんたい》・原田左之助《はらださのすけ》

伍長《ごちょう》（20人《にん》）

平隊士《ひらたいし》

新撰組局長《しんせんぐみきょくちょう》として幕府《ばくふ》につくす

209/282

近《こん》藤《どう》勇《いさみ》

生《せい》 没《ぼつ》▶ 1834年《ねん》11月《がつ》9日《か》～1868年《ねん》5月《がつ》17日《にち》

新撰組《しんせんぐみ》の局長《きょくちょう》。京《きょう》で長州《ちょうしゅう》と土佐《とさ》の尊皇攘夷《そんのうじょうい》志士《いしし》を襲撃《しゅうげき》した池田屋事件《いけだやじけん》で名《な》をあげ、幕臣《ばくしん》として将軍《しょうぐん》につかえた。戊辰戦争《ぼしんせんそう》では「甲陽鎮撫隊《こうようちんぶたい》」を結成《けっせい》して隊長《たいちょう》となり、甲州《こうしゅう》（山梨県《やまなしけん》）に出兵《しゅっぺい》するがやぶれ、最後《さいご》は新政府軍《しんせいふぐん》に出頭《しゅっとう》して処刑《しょけい》された。

イラスト●塩花《しおはな》

210/282 土方歳三《ひじかたとしぞう》

みんなにおそれられた新撰組《しんせんぐみ》・鬼《おに》の副長《ふくちょう》

生没《せいぼつ》▶1835年《ねん》5月《がつ》31日《にち》～1869年《ねん》6月《がつ》20日《か》

新撰組《しんせんぐみ》の副長《ふくちょう》で、局長《きょくちょう》の近藤勇《こんどういさみ》の右腕《みぎうで》。部下《ぶか》に厳格《げんかく》な決《き》まりをもうけたため、鬼《おに》の副長《ふくちょう》とおそれられた。鳥羽《とば》・伏見《ふしみ》の戦《たたか》いでは、新撰組《しんせんぐみ》をひきいて新政府軍《しんせいふぐん》と戦《たたか》い敗北《はいぼく》。江戸《えど》で再起《さいき》をはかるが、近藤《こんどう》が新政府軍《しんせいふぐん》に投降《とうこう》して処刑《しょけい》される。土方《ひじかた》はその後《ご》も新政府軍《しんせいふぐん》と戦《たたか》い、最期《さいご》は箱館戦争《はこだてせんそう》で戦死《せんし》する。

イラスト●桐矢隆《きりやたかし》

211/282 沖田総司《おきたそうじ》

剣《けん》をとったら最強《さいきょう》の天才剣士《てんさいけんし》

生没《せいぼつ》▶1842年《ねん》？～1868年《ねん》7月《がつ》19日《にち》

新撰組《しんせんぐみ》の一番隊隊長《いちばんたいたいちょう》にして、最強《さいきょう》とうたわれた剣士《けんし》。天然理心流道場《てんねんりしんりゅうどうじょう》の塾頭《じゅくとう》をつとめ、北辰一刀流《ほくしんいっとうりゅう》の免許皆伝《めんきょかいでん》という剣《けん》の達人《たつじん》。要人《ようじん》の暗殺《あんさつ》や池田屋事件《いけだやじけん》で活躍《かつやく》したが、結核《けっかく》が原因《げんいん》で鳥羽《とば》・伏見《ふしみ》の戦《たたか》いに参加《さんか》できず、江戸《えど》にもどって療養《りょうよう》するが症状《しょうじょう》が悪化《あっか》し、わずか26歳《さい》でこの世《よ》をさる。

イラスト●きさらぎ

新撰組《しんせんぐみ》にはすぐに入《はい》れた？

規律《きりつ》（局中法度《きょくちゅうはっと》）がひじょうにきびしかった新撰組《しんせんぐみ》だが、入隊《にゅうたい》はそれほどむずかしくなかった。身分制限《みぶんせいげん》や実技試験《じつぎしけん》もなく、「尽忠報国《じんちゅうほうこく》」と呼《よ》ばれた志《こころざし》（忠誠心《ちゅうせいしん》）と、心身《しんしん》が健康《けんこう》であればすぐに入隊《にゅうたい》できた。ただ、新撰組《しんせんぐみ》は男子《だんし》のみの合宿制《がっしゅくせい》で、既婚者《きこんしゃ》は妻子《さいし》をはなれた場所《ばしょ》に住《す》まわせなければならなかった。

●京都《きょうと》・壬生《みぶ》にあった新撰組《しんせんぐみ》の屯所《とんしょ》あと

212/282

阿《あ》部《べ》正《まさ》弘《ひろ》

安政《あんせい》の改革《かいかく》をおこなった老中《ろうじゅう》

出身《しゅっしん》 江戸《えど》

生没《せいぼつ》 1819年《ねん》12月《がつ》3日《か》～1857年《ねん》8月《がつ》6日《か》

重要度《じゅうようど》 40%

イラスト●安采《あんざい》サチエ

大胆《だいたん》な人材登用《じんざいとうよう》

福山藩《ふくやまはん》7代藩主《だいはんしゅ》で、12代将軍《だいしょうぐん》・家慶《いえよし》と13代将軍《だいしょうぐん》・家定《いえさだ》の代《だい》に老中《ろうじゅう》の首座《しゅざ》となり、幕政《ばくせい》の中心人物《ちゅうしんじんぶつ》となった。ペリー来航《らいこう》やアヘン戦争《せんそう》の勃発《ぼっぱつ》で、外国《がいこく》の脅威《きょうい》が日本《にほん》にせまり、海防強化《かいぼうきょうか》が求《もと》められるなか、安政《あんせい》の改革《かいかく》と呼《よ》ばれる制度改革《せいどかいかく》にとりくんで、大胆《だいたん》な人材登用《じんざいとうよう》をおこなった。

213/282

堀《ほっ》田《た》正《まさ》睦《よし》

だれよりも開国《かいこく》につくした老中《ろうじゅう》

出身《しゅっしん》 江戸《えど》

生没《せいぼつ》 1810年《ねん》8月《がつ》30日《にち》～1864年《ねん》4月《がつ》26日《にち》

重要度《じゅうようど》 40%

イラスト●Natto-7

ハリスと外交交渉《がいこうこうしょう》

幕末《ばくまつ》の佐倉藩主《さくらはんしゅ》で、11代将軍《だいしょうぐん》・徳川家斉《とくがわいえなり》の没後《ぼつご》に老中《ろうじゅう》に就任《しゅうにん》する。天保《てんぽう》の改革《かいかく》に失敗《しっぱい》して老中《ろうじゅう》を辞職《じしょく》するが、ペリー来航《らいこう》後《ご》に復帰《ふっき》。ハリスが日米《にちべい》修好通商条約《しゅうこうつうしょうじょうやく》の調印《ちょういん》を求《もと》めると開国《かいこく》を決意《けつい》し、朝廷《ちょうてい》のゆるしをえるため上洛《じょうらく》するが失敗《しっぱい》した。その後《ご》、徳川慶喜《とくがわよしのぶ》の擁立《ようりつ》に失敗《しっぱい》して幕府《ばくふ》をさった。

214/282

ジョン万《まん》次《じ》郎《ろう》

日米和親条約締結《にちべいわしんじょうやくていけつ》の功労者《こうろうしゃ》

イラスト●橋本鳩《はしもとはと》

出身《しゅっしん》	土佐国《とさのくに》
生没《せいぼつ》	1827年《ねん》1月《がつ》27日《にち》～1898年《ねん》11月《がつ》12日《にち》
重要度《じゅうようど》	50%

能力パラメータ

海《うみ》で遭難《そうなん》してアメリカへ

土佐《とさ》の漁師《りょうし》の家《いえ》に生《う》まれ、14歳《さい》のときに海《うみ》で遭難《そうなん》して無《む》人島生活《じんとうせいかつ》をおくっていたが、そのときにアメリカの捕鯨船《ほげいせん》にたすけられてアメリカ本土《ほんど》にわたる。そこで英語《えいご》、数学《すうがく》、測量《そくりょう》、造船《ぞうせん》、航海術《こうかいじゅつ》などを学《まな》んで帰国《きこく》。幕府《ばくふ》の通訳《つうやく》などをつとめて、のちに海外使節団《かいがいしせつだん》でも活躍《かつやく》した。

咸臨丸《かんりんまる》(復元《ふくげん》)

1860年《ねん》、日米修好通商条約《にちべいしゅうこうつうしょうじょうやく》の書類《しょるい》をわたすため、勝海舟《かつかいしゅう》とともに咸臨丸《かんりんまる》で渡米《とべい》した

衝撃《しょうげき》スクープ！

ジョン万《まん》次《じ》郎《ろう》は軍艦《ぐんかん》の知識《ちしき》もスゴかった!?

アメリカで航海術《こうかいじゅつ》や造船《ぞうせん》を学《まな》んだ万次《まんじ》郎《ろう》は、帰国後《きこくご》、通訳《つうやく》のかたわら軍艦操《ぐんかんそう》練所《れんじょ》の教授《きょうじゅ》もつとめた。使節団《しせつだん》のひとりとして軍艦《ぐんかん》・咸臨丸《かんりんまる》でアメリカにわたる際《さい》には、操縦《そうじゅう》も手伝《てつだ》った。

超重要人物《ちょうじゅうようじんぶつ》ファイル!

No.021

幕《ばく》末《まつ》の名《めい》君《くん》

全《ぜん》国《こく》各《かく》地《ち》で人《じん》民《みん》のために力《ちから》をつくした君《くん》主《しゅ》たち

維新志士《いしんしし》にしたわれた幕末《ばくまつ》の賢君《けんくん》

215/282 島《しま》津《づ》斉《なり》彬《あきら》

生《せい》 没《ぼつ》▶ 1809年《ねん》11月《がつ》5日《か》~1858年《ねん》8月《がつ》24日《か》

薩摩藩《さつまはん》11代藩主《だいはんしゅ》。家督争《かとくあらそ》いのすえに藩主《はんしゅ》となると、巨額《きょがく》の借金《しゃっきん》にくるしんでいた薩摩藩《さつまはん》の立《た》てなおしをはかり、富国強兵《ふこくきょうへい》にもつとめて、洋式造船《ようしきぞうせん》や溶鉱炉《ようこうろ》を建設《けんせつ》した。また、西郷隆盛《さいごうたかもり》や大久保利通《おおくぼとしみち》を登用《とうよう》し、朝廷《ちょうてい》の政治《せいじ》にもかかわった。

イラスト●天辰公瞭《あまたつさとあき》

あつい忠義心《ちゅうぎしん》で幕府《ばくふ》につかえた

216/282 松《まつ》平《だいら》容《かた》保《もり》

生《せい》 没《ぼつ》▶ 1836年《ねん》2月《がつ》15日《にち》~1893年《ねん》12月《がつ》5日《か》

第《だい》9代《だい》会津《あいづ》藩主《はんしゅ》。京《きょう》の治安悪化《ちあんあっか》により、新《あら》たにもうけられた「京都守護職《きょうとしゅごしょく》」に就任《しゅうにん》して上洛《じょうらく》。京都《きょうと》の治安維持《ちあんいじ》にあたり、倒幕派《とうばくは》を摘発《てきはつ》して長州藩《ちょうしゅうはん》から敵視《てきし》された。その後《ご》、戊辰戦争《ぼしんせんそう》で新政府《しんせいふ》から朝敵《ちょうてき》とみなされ、会津《あいづ》が総攻撃《そうこうげき》をうけた。

イラスト●麻亜沙《まあさ》

坂本龍馬《さかもとりょうま》とも
会《あ》った越前《えちぜん》の名君《めいくん》

217/282

松平慶永《まつだいらよしなが》

生《せい》　没《ぼつ》▶1828年《ねん》10月《がつ》10日《か》～1890年《ねん》6月《がつ》2日《か》

徳川吉宗《とくがわよしむね》の孫《まご》で、11歳《さい》で福井《ふくい》藩主《はんしゅ》となり、革新的《かくしんてき》な藩政改革《はんせいかいかく》をすすめた名君《めいくん》。過激《かげき》な尊皇攘夷派《そんのうじょういは》だったが、攘夷《じょうい》は不可能《ふかのう》とさとって開国派《かいこくは》にてんじた。その後《ご》、幕政《ばくせい》の改《かい》革《かく》にも乗《の》り出《だ》し、明治新政府《めいじしんせいふ》でも重職《じゅうしょく》を歴《れき》任《にん》し、徳川家《とくがわけ》の存続《そんぞく》にもつとめた。

イラスト●クニヨネ

218/282

島津久光《しまづひさみつ》

お騒《さわ》がせも多《おお》い
薩摩藩《さつまはん》の実力者《じつりょくしゃ》

生《せい》　没《ぼつ》▶1817年《ねん》12月《がつ》2日《か》～1887年《ねん》12月《がつ》6日《か》

島津斉彬《しまづなりあきら》の弟《おとうと》で、12代《だい》薩摩藩主《さつまはんしゅ》・島津忠義《しまづただよし》の父《ちち》。斉彬《なりあきら》の死後《しご》、国父《こくふ》として藩《はん》の実権《じっけん》をにぎり、京《きょう》や江戸《えど》で公武合体派《こうぶがったいは》として活躍《かつやく》。倒幕《とうばく》する気《き》がないのに幕政《ばくせい》を改革《かいかく》しようと軍《ぐん》をひきいて上京《じょうきょう》し、生麦事件《なまむぎじけん》を起《お》こすなど、人騒《ひとさわ》がせな行動《こうどう》も目立《めだ》った。

イラスト●zeNOx

幕末《ばくまつ》の時流《じりゅう》に
乗《の》り遅《おく》れた土佐藩主《とさはんしゅ》

219/282

山内豊信《やまうちとよしげ》

生《せい》　没《ぼつ》▶1827年《ねん》11月《がつ》27日《にち》～1872年《ねん》7月《がつ》26日《にち》

幕末《ばくまつ》の土佐藩主《とさはんしゅ》で、革新派《かくしんは》の人材《じんざい》を採用《さいよう》して大胆《だいたん》な藩政改革《はんせいかいかく》を実施《じっし》。その後《ご》、幕政《ばくせい》にも参加《さんか》して公武合体運動《こうぶがったいうんどう》をすすめた。名君《めいくん》とされるが、時流《じりゅう》に乗《の》ろうとするあまり行《こう》動《どう》が一貫《いっかん》せず、土佐《とさ》の志士《しし》から「酔《よ》えば勤《きん》皇《のう》、覚《さ》めれば佐幕《さばく》」と揶揄《やゆ》された。

イラスト●霞《かすみ》

歴史《れきし》の
転換点《てんかんてん》
その8

新政府軍《しんせいふぐん》対《たい》幕府軍《ばくふぐん》

日本《にほん》を揺《ゆ》るがした悲劇《ひげき》の内戦《ないせん》・戊辰戦争《ぼしんせんそう》

この出来事《できごと》が起《お》きた年《とし》
1868年《ねん》～1869年《ねん》

薩摩《さつま》と長州《ちょうしゅう》の徳川《とくがわ》つぶし

1867年《ねん》、第《だい》15代将軍《だいしょうぐん》・徳《とく》川《がわ》慶喜《よしのぶ》は大政奉還《たいせいほうかん》をおこなった。しかし、政権《せいけん》が返上《へんじょう》されたことに不満《ふまん》をもつ旧幕府勢力《きゅうばくふせいりょく》は多《おお》く、徳川家《とくがわけ》を徹底的《てっていてき》につぶしたい長州《ちょうしゅう》・薩摩《さつま》を中心《ちゅうしん》とする新《しん》政府軍《せいふぐん》と武力衝突《ぶりょくしょうとつ》した。これが戊辰戦争《ぼしんせんそう》である。戊辰戦争《ぼしんせんそう》の発《ほっ》端《たん》は、京《きょう》でおこなわれた鳥羽《とば》・伏見《ふしみ》の戦《たたか》いである。この戦《たたか》いで新政府軍《しんせいふぐん》が天皇《てんのう》の直属軍《ちょくぞくぐん》をしめす「錦《にしき》の御旗《みはた》」をかかげると旧《きゅう》幕府軍《ばくふぐん》は動揺《どうよう》し、大将《たいしょう》の慶喜《よしのぶ》は江戸《えど》へと逃《に》げ帰《かえ》った。

新政府軍《しんせいふぐん》は慶喜《よしのぶ》を追《お》って、江《え》戸《ど》へと進軍《しんぐん》した。慶喜《よしのぶ》は天皇《てんのう》への反抗《はんこう》の意志《いし》がないことをしめし、勝海舟《かつかいしゅう》と西郷隆盛《さいごうたかもり》の会談《かいだん》によって江戸城《えどじょう》の無血開城《むけつかいじょう》が実現《じつげん》した。しかし、会津藩《あいづはん》は新政府《しんせいふ》をみとめようとせず、いぜんとして抵抗《ていこう》をつづけたのである。

そこで新政府軍《しんせいふぐん》は東北征伐《とうほくせいばつ》を開始《かいし》する。会津藩《あいづはん》を守《まも》りたいと、東北諸藩《とうほくしょはん》を中心《ちゅうしん》に反新政府同盟《はんしんせいふどうめい》も結成《けっせい》されたが、会津藩《あいづはん》が新政《しんせい》府軍《ふぐん》との激闘《げきとう》のすえに降伏《こうふく》。反《はん》新政府同盟《しんせいふどうめい》も各地《かくち》での戦《たたか》いにやぶれ、北海道《ほっかいどう》の箱館《はこだて》まで落《お》ちのびた。そして1869年《ねん》、五稜《ごりょう》郭《かく》の戦《たたか》いで新政府軍《しんせいふぐん》が勝利《しょうり》して戊辰戦争《ぼしんせんそう》はついに終結《しゅうけつ》。このあと明治天皇《めいじてんのう》が都《みやこ》を東京《とうきょう》にうつし、倒幕《とうばく》に功績《こうせき》があった薩長土《さっちょうど》肥《い》の出身者《しゅっしんしゃ》を中心《ちゅうしん》とした新政府《しんせいふ》が誕生《たんじょう》し、新《あら》たに明治時代《めいじじだい》の幕《まく》があいたのだった。

戊辰戦争略図《ぼしんせんそうりゃくず》

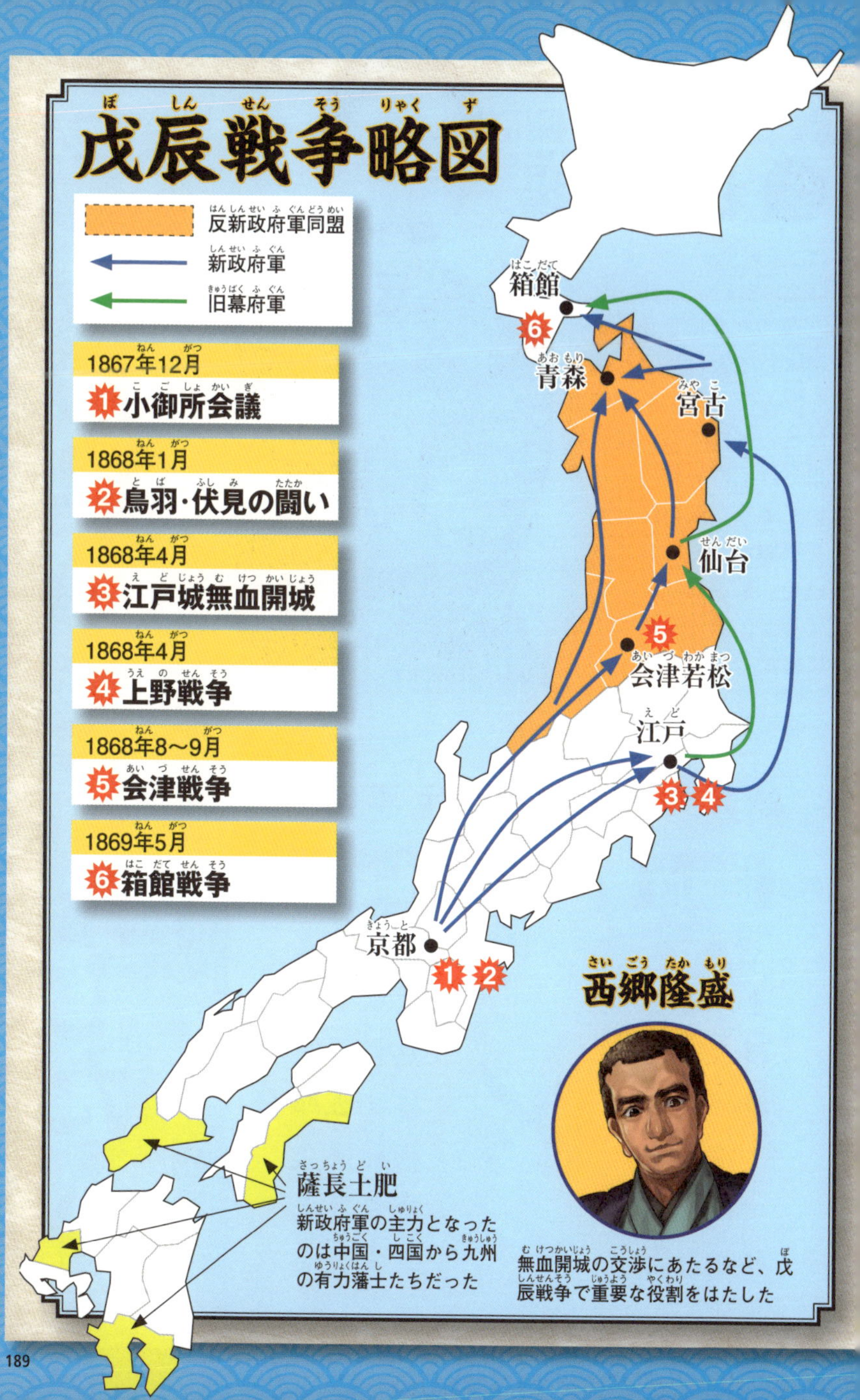

西郷隆盛《さいごうたかもり》

無血開城《むけつかいじょう》の交渉《こうしょう》にあたるなど、戊《ぼ》
辰戦争《しんせんそう》で重要《じゅうよう》な役割《やくわり》をはたした

超重要人物《ちょうじゅうようじんぶつ》ファイル！
No.022

戊辰戦争《ぼしんせんそう》で活躍《かつやく》した人々《ひとびと》

日本《にっぽん》の歴史《れきし》を大《おお》きく動《うご》かした明治維新《めいじいしん》のカギをにぎる人物《じんぶつ》たち！

蝦夷島政府《えぞしませいふ》の総裁《そうさい》になった軍艦長《ぐんかんちょう》

220/282

榎本武揚《えのもとたけあき》

生没《せいぼつ》▶ 1836年《ねん》10月《がつ》5日《か》～1908年《ねん》10月《がつ》26日《にち》

26歳《さい》のときにオランダへ留学《りゅうがく》して近代政治《きんだいせいじ》と軍事《ぐんじ》を学《まな》んで帰国《きこく》。幕府《ばくふ》の軍《ぐん》艦長《かんちょう》に就任《しゅうにん》する。戊辰戦《ぼしんせん》争《そう》では旧幕府艦隊《きゅうばくふかんたい》をひきいて戦《たたか》うが江戸無血開城《えどむけつかいじょう》を不服《ふふく》として北海道《ほっかいどう》へと逃走《とうそう》。蝦夷島政府《えぞしませいふ》を樹立《じゅりつ》するが、新政府軍《しんせいふぐん》の攻撃《こうげき》に降伏《こうふく》した。

イラスト●むなぁげ

新政府《しんせいふ》と旧幕府《きゅうばくふ》の主要人物《しゅようじんぶつ》

旧幕府《きゅうばくふ》	新政府《しんせいふ》
近藤《こんどう》　勇《いさみ》	西郷隆盛《さいごうたかもり》
土方歳三《ひじかたとしぞう》	坂本龍馬《さかもとりょうま》
榎本武揚《えのもとたけあき》	高杉晋作《たかすぎしんさく》
徳川慶喜《とくがわよしのぶ》	桂小五郎《かつらこごろう》
篤姫《あつひめ》	伊藤博文《いとうひろぶみ》
和宮《かずのみや》	岩倉具視《いわくらともみ》
井伊直弼《いいなおすけ》	三条実美《さんじょうさねとみ》

221
282

岩倉具視《いわくらともみ》

倒幕《とうばく》に貢献《こうけん》した
公家出身《くげしゅっしん》の謀略家《ぼうりゃくか》

生《せい》　没《ぼつ》▶1825年《ねん》10月《がつ》26日《にち》～1883年《ねん》7月《がつ》20日《か》

公家出身《くげしゅっしん》の政治家《せいじか》。おさないころから有能《ゆうのう》で、孝明天皇《こうめいてんのう》につかえるも公武合《こうぶがっ》体《たい》で尊皇攘夷派《そんのうじょういは》の反感《はんかん》をかって失脚《しっきゃく》。のちに大久保利通《おおくぼとしみち》らと王政復古《おうせいふっこ》のクーデターを起《お》こすと、新政府軍側《しんせいふぐんがわ》の最高《さいこう》位《い》について戊辰戦争《ぼしんせんそう》を戦《たたか》う。その後《ご》、岩倉使節団《いわくらしせつだん》として欧米諸国《おうべいしょこく》の文化《ぶんか》を学《まな》び、日本《にほん》の近代化《きんだいか》をすすめた。

イラスト●ナチコ

明治新政府《めいじしんせいふ》の
重職《じゅうしょく》をつとめた公卿《くぎょう》

222
282

三条実美《さんじょうさねとみ》

生《せい》　没《ぼつ》▶1837年《ねん》3月《がつ》13日《にち》～1891年《ねん》2月《がつ》18日《にち》

幕末《ばくまつ》は尊皇攘夷派《そんのうじょういは》の公卿《くぎょう》として長州藩《ちょうしゅうはん》とともに倒幕《とうばく》を計画《けいかく》したが、公武合体《こうぶがったい》派《は》のクーデターによって朝廷《ちょうてい》を追《お》われ、長州《ちょうしゅう》へと亡命《ぼうめい》する。王政復古《おうせいふっこ》のクーデターで表舞台《おもてぶたい》に復帰《ふっき》すると、戊辰戦争《ぼしんせんそう》でも活躍《かつやく》。新政府《しんせいふ》では右大臣《うだいじん》と太政大《だじょうだい》臣《じん》を歴任《れきにん》した。兼任《けんにん》で内閣総理大臣《ないかくそうりだいじん》をつとめたこともある。

イラスト●奥田《おくだ》みき

新撰組《しんせんぐみ》を有名《ゆうめい》にした池田屋事件《いけだやじけん》

1863年《ねん》、長州藩《ちょうしゅうはん》などの尊皇攘夷派志士《そんのうじょういはしし》は、御所《ごしょ》に火《ひ》をはなち、徳川慶喜《とくがわよしのぶ》と松《まつ》平容保《だいらかたもり》を暗殺《あんさつ》し、孝明天皇《こうめいてんのう》を長州《ちょうしゅう》へつれさる計画《けいかく》を立《た》てていた。この計画《けいかく》を新撰《しんせん》組《ぐみ》がキャッチし、京《きょう》の旅館《りょかん》・池田屋《いけだや》で会合中《かいごうちゅう》の志士《しし》約《やく》40名《めい》を襲撃《しゅうげき》。多《おお》くの志士《しし》が命《いのち》を落《お》としたが、池田屋《いけだや》を一《いっ》時《とき》はなれていた桂小五郎《かつらこごろう》は、からくも難《なん》を逃《のが》れた。

●新撰組《しんせんぐみ》がふみこんだ京《きょう》の旅《りょ》館《かん》・池田屋《いけだや》

???

歴史《れきし》ミステリー

坂本龍馬《さかもとりょうま》の暗殺《あんさつ》

幕末《ばくまつ》のヒーローをおそったのはダレだ!?

この出来事《できごと》が起《お》きた年《とし》

1867年《ねん》

定説《ていせつ》

幕府《ばくふ》が龍馬《りょうま》をころした!?

事件当初《じけんとうしょ》は新撰組《しんせんぐみ》のしわざといわれたが、1870年《ねん》に、近江屋事件《おうみやじけん》の尋問《じんもん》をうけた元江戸幕府京都見廻組《もとえどばくふきょうとみまわりぐみ》の隊士《たいし》・今井信郎《いまいのぶお》が、坂本《さかもと》龍馬《りょうま》・中岡慎太郎《なかおかしんたろう》の暗殺《あんさつ》に関与《かんよ》したことを自白《じはく》。勝海《かっかい》舟《しゅう》は見廻隊《みまわりたい》に龍馬暗殺《りょうまあんさつ》を指《し》示《じ》したのは幕府上層部《ばくふじょうそうぶ》だろうと推測《すいそく》した。龍馬《りょうま》の暗殺《あんさつ》理由《りゆう》は、寺田屋事件《てらだやじけん》のときにピストルで幕府《ばくふ》の役人《やくにん》をころしたからだという。

幕府《ばくふ》は本当《ほんとう》に黒幕《くろまく》か?

大政奉還《たいせいほうかん》の1カ月後《げつご》、坂本龍《さかもとりょう》馬《ま》は、盟友《めいゆう》の中岡慎太郎《なかおかしんたろう》と京都《きょうと》の旅館《りょかん》・近江屋《おうみや》にいるところを襲撃《しゅうげき》され、命《いのち》を落《お》とした。

龍馬暗殺《りょうまあんさつ》の犯人《はんにん》は、江戸幕府《えどばくふ》側《がわ》の京都見廻組《きょうとみまわりぐみ》というのが定説《ていせつ》だ。しかし、関与《かんよ》したという人《じん》物《ぶつ》（今井信郎《いまいのぶお》）の証言《しょうげん》はちぐはぐで、犯人《はんにん》（黒幕《くろまく》）は別《べつ》にいるのでは？ といわれている。

べつに犯人《はんにん》がいるとして、まずその候補《こうほ》にあげられるのが「新《しん》撰組《せんぐみ》」だ。現場《げんば》には、血《ち》のついた刀《かたな》のさやと下駄《げた》がのこされていたが、さやは新撰組《しんせんぐみ》の原田左《はらださ》之助《のすけ》のもので、下駄《げた》も新撰組《しんせんぐみ》のものだったという。しかし、原《はら》田《だ》や局長《きょくちょう》の近藤勇《こんどういさみ》にはアリバイがあり、そもそも武士《ぶし》がその命《いのち》である刀《かたな》やさやをすてて帰《かえ》るわけがない。

ただ実行犯《じっこうはん》が京都見廻組《きょうとみまわりぐみ》や新《しん》撰組《せんぐみ》だとすると、黒幕《くろまく》はまちがいなく幕府《ばくふ》である。勝海舟《かつかいしゅう》もそう考《かんが》えていたようだが、大政奉《たいせいほう》還《かん》のアイデアを考《かんが》えた「影《かげ》の功《こう》労者《ろうしゃ》」の龍馬《りょうま》の命《いのち》を、はたして幕府《ばくふ》がねらうだろうか？

薩長《さっちょう》が龍馬《りょうま》を消《け》した!?

次《つぎ》が「薩摩藩《さつまはん》と長州藩《ちょうしゅうはん》」である。薩長《さっちょう》は幕府《ばくふ》を武力《ぶりょく》でたおしたかったのに、龍馬《りょうま》のせいで大《たい》政奉還《せいほうかん》になったことをうらんでいた。また、薩長《さっちょう》の公《おおやけ》にされたくない秘密《ひみつ》を龍馬《りょうま》がにぎっていたという説《せつ》もある。

3番目《ばんめ》の候補《こうほ》が「紀州藩《きしゅうはん》」だ。

1867年《ねん》、海援隊《かいえんたい》の借《か》りあげ船《せん》「いろは丸《まる》」が紀州藩《きしゅうはん》の船《ふね》と衝突《しょうとつ》して沈没《ちんぼつ》した。紀州藩《きしゅうはん》は龍《りょう》馬《ま》に多額《たがく》の賠償金《ばいしょうきん》をはらった。

そのうらみで龍馬《りょうま》をころしたという説《せつ》だ。さらに龍馬《りょうま》の故郷《こきょう》の「土佐藩《とさはん》」も容疑者候補《ようぎしゃこうほ》にあがっている。暗殺《あんさつ》の理由《りゆう》は龍馬《りょうま》の活《かつ》躍《やく》へのねたみである。

さらに「龍馬《りょうま》の自殺《じさつ》」説《せつ》や、「中岡慎太郎《なかおかしんたろう》と斬《き》りあった」説《せつ》、「ねらわれたのは中岡慎太郎《なかおかしんたろう》で一《いっ》緒《しょ》にいた龍馬《りょうま》もころされた」説《せつ》。また、龍馬《りょうま》は明智光秀《あけちみつひで》の血縁《けつえん》で、京都見廻組《きょうとみまわりぐみ》を強化《きょうか》した勘定奉行《かんじょうぶぎょう》で、織田信長《おだのぶなが》の子孫《しそん》である織田《おだ》泉之《いずみ》が暗殺《あんさつ》を命《めい》じたという説《せつ》まである。

いずれにしても、真相《しんそう》はやぶのなかである。

●坂本龍馬《さかもとりょうま》と中岡慎太郎《なかおかしんたろう》が刺客《しかく》におそわれたという、京都《きょうと》の旅《りょ》館《かん》・近江屋《おうみや》の部屋《へや》

坂本龍馬《さかもとりょうま》は本物《ほんもの》の剣《けん》の達人《たつじん》だった！

時代劇《じだいげき》や小説《しょうせつ》の龍馬《りょうま》は剣《けん》の達人《たつじん》だが、実際《じっさい》の腕前《うでまえ》はそれほどでもなかったという説《せつ》があった。しかし、龍馬《りょうま》が北辰一刀流《ほくしんいっとうりゅう》の免許皆伝《めんきょかいでん》だったという文書《ぶんしょ》が見《み》つかり、ホンモノの剣豪《けんごう》だったことがわかっている。でもそれならなぜ、龍馬《りょうま》はほんの数人《すうにん》の刺客《しかく》にころされたのだろう？

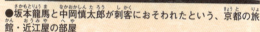

日本史《にほんし》
Pick up!

今《いま》も活躍《かつやく》している 偉人《いじん》の子孫《しそん》BEST5!!

ご先祖《せんぞ》さまが歴史《れきし》の偉人《いじん》だという有名人《ゆうめいじん》は意外《いがい》と多《おお》い。やはり特別《とくべつ》な才能《さいのう》は遺伝《いでん》するのだろうか？

安倍晋三《あべしんぞう》

P.231

岸《きし》信介《のぶすけ》

第《だい》96・97代内閣総理《だいないかくそうり》大臣《だいじん》の安倍晋三《あべしんぞう》のおかあさんは、第《だい》56・57代《だい》内閣総理大臣《ないかくそうりだいじん》の岸信介《きしのぶすけ》のむすめ。ふたりは祖《そ》父《ふ》と孫《まご》の関係《かんけい》になる。

細川護熙《ほそかわもりひろ》

P.115

細川忠興《ほそかわただおき》

第《だい》79代内閣総理大臣《だいないかくそうりだいじん》となった細川護熙《ほそかわもりひろ》の家《いえ》は華麗《かれい》なる一族《いちぞく》。細川《ほそかわ》家《け》の2代目当主《だいめとうしゅ》は、戦《せん》国《ごく》の3英傑《えいけつ》につかえた名将《めいしょう》の細川忠興《ほそかわただおき》だ。

加山雄三《かやまゆうぞう》

P.191

岩倉具視《いわくらともみ》

俳優《はいゆう》の加山雄三《かやまゆうぞう》のおかあさんは、小桜葉子《こざくらようこ》という女優《じょゆう》で、明治政府《めいじせいふ》の重鎮《じゅうちん》・岩倉具視《いわくらともみ》のひ孫《まご》にあたる。つまり、加山雄三《かやまゆうぞう》は玄孫《げんそん》となる。

武《たけ》 豊《ゆたか》

P.166

西郷隆盛《さいごうたかもり》

競馬界《けいばかい》のヒーロー、天《てん》才《さい》ジョッキーの武豊《たけゆたか》の遠《とお》い親戚《しんせき》が西郷隆盛《さいごうたかもり》。武豊《たけゆたか》の曽祖父《そうそふ》の兄弟《きょうだい》のむすめが、西郷隆盛《さいごうたかもり》の孫《まご》と結婚《けっこん》したそうだ。

織田信成《おだのぶなり》

P.086

織田信長《おだのぶなが》

家系図《かけいず》の一部《いちぶ》に不明《ふめい》なところはあるが、フィギュア・スケート選手《せんしゅ》の織田信成《おだのぶなり》は、織田信《おだのぶ》長《なが》の17代目《だいめ》の子孫《しそん》といわれている。

戦国武将《せんごくぶしょう》の血統《けっとう》は芸能界《げいのうかい》むき？

ほかにご先祖《せんぞ》さまが著名《ちょめい》な有名人《ゆうめいじん》には、吉川晃司《きっかわこうじ》（歌手《かしゅ》・吉川元春《きっかわもとはる》の子孫《しそん》）、サンドウィッチマンの伊達《だて》みきお（芸人《げいにん》・伊達政宗《だてまさむね》の伊達家《だてけ》の末《まつ》えい）、柳生博《やぎゅうひろし》（俳優《はいゆう》・柳生一族《やぎゅういちぞく》の末《まつ》えい）、クリス・ペプラー（ナレーター・明智光秀《あけちみつひで》の子孫《しそん》）などがいる。戦国武将《せんごくぶしょう》をご先祖《せんぞ》にもつ芸《げい》能人《のうじん》が多《おお》いのは偶然《ぐうぜん》なのだろうか？

第《だい》6章《しょう》

明治《めいじ》～昭和時代《しょうわじだい》

(1868～1989年《ねん》)

おもな出来事《できごと》

1868年《ねん》:明治時代《めいじじだい》がはじまる

1877年《ねん》:西南戦争《せいなんせんそう》

1931年《ねん》:満州事変《まんしゅうじへん》

1945年《ねん》:太平洋戦争《たいへいようせんそう》で降伏《こうふく》

1964年《ねん》:東京《とうきょう》オリンピック開催《かいさい》

1972年《ねん》:日中国交正常化《にっちゅうこっこうせいじょうか》

223
282

初代《しょだい》総理《そうり》大臣《だいじん》

伊《い》藤《とう》博《ひろ》文《ぶみ》

農民《のうみん》から大出世《だいしゅっせ》した明治《めいじ》政《せい》府《ふ》の重要人物《じゅうようじんぶつ》

出《しゅっ》身《しん》	周防国《すおうのくに》
生《せい》没《ぼつ》	1841年《ねん》10月《がつ》16日《にち》～1909年《ねん》10月《がつ》26日《にち》
重要度《じゅうようど》	90%

能力《のうりょく》パラメータ

カリスマ性《せい》 3
影響力《えいきょうりょく》 4
知力《ちりょく》 3
運《うん》 3
名声《めいせい》 4
A

イラスト●祀花《まつりか》よう子《こ》

日本《にほん》の近代化《きんだいか》をすすめる

長州藩《ちょうしゅうはん》の農民《のうみん》の家《いえ》に生《う》まれ、9歳《さい》のときに吉田松陰《よしだしょういん》の松下村塾《しょうかそんじゅく》に入門《にゅうもん》し、尊皇攘夷《そんのうじょうい》思想《しそう》を学《まな》んだ。吉田松陰《よしだしょういん》からは「政治《せいじ》の才《さい》あり」と評《ひょう》され、同門《どうもん》の桂小五郎《かつらこごろう》（木戸孝允《きどたかよし》）、高杉晋作《たかすぎしんさく》、久坂玄瑞《くさかげんずい》らと積極的《せっきょくてき》に交流《こうりゅう》をもち、品川《しながわ》のイギリス公使館《こうしかん》の焼《や》き討《う》ちにかかわるなど、尊皇攘夷《そんのうじょうい》の志士《しし》として活躍《かつやく》した。

1863年《ねん》にロンドンに留学《りゅうがく》。語学《ごがく》を学《まな》ぶかたわら、西欧《せいおう》の実力《じつりょく》を目《ま》の当《あ》たりにした博文《ひろぶみ》は、開国《かいこく》・富国強兵論者《ふこくきょうへいろんしゃ》となり、帰国《きこく》すると武力《ぶりょく》による倒幕運動《とうばくうんどう》に参加《さんか》した。

明治維新《めいじいしん》で新政府《しんせいふ》が樹立《じゅりつ》されると頭角《とうかく》をあらわし、大久保利通《おおくぼとしみち》のもとで要職《ようしょく》を歴任《れきにん》。大久保利通《おおくぼとしみち》が暗殺《あんさつ》されると政府《せいふ》の中心《ちゅうしん》となり、1885年《ねん》、44歳《さい》で初代内閣総理大臣《しょだいないかくそうりだいじん》に就任《しゅうにん》した。

その後《ご》、日本《にほん》の近代国家《きんだいこっか》づくりをすすめ、みずからドイツで憲法《けんぽう》を学《まな》び、「大日本帝国憲法《だいにっぽんていこくけんぽう》」の起草《きそう》と発布《はっぷ》にたずさわった。日清《にっしん》・日露戦争《にちろせんそう》をへて、韓国統監府《かんこくとうかんふ》の初代統監《しょだいとうかん》に就任《しゅうにん》するが、ハルビンで韓国《かんこく》の民族運動家《みんぞくうんどうか》・安重根《あんじゅうこん》によって暗殺《あんさつ》された。1963〜1986年《ねん》まで日本《にほん》の千円札《せんえんさつ》に肖像《しょうぞう》が描《えが》かれていた超重要人物《ちょうじゅうようじんぶつ》だ。

偉人《いじん》の名言《めいげん》

依頼心《いらいしん》を起《お》こしてはならぬ。自力《じりき》でやれ。

解説《かいせつ》

何事《なにごと》も自分《じぶん》でやる！その気持《きも》ちが大事《だいじ》

伊藤博文《いとうひろぶみ》が留学《りゅうがく》する息子《むすこ》におくった言葉《ことば》、「いやしくも天下《てんか》に一事一物《いちじいちぶつ》を成《な》しとげようとすれば、命《いのち》がけのことは始終《しじゅう》ある。依頼心《いらいしん》を起《お》こしてはならぬ。自力《じりき》でやれ」の一節《いっせつ》である。伊藤《いとう》は、決《けっ》して裕福《ゆうふく》でない家《いえ》に生《う》まれ、幕末《ばくまつ》の激動《げきどう》のなか、さまざまな逆風《ぎゃくふう》に立《た》ちむかい、初代《しょだい》の内閣総理大臣《ないかくそうりだいじん》までのぼりつめた。どんなことでも周囲《しゅうい》に甘《あま》えず、まずは自分《じぶん》でやってみること。そうすれば道《みち》は切《き》りひらけるのである。

224
282

明《めい》治《じ》天《てん》皇《のう》

東《とう》京《きょう》へ遷《せん》都《と》した天《てん》皇《のう》

日《に》本《ほん》を近《きん》代《だい》化《か》にみちびいた天《てん》皇《のう》

出《しゅっ》身《しん》	山城国《やましろのくに》
生《せい》没《ぼつ》	1852年《ねん》11月《がつ》3日《か》～1912年《ねん》7月《がつ》29日《にち》
重要度《じゅうようど》	80%

能力《のうりょく》パラメータ

イラスト●たわわ実《みのる》

天皇《てんのう》としての強大《きょうだい》な権力《けんりょく》

孝明天皇《こうめいてんのう》の第《だい》2皇子《おうじ》。父《ちち》の死《し》により、14歳《さい》で天皇《てんのう》の地位《ちい》につく。そのわずか10カ月後《げつご》、薩摩藩《さつまはん》の西郷隆盛《さいごうたかもり》、大久保《おおくぼ》利通《としみち》、公卿《くぎょう》の岩倉具視《いわくらともみ》らに倒《とう》幕《ばく》の勅命《ちょくめい》を求《もと》められるなか、江戸幕府将軍《えどばくふしょうぐん》の徳川慶喜《とくがわよしのぶ》が大《たい》政《せい》を奉還《ほうかん》。王政復古《おうせいふっこ》の大号令《だいごうれい》で新政府《しんせいふ》を樹立《じゅりつ》すると、五箇《ごか》条《じょう》の御誓文《ごせいもん》を発布《はっぷ》して新政府《しんせいふ》の基本政策《きほんせいさく》をしめす。さらに、元号《げんごう》を明治《めいじ》にあらため、天皇《てんのう》の代変《だいが》わりにあわせて元号《げんごう》を変《か》える「一世一元《いっせいいちげん》」をさだめ、京都《きょうと》から江戸《えど》へ遷都《せんと》。江戸城《えどじょう》を皇居《こうきょ》とした。

1889年《ねん》に大日本帝国憲《だいにっぽんていこくけん》法《ぼう》が発布《はっぷ》されると、「大日本帝《だいにっぽんてい》国《こく》は万世一系《ばんせいいっけい》の天皇《てんのう》がこれを統治《とうち》する」、「天皇《てんのう》は神聖《しんせい》であって侵《おか》してはならない」、「陸《りく》海軍《かいぐん》は天皇《てんのう》に直属《ちょくぞく》する」など、天皇《てんのう》が強大《きょうだい》な権利《けんり》をもつことがさだめられた。

しかし、みずからの意志《いし》に反《はん》して、日清戦争《にっしんせんそう》や日露戦争《にちろせんそう》がはじまるなど、すべてにおいて絶対的《ぜったいてき》な存在《そんざい》というわけではなかった。戦争《せんそう》を心底嫌《しんそこきら》っていたという反面《はんめん》、戦争《せんそう》には勝《か》ちつづけ、指導者《しどうしゃ》としての威厳《いげん》も強《つよ》まっていったが、持病《じびょう》の糖尿病《とうにょうびょう》が悪化《あっか》し、61歳《さい》で崩御《ほうぎょ》した。和歌《わか》を好《この》み、生《しょう》涯《がい》で詠《よ》んだ数《かず》は約《やく》10万首《まんしゅ》におよぶという。

征韓論《せいかんろん》の図《ず》

征韓論《せいかんろん》をめぐって政府内《せいふない》の意見《いけん》がわかれ、政府首脳《せいふしゅのう》と官僚《かんりょう》の多《おお》くが辞任《じにん》した

歴史《れきし》のウラ側《がわ》 征韓論《せいかんろん》をめぐる西郷隆盛《さいごうたかもり》と明治天皇《めいじてんのう》

明治政府《めいじせいふ》は朝鮮《ちょうせん》との国交《こっこう》を復活《ふっかつ》させようとしたが、鎖国《さこく》していた朝鮮《ちょうせん》は西洋化《せいようか》をすすめる日本《にほん》との国交《こっこう》を完全拒否《かんぜんきょひ》。朝鮮《ちょうせん》を武力《ぶりょく》で開国《かいこく》させる「征韓論《せいかんろん》」がとなえられた。しかし西郷隆盛《さいごうたかもり》は、「まずは非武装使節《ひぶそうしせつ》をおくって交渉《こうしょう》すべき」と、平和交渉案《へいわこうしょうあん》（遣韓論《けんかんろん》）を提出《ていしゅつ》。みずからその任《にん》を申《もう》し出《で》たが、この案《あん》をめぐって政府《せいふ》に内紛《ないふん》が起《お》こり、明治天皇《めいじてんのう》は西郷派遣《さいごうはけん》を中止《ちゅうし》した。

225/282

板《いた》垣《がき》退《たい》助《すけ》

自由民権運動《じゆうみんけんうんどう》を起《お》こす

戊辰戦争《ぼしんせんそう》の活躍《かつやく》で明治政府《めいじせいふ》の参議《さんぎ》となるが、征韓論《せいかんろん》にやぶれて政府《せいふ》をさる。その後《ご》、自由民権運動《じゆうみんけんうんどう》を起《お》こして国会《こっかい》の開設《かいせつ》を求《もと》めた。自由党《じゆうとう》を結《けっ》成《せい》して総理《そうり》となるが、遊説中《ゆうぜいちゅう》に暴漢《ぼうかん》におそわれ、自由党《じゆうとう》を解散《かいさん》。立憲自由党総裁《りっけんじゆうとうそうさい》となり、大隈重信《おおくましげのぶ》と憲政党内閣《けんせいとうないかく》をつくった。

板《いた》垣《がき》死《し》すとも自由《じゆう》は死《し》せず

イラスト●塩花《しおはな》

出身《しゅっしん》	土佐国《とさのくに》
生没《せいぼつ》	1837年《ねん》5月《がつ》21日《にち》～1919年《ねん》7月《がつ》16日《にち》
重要度《じゅうようど》	70%

能力パラメータ

歴史《れきし》のウラ側《がわ》 自由民権運動《じゆうみんけんうんどう》ってどんな活動《かつどう》なの？

自由民権運動《じゆうみんけんうんどう》とは、国会《こっかい》の開設《かいせつ》や憲法《けんぽう》の制定《せいてい》など、国民《こくみん》の自由《じゆう》と権利《けんり》を政府《せいふ》に求《もと》めた国民運動《こくみんうんどう》である。板垣退助《いたがきたいすけ》は土佐《とさ》で政治結社《せいじけっしゃ》「立志社《りっししゃ》」を立《た》ちあげ、「国民《こくみん》がえらんだ議員《ぎいん》に政治《せいじ》をまかせるべき」と主張《しゅちょう》し、多《おお》くの賛同者《さんどうしゃ》をえた。混乱《こんらん》の拡大《かくだい》をおそれた政府《せいふ》は、10年後《ねんご》に国会《こっかい》を開設《かいせつ》すると約束《やくそく》。自由民権派《じゆうみんけんは》は政党《せいとう》をつくり、憲法草案《けんぽうそうあん》を発表《はっぴょう》して明治政府《めいじせいふ》を攻撃《こうげき》した。

暴漢《ぼうかん》にねらわれる板垣退助《いたがきたいすけ》

暴漢《ぼうかん》におそわれ、「板垣死《いたがきし》すとも自由《じゆう》は死《し》せず」の名言《めいげん》をのこす

226/282

大《おお》隈《くま》重《しげ》信《のぶ》

早稲田大学《わせだだいがく》の創始者《そうししゃ》で敏腕政治家《びんわんせいじか》

イラスト●合間《あいま》太郎《たろう》

出身《しゅっしん》	肥前国《ひぜんのくに》
生没《せいぼつ》	1838年《ねん》3月《がつ》11日《にち》～1922年《ねん》1月《がつ》10日《か》
重要度《じゅうようど》	70%

能力《のうりょく》パラメータ

政府《せいふ》の基礎《きそ》をかためる

幕末《ばくまつ》に尊王攘夷運動《そんのうじょういうんどう》にくわわり、明治政府《めいじせいふ》では大久保《おおくぼ》利通《としみち》のもと、地租改正《ちそかいせい》や殖産《しょくさん》興業《こうぎょう》にかかわり、政府《せいふ》の基礎《きそ》をかためた。自由民権運動《じゆうみんけんうんどう》が起《お》こると伊藤博文《いとうひろぶみ》と対立《たいりつ》して政府《せいふ》を追《お》われるが、立憲改進《りっけんかいしん》党《とう》をつくってみずからも自由《じゆう》民権運動《みんけんうんどう》をすすめ、議会政治《ぎかいせいじ》で活躍《かつやく》した。

富岡製糸場《とみおかせいしじょう》

群馬県《ぐんまけん》の富岡《とみおか》に設立《せつりつ》された、日《に》本初《ほんはつ》の器械製糸工場《きかいせいしこうじょう》

歴史《れきし》のウラ側《がわ》

日本《にほん》の軽工業《けいこうぎょう》を支《ささ》えた世界遺産《せかいいさん》・富岡製糸場《とみおかせいしじょう》

大隈重信《おおくましげのぶ》がすすめた殖産興業《しょくさんこうぎょう》のひとつで、フランスから生糸技術者《きいとぎじゅつしゃ》をやとい、西洋式《せいようしき》の技術《ぎじゅつ》を導入《どうにゅう》して設立《せつりつ》されたのが、官営《かんえい》の器械製糸工場《きかいせいしこうじょう》・富岡製糸場《とみおかせいしじょう》である。製糸工場《せいしこうじょう》としては当時《とうじ》世界最大級《せかいさいだいきゅう》の規模《きぼ》をほこり、全国《ぜんこく》から働《はたら》きにきた工女《こうじょ》は技術《ぎじゅつ》をおぼえると出身地《しゅっしんち》にもどり、技術《ぎじゅつ》を伝《つた》えることに貢献《こうけん》した。現在《げんざい》、その建造物《けんぞうぶつ》と敷地《しきち》は世界遺産《せかいいさん》に登録《とうろく》されている。

歴史《れきし》の転換点《てんかんてん》 その9

明治新政府樹立《めいじしんせいふじゅりつ》

日本《にほん》の改革《かいかく》をおしすすめた近代政権《きんだいせいけん》

この出来事《できごと》が起《お》きた年《とし》

1868年《ねん》

西欧《せいおう》に負《ま》けない国《くに》づくり

江戸幕府《えどばくふ》の大政奉還《たいせいほうかん》をうけ、王政復古《おうせいふっこ》の大号令《だいごうれい》によって明治《めいじ》新政府《しんせいふ》が樹立《じゅりつ》した。この明治新《めいじしん》政府《せいふ》が、「五箇条《ごかじょう》の御誓文《ごせいもん》」でしめされた方針《ほうしん》にのっとり、鎖国《さこく》によって西欧《せいおう》からおくれをとっていた日本《にほん》を近代国家《きんだいこっか》にするためにおこなわれた大改革《だいかいかく》が明治《めいじ》維新《いしん》である。新政府《しんせいふ》は、西欧列《せいおうれつ》強《きょう》にむすばされた不平等条約《ふびょうどうじょうやく》を改正《かいせい》させるため、みずから西欧《せいおう》に匹敵《ひってき》する実力《じつりょく》をもとうとしたのである。

まず新政府《しんせいふ》は日本《にほん》を中央集権《ちゅうおうしゅうけん》国家《こっか》とするべく、「版籍奉還《はんせきほうかん》」をおこない、大名《だいみょう》から領地《りょうち》をとりあげて新政府《しんせいふ》の直轄《ちょっかつ》とした。さらに版籍奉還《はんせきほうかん》のあとも旧大名《きゅうだいみょう》が知藩事《ちはんじ》となって封建制度《ほうけんせいど》がつづいていたため、「廃藩置県《はいはんちけん》」で藩《はん》を廃止《はいし》して府県《ふけん》に統一《とういつ》。知藩事《ちはんじ》に変《か》わり、中央《ちゅうおう》から県令《けんれい》（県知事《けんちじ》）を派遣《はけん》した。こうして新《あら》たな統治基盤《とうちきばん》が確立《かくりつ》する。

中央集権国家《ちゅうおうしゅうけんこっか》への変化《へんか》

さらに「四民平等《しみんびょうどう》」政策《せいさく》で、江戸時代《えどじだい》の「士農工商《しのうこうしょう》」を廃止《はいし》。庶民《しょみん》も名字《みょうじ》をもつことをゆるされ、結婚《けっこん》・職業《しょくぎょう》・居住《きょじゅう》などの自《じ》由《ゆう》もみとめられた。いっぽうで、特権階級《とっけんかいきゅう》の武士《ぶし》は一部《いちぶ》をのぞいて職《しょく》をたたれ、かれらの不満《ふまん》が反乱《はんらん》を引《ひ》き起《お》こした。

また、西欧《せいおう》の先進国《せんしんこく》に対抗《たいこう》するべく、「富国強兵《ふこくきょうへい》」で近代的《きんだいてき》な軍隊《ぐんたい》を誕生《たんじょう》させ、「殖産興業《しょくさんこうぎょう》」で近代産業《きんだいさんぎょう》の育成《いくせい》をはかった。さらに「地租改正《ちそかいせい》」によって、それまでの米《こめ》から現金《げんきん》で税《ぜい》をおさめさせ、国《くに》の財政基盤《ざいせいきばん》をかためたのである。

こうして明治新政府《めいじしんせいふ》は、天皇《てんのう》を頂点《ちょうてん》として、官僚《かんりょう》が政治《せいじ》を主《しゅ》導《どう》する中央集権国家《ちゅうおうしゅうけんこっか》をきずきあげたのだった。

明治《めいじ》新《しん》政《せい》府《ふ》の組《そ》織《しき》図《ず》

中央集権国家《ちゅうおうしゅうけんこっか》の礎《いしずえ》をきずいた新体制《しんたいせい》

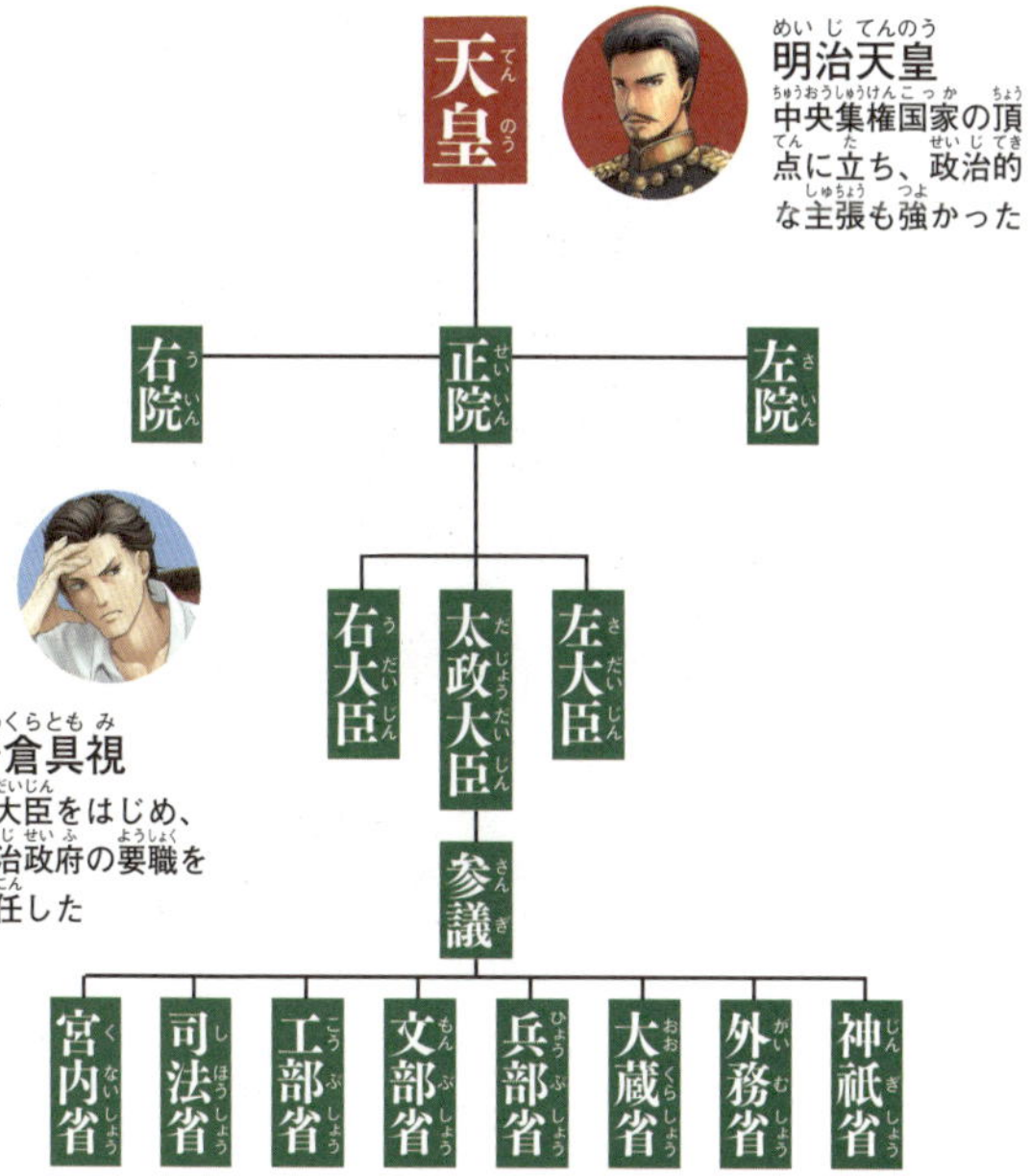

●明治維新《めいじいしん》の改革《かいかく》

廃藩置県《はいはんちけん》	江戸時代《えどじだい》までは、各藩《かくはん》によって政策《せいさく》や税金《ぜいきん》のしくみなどがちがっていたが、国《くに》をひとつにまとめるために藩《はん》を県《けん》に変《か》えて、制度《せいど》を一新《いっしん》した
廃刀令《はいとうれい》	江戸時代《えどじだい》の武士《ぶし》にみとめられていた帯刀《たいとう》を廃止《はいし》して、警察《けいさつ》や軍人《ぐんじん》など以外《いがい》の国民《こくみん》が刀《かたな》をさすのを禁止《きんし》した
地租改正《ちそかいせい》	それまでお米《こめ》を年貢《ねんぐ》としてとり立《た》てていたが、土地《とち》の価格《かかく》の3%を税《ぜい》金《きん》としておさめるようになった。税率《ぜいりつ》はのちに2.5%に改正《かいせい》された
四民平等《しみんびょうどう》	士農工商《しのうこうしょう》の身分制度《みぶんせいど》を廃止《はいし》。しかし、天皇家《てんのうけ》は「皇族《こうぞく》」、公家《くげ》や貴族《きぞく》は「華族《かぞく》」、武士《ぶし》は「士族《しぞく》」、それ以外《いがい》は「平民《へいみん》」と呼《よ》ばれた
徴兵制《ちょうへいせい》の導入《どうにゅう》	強力《きょうりょく》な軍隊《ぐんたい》をつくるために、身分《みぶん》にかかわらず選《えら》ばれた国民《こくみん》を兵《へい》士《し》として徴用《ちょうよう》する制度《せいど》
学制《がくせい》の導入《どうにゅう》	欧米《おうべい》の学校教育制度《がっこうきょういくせいど》にならって、全国《ぜんこく》に小学校《しょうがっこう》をつくった

227
282

福《ふく》沢《ざわ》諭《ゆ》吉《きち》

平等《びょうどう》な世界《せかい》を提唱《ていしょう》した思想家《しそうか》

出身	豊前国	
生没	1835年《ねん》1月《がつ》10日《か》～1901年《ねん》2月《がつ》3日《か》	
重要度		60%

能力パラメータ

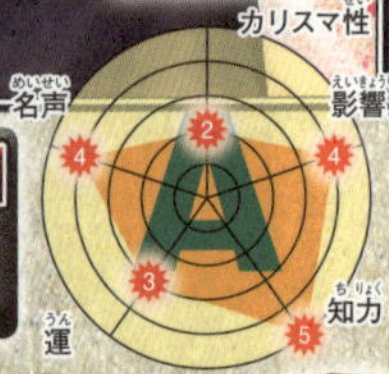

慶応義塾《けいおうぎじゅく》をつくる

明治時代《めいじじだい》の思想家《しそうか》で教育者《きょういくしゃ》。緒方洪庵《おがたこうあん》の適塾《てきじゅく》で蘭学《らんがく》を学《まな》び、その後《ご》は幕府《ばくふ》につかえ、使節団《しせつだん》の一員《いちいん》として欧米《おうべい》にわたった。明治維新後《めいじいしんご》は政府《せいふ》につかえず、みずからの塾《じゅく》である慶応義塾《けいおうぎじゅく》で民主的《みんしゅてき》な教育《きょういく》をじっせん。さらに『学問《がくもん》のすゝめ』などの名著《めいちょ》を記《しる》した明治《めいじ》六大教育家《ろくだいきょういくか》のひとり。

偉人《いじん》の名言《めいげん》

努力《どりょく》は「天命《てんめい》」さえも変《か》える。

解説《かいせつ》

努力《どりょく》はかならずむくわれるときがくる

「天《てん》は人《ひと》の上《うえ》に人《ひと》をつくらず、人《ひと》の下《した》に人《ひと》をつくらず」の言葉《ことば》で有名《ゆうめい》な福沢《ふくざわ》諭吉《ゆきち》は、「努力《どりょく》は『天命《てんめい》』さえも変《か》える」という名言《めいげん》をのこした。人《ひと》の差《さ》（貧富《ひんぷ》など）は、天《てん》が決《き》めた運命《うんめい》ではない。努力《どりょく》をすれば、おろかな者《もの》はかしこくなれるし、貧《まず》しい者《もの》は裕福《ゆうふく》になれる。しかし努力《どりょく》しなければその逆《ぎゃく》になる。人生《じんせい》はみずからの手《て》で切《き》りひらくことが大切《たいせつ》で、あきらめずに努力《どりょく》すれば、かならずむくわれるときがくる。

228/282

野《の》口《ぐち》英《ひで》世《よ》

細菌研究《さいきんけんきゅう》にうちこんだ世界的医学者《せかいてきいがくしゃ》

イラスト●奥田《おくだ》みき

不自由《ふじゆう》になった左手《ひだりて》

おさないころにやけどをして左手《ひだりて》が不自由《ふじゆう》になったが、医者《いしゃ》をめざして、北里柴三郎《きたさとしばさぶろう》の「伝染病研究所《でんせんびょうけんきゅうしょ》」で指導《しどう》をうける。その後《ご》、アメリカで梅毒《ばいどく》の病原菌《びょうげんきん》スピロヘータの培養《ばいよう》にうちこみ、ノーベル賞《しょう》候補《こうほ》に三度《さんど》もなった。黄熱《おうねつ》病《びょう》、狂犬病《きょうけんびょう》、小児《しょうに》マヒの研究《けんきゅう》でも知《し》られる。

出身《しゅっしん》	福島県《ふくしまけん》
生没《せいぼつ》	1876年《ねん》11月《がつ》9日《か》～1928年《ねん》5月《がつ》21日《にち》
重要度《じゅうようど》	50%

能力《のうりょく》パラメータ

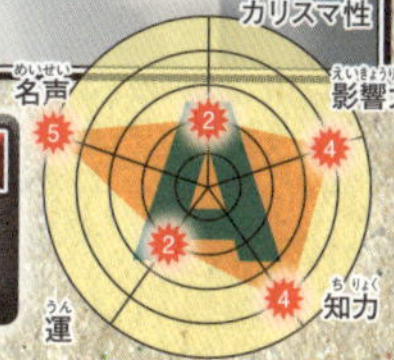

野口英世記念館《のぐちひでよきねんかん》

野口英世《のぐちひでよ》の生家《せいか》をはじめ、遺品《いひん》や資料《しりょう》などが展示《てんじ》されている

衝撃《しょうげき》スクープ！ ナゾが深《ふか》まる野《の》口《ぐち》英《ひで》世《よ》の本当《ほんとう》の死因《しいん》

野《の》口《ぐち》英《ひで》世《よ》は黄熱病《おうねつびょう》の研究中《けんきゅうちゅう》に感染《かんせん》して亡《な》くなったというのが定説《ていせつ》だが、当時《とうじ》研究《けんきゅう》した場所《ばしょ》で黄熱病《おうねつびょう》は流行《りゅうこう》していなかった。そのため梅毒《ばいどく》で亡《な》くなったという説《せつ》がある。死《し》の直前《ちょくぜん》の症状《しょうじょう》は黄熱《おうねつ》病《びょう》のものだったというが、はたして？

229
282

新《に》渡《と》戸《べ》稲《いな》造《ぞう》

『武士道《ぶしどう》』で有名《ゆうめい》な教育者《きょういくしゃ》

世界平和《せかいへいわ》のためにつくす

教育者《きょういくしゃ》・思想家《しそうか》。札幌農学《さっぽろのうがっ》校《こう》でクラーク博士《はかせ》に学《まな》び、のちにアメリカやドイツに留《りゅう》学《がく》。帰国後《きこくご》、札幌農学校教授《さっぽろのうがっこうきょうじゅ》、台湾総督府技師《たいわんそうとくふぎし》、東京帝国大《とうきょうていこくだい》学教授《がくきょうじゅ》、東京女子大学学長《とうきょうじょしだいがくがくちょう》などを歴任《れきにん》し、おくれていた女《じょ》子教育《しきょういく》にとりくむ。国際連盟《こくさいれんめい》の事務次長《じむじちょう》にもなり、世界平《せかいへい》和《わ》につくした。

出身《しゅっしん》	陸奥国《むつのくに》
生没《せいぼつ》	1862年《ねん》9月《がつ》1日《たち》～1933年《ねん》10月《がつ》15日《にち》
重要度《じゅうようど》	50%

能力パラメータ

歴史《れきし》のウラ側《がわ》

新渡戸稲造《にとべいなぞう》の名著《めいちょ》『武士道《ぶしどう》』とは？

新渡戸《にとべ》は外国人《がいこくじん》の妻《つま》や恩師《おんし》に日本《にほん》の宗教教育《しゅうきょうきょういく》について聞《き》かれたことをきっかけに『武士道《ぶしどう》』を書《か》いた。武士道《ぶしどう》とは「武士《ぶし》が守《まも》るべき道徳《どうとく》や規《き》律《りつ》」のことで、本《ほん》のなかで武士道《ぶしどう》が日本《にほん》でどのように形成《けいせい》されたかを説明《せつめい》し、当時《とうじ》の哲学《てつがく》や科《か》学《がく》をもちいて日本人《にほんじん》の生《い》きざまをのべた。『武《ぶ》士道《しどう》』はベストセラーになり、ジョン・F・ケネディなどアメリカ大統領《だいとうりょう》も愛読《あいどく》したという。

新渡戸稲造《にとべいなぞう》の『武士道《ぶしどう》』

海外《かいがい》で発売《はつばい》された武士道《ぶしどう》は大《だい》ベストセラーになった

230/282

夏《なつ》目《め》漱《そう》石《せき》

近代日本《きんだいにほん》を代表《だいひょう》する文豪《ぶんごう》

イラスト●きさらぎ

出身《しゅっしん》	江戸《えど》
生没《せいぼつ》	1867年《ねん》2月《がつ》9日《か》～1916年《ねん》12月《がつ》9日《か》
重要度《じゅうようど》	60%

能力《のうりょく》パラメータ

教師《きょうし》をやめて小説家《しょうせつか》に

本名《ほんみょう》は夏目金之助《なつめきんのすけ》。江戸《えど》に生《う》まれ、東京帝国大学卒業《とうきょうていこくだいがくそつぎょう》後《ご》、松山《まつやま》・熊本《くまもと》で教鞭《きょうべん》をとり、その後《ご》イギリスに留学《りゅうがく》。帰国《きこく》してからは英文学《えいぶんがく》を教《おし》えながら、『吾輩《わがはい》は猫《ねこ》である』『坊《ぼ》っちゃん』などの小説《しょうせつ》を発表《はっぴょう》。その後《ご》、教師《きょうし》をやめて作家活《さっかかつ》動《どう》に専念《せんねん》し、多《おお》くの名作《めいさく》をのこした。

衝撃《しょうげき》スクープ！

夏目漱石《なつめそうせき》は作家《さっか》になるつもりはなかった!?

教師時代《きょうしじだい》の漱石《そうせき》は、授業《じゅぎょう》の評判《ひょうばん》が悪《わる》く、うけもった生徒《せいと》が自殺《じさつ》するなど、うつ病《びょう》のような状態《じょうたい》になっていた。そこで親交《しんこう》のあった俳人《はいじん》・高浜虚子《たかはまきょし》のすすめで小説《しょうせつ》を書《か》き、処女作《しょじょさく》『吾輩《わがはい》は猫《ねこ》である』が好評《こうひょう》で作家《さっか》になった。

森鷗外《もりおうがい》・夏目漱石住宅《なつめそうせきじゅうたく》

明治《めいじ》の二大文豪《にだいぶんごう》が相《あい》ついで住《す》み、漱石《そうせき》はここで『吾輩《わがはい》は猫《ねこ》である』を書《か》いた

超重要人物《ちょうじゅうようじんぶつ》ファイル！

No.023

近《きん》現《げん》代《だい》の文《ぶん》豪《ごう》

いまも作品《さくひん》が読《よ》み継《つ》がれている日本《にほん》の近《きん》・現代《げんだい》を代表《だいひょう》する作家《さっか》たち

だれもが知《し》る天才作家《てんさいさっか》

231/282

芥《あくた》川《がわ》龍《りゅう》之《の》介《すけ》

生《せい》　没《ぼつ》▶1892年《ねん》3月《がつ》1日《たち》～1927年《ねん》7月《がつ》24日《か》

日本《にほん》の近代小説《きんだいしょうせつ》のスタイルを確立《かくりつ》した小説家《しょうせつか》。東京帝国大学《とうきょうていこくだいがく》で菊池寛《きくちかん》らと文芸雑誌《ぶんげいざっし》『新思潮《しんしちょう》』に参加《さんか》。短編小説《たんぺんしょうせつ》「鼻《はな》」が夏目漱石《なつめそうせき》に絶賛《ぜっさん》され、「羅生門《らしょうもん》」は高校生《こうこうせい》の教科書《きょうかしょ》にも掲載《けいさい》される名作《めいさく》。

イラスト●桐矢隆《きりやたかし》

漱石《そうせき》とならぶ明治《めいじ》の二大文豪《にだいぶんごう》

233/282

森《もり》鷗《おう》外《がい》

生《せい》　没《ぼつ》▶1862年《ねん》2月《がつ》17日《にち》～1922年《ねん》7月《がつ》9日《か》

陸軍軍医《りくぐんぐんい》となり、日清《にっしん》・日露戦争《にちろせんそう》にも従軍《じゅうぐん》。軍医《ぐんい》をやめたのち文学《ぶんがく》に力《ちから》を入《い》れ、『舞姫《まいひめ》』などの名作《めいさく》を世《よ》におくった。

イラスト●麻亜沙《まあさ》

波乱《はらん》の人生《じんせい》をあゆんだ作家《さっか》

232/282

太《だ》宰《ざい》治《おさむ》

生《せい》　没《ぼつ》▶1909年《ねん》6月《がつ》19日《にち》～1948年《ねん》6月《がつ》13日《にち》

青森県出身《あおもりけんしゅっしん》。太平洋戦争《たいへいようせんそう》後《ご》に発表《はっぴょう》した『斜陽《しゃよう》』で人気作家《にんきさっか》となるが、『人間失格《にんげんしっかく》』などを書《か》いたあと、入水自殺《にゅうすいじさつ》した。

イラスト●クニヨネ

幻想的《げんそうてき》な世界《せかい》が
魅力《みりょく》の童話作家《どうわさっか》

234/282

宮《みや》沢《ざわ》賢《けん》治《じ》

生《せい》没《ぼつ》▶1896年《ねん》8月《がつ》27日《にち》～1933年《ねん》9月《がつ》21日《にち》

岩手県《いわてけん》に生《う》まれ、農学校《のうがっこう》の教師《きょうし》をしながら、農民生活《のうみんせいかつ》と仏教観《ぶっきょうかん》に根《ね》ざした詩集《ししゅう》『春《はる》と修《しゅ》羅《ら》』や童話《どうわ》『銀河鉄道《ぎんがてつどう》の夜《よる》』『風《かぜ》の又三郎《またさぶろう》』を創作《そうさく》。幻想的《げんそうてき》で独特《どくとく》な世界観《せかいかん》を生《う》み出《だ》す。のちに教師《きょうし》をやめ、不作《ふさく》にあえぐ岩手《いわて》の農民《のうみん》に農業指導《のうぎょうしどう》をおこなった。

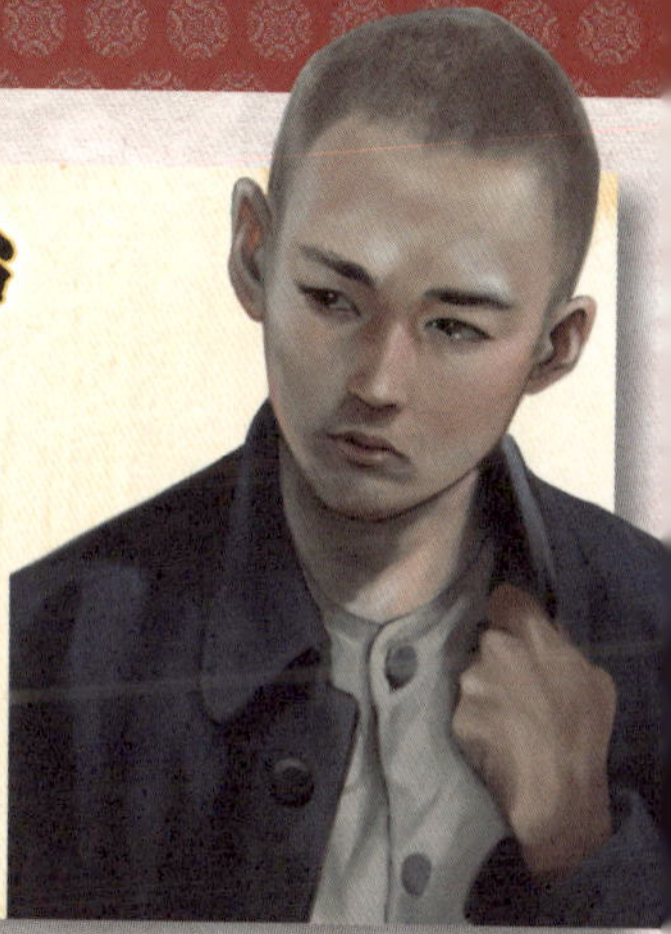

イラスト●zeNOx

235/282

樋《ひ》口《ぐち》一《いち》葉《よう》

5千円札《せんえんさつ》で有名《ゆうめい》な
女流作家《じょりゅうさっか》

生《せい》没《ぼつ》▶1872年《ねん》5月《がつ》2日《か》～1896年《ねん》11月《がつ》23日《にち》

明治時代《めいじじだい》の女流小説家《じょりゅうしょうせつか》。15歳《さい》で女流歌人《じょりゅうかじん》・中島歌子《なかじまうたこ》の塾《じゅく》に入門《にゅうもん》するが、19歳《さい》で作家《さっか》を志《こころざ》した。文芸誌《ぶんげいし》「文学界《ぶんがくかい》」に発表《はっぴょう》した『たけくらべ』で有名作家《ゆうめいさっか》の仲間入《なかまい》りをはたし、その後《ご》、数々《かずかず》の作品《さくひん》を発表《はっぴょう》するが、肺結核《はいけっかく》のため25歳《さい》で亡《な》くなった。

イラスト●ナチコ

俳句《はいく》と短歌《たんか》の革新《かくしん》に
精力《せいりょく》をそそぐ

236/282

正《まさ》岡《おか》子《し》規《き》

生《せい》没《ぼつ》▶1867年《ねん》10月《がつ》14日《か》～1902年《ねん》9月《がつ》19日《にち》

明治時代《めいじじだい》の俳人《はいじん》・歌人《かじん》。東京帝国大学《とうきょうていこくだいがく》を中《ちゅう》退《たい》して新聞記者《しんぶんきしゃ》になり、日清戦争《にっしんせんそう》に従軍《じゅうぐん》するが、帰国後《きこくご》に肺結核《はいけっかく》が悪化《あっか》。夏目漱石《なつめそうせき》の下宿《げしゅく》で静養《せいよう》し、俳句《はいく》や短歌《たんか》の革新《かくしん》に着手《ちゃくしゅ》する。俳句誌《はいくし》「ホトトギス」を創刊《そうかん》するなど、俳句《はいく》・短歌界《たんかかい》に大《おお》きな影響《えいきょう》をあたえた。

イラスト●なんばきび

237/282

陸《む》奥《つ》宗《むね》光《みつ》

外交《がいこう》を支《ささ》えた「カミソリ大臣《だいじん》」

出身《しゅっしん》	紀伊国《きいのくに》
生没《せいぼつ》	1844年《ねん》8月《がつ》20日《か》～1897年《ねん》8月《がつ》24日《か》
重要度《じゅうようど》	60%

海援隊《かいえんたい》の一員《いちいん》だった

紀伊藩《きいはん》を脱藩《だっぱん》して坂本《さかもと》龍馬《りょうま》の海援隊《かいえんたい》にくわわって活躍《かつやく》し、明治維新《めいじいしん》では土佐立志社《とさりっししゃ》の反乱計画《はんらんけいかく》にかたんしたため、投獄《とうごく》される。出獄《しゅつごく》すると伊藤《いとう》博文《ひろぶみ》に重用《ちょうよう》され、外交官《がいこうかん》、外務大臣《がいむだいじん》として日清《にっしん》戦争《せんそう》戦後《せんご》の各国《かっこく》との交渉《こうしょう》にあたり、幕末《ばくまつ》に江戸《えど》幕府《ばくふ》がむすんだ不平等条約《ふびょうどうじょうやく》の一部改正《いちぶかいせい》を成《な》しとげた。

イラスト●かみやともひろ

238/282

小《こ》村《むら》寿《じゅ》太《た》郎《ろう》

列強《れっきょう》とわたりあった小柄《こがら》な外交官《がいこうかん》

出身《しゅっしん》	日向国《ひゅうがのくに》
生没《せいぼつ》	1855年《ねん》10月《がつ》26日《にち》～1911年《ねん》11月《がつ》26日《にち》
重要度《じゅうようど》	50%

日本《にほん》の繁栄《はんえい》をもたらす

陸奥宗光《むつむねみつ》とならんで不平等条約改正《ふびょうどうじょうやくかいせい》に功《こう》のあった外交官《がいこうかん》で、のちに外務《がいむ》大臣《だいじん》として日英同盟《にちえいどうめい》をむすぶ。１９０５年《ねん》の日露《にちろ》戦争《せんそう》の講和会議《こうわかいぎ》では、日本《にほん》の代表《だいひょう》としてポーツマス条約《じょうやく》に調印《ちょういん》。さらに、１９１０年《ねん》には日韓併合《にっかんへいごう》をおこない、その翌年《よくとし》には関税自主権《かんぜいじしゅけん》の回復《かいふく》に成功《せいこう》する。

イラスト●きさらぎ

239/282

新《にい》島《じま》襄《じょう》

幕末《ばくまつ》にアメリカの神学《しんがっ》校《こう》に留学《りゅうがく》。欧米《おうべい》をまわる岩倉具視《いわくらともみ》の使節団《しせつだん》でその案内役《あんないやく》をつとめ、現地《げんち》の教育制度《きょういくせいど》を視察《しさつ》する。帰《き》国《こく》すると、京都《きょうと》に同志社《どうししゃ》英学校《えいがっこう》を創立《そうりつ》し、みずから教育指導《きょういくしどう》とキリスト教《きょう》の伝道《でんどう》にあたった。

出身 江戸《えど》

生没《せいぼつ》 1843年《ねん》2月《がつ》12日《にち》～1890年《ねん》1月《がつ》23日《にち》

イラスト●Natto-7

240/282

津《つ》田《だ》梅《うめ》子《こ》

7歳《さい》のときに岩倉具視《いわくらともみ》の使節団《しせつだん》にともなってアメリカにわたり、11年《ねん》をすごす。帰国《きこく》すると、華《か》族女学校《ぞくじょがっこう》で英語《えいご》を教《おし》えたあとふたたび留学《りゅうがく》。3年《ねん》後《ご》に帰国《きこく》すると、女子英《じょしえい》学塾《がくじゅく》(現在《げんざい》の津田塾大学《つだじゅくだいがく》)を創設《そうせつ》した。

出身 江戸《えど》

生没《せいぼつ》 1864年《ねん》12月《がつ》31日《にち》～1929年《ねん》8月《がつ》16日《にち》

イラスト●宮嶋緑子《みやじまみどりこ》

241/282

前《まえ》島《じま》密《ひそか》

明治政府《めいじせいふ》の官僚《かんりょう》。1871年《ねん》に明治政府《めいじせいふ》の駅逓《えきてい》(郵便《ゆうびん》)頭《のかみ》となり、郵便切《ゆうびんきっ》手《て》を導入《どうにゅう》して、郵便《ゆうびん》の均《きん》一料金制《いつりょうきんせい》を採用《さいよう》。日本《にほん》の郵便制度《ゆうびんせいど》をととのえるなど、近代化《きんだいか》がすすむ日本《にほん》で便利《べんり》で快適《かいてき》なくらしを提案《ていあん》しつづけた。

出身 越後国

生没《せいぼつ》 1835年《ねん》2月《がつ》4日《か》～1919年《ねん》4月《がつ》27日《にち》

イラスト●平林知子《ひらばやしともこ》

超重要人物《ちょうじゅうようじんぶつ》ファイル！

No.024

日本《にほん》に大学《だいがく》をつくった外国人《がいこくじん》

近代化《きんだいか》がすすむ日本《にほん》で教育《きょういく》に情熱《じょうねつ》をもやした外国人《がいこくじん》たち

多《おお》くの教会《きょうかい》の設立《せつりつ》にもかかわる

242/282 ウィリアムズ主教《しゅきょう》

生《せい》没《ぼつ》▶1827年《ねん》7月《がつ》18日《にち》～1910年《ねん》12月《がつ》2日《か》

江戸時代《えどじだい》のおわりに米国《べいこく》聖公会《せいこうかい》から日本《にほん》へ派遣《はけん》された宣教師《せんきょうし》で、キリスト教《きょう》が禁教《きんきょう》の日本《にほん》で８年《ねん》間《かん》、布教活動《ふきょうかつどう》をして帰《き》国《こく》。明治維新後《めいじいしんご》にふたたび来日《らいにち》して大阪《おおさか》で布教《ふきょう》をおこない、築地《つきじ》に「立教《りっきょう》学校《がっこう》」(現在《げんざい》の立教大学《りっきょうだいがく》)を開校《かいこう》した。

イラスト●ぺそ

ヘボン式《しき》ローマ字《じ》をつくった宣教医師《せんきょういし》

243/282 ヘボン

生《せい》没《ぼつ》▶1815年《ねん》3月《がつ》13日《にち》～1911年《ねん》9月《がつ》21日《にち》

開業医《かいぎょうい》として医療《いりょう》にたずさわりながら、日本《にほん》への宣教師《せんきょうし》派遣《はけん》に志願《しがん》して来《らい》日《にち》。横浜《よこはま》で医療活動《いりょうかつどう》に従《じゅう》事《じ》し、男女共学《だんじょきょうがく》のヘボン塾《じゅく》(フェリス女学院大学《じょがくいんだいがく》、明治学院大学《めいじがくいんだいがく》のルーツ)を開設《かいせつ》。聖書《せいしょ》の日本語訳《にほんごやく》にたずさわったことでも有名《ゆうめい》。

イラスト●ファルゼーレ

イラスト●冬炉夏扇《とうろかせん》

244/282

ドーラ

日本《にほん》ではじめての女性宣教師《じょせいせんきょうし》

生《せい》 没《ぼつ》▶1851年《ねん》11月《がつ》14日《か》～1934年《ねん》12月《がつ》5日《か》

アメリカで小《しょう》・中学校《ちゅうがっこう》の教師《きょうし》をしていたが、海外伝道《かいがいでんどう》を志《こころざ》し、日本《にほん》での宣教《せんきょう》を決意《けつい》。1874年《ねん》、23歳《さい》ではじめての女性宣教師《じょせいせんきょうし》として派遣《はけん》された。麻布《あざぶ》（現在《げんざい》の東京都港区《とうきょうとみなとく》）に住《す》んで、「女子小学校《じょししょうがっこう》」を開設《かいせつ》。現在《げんざい》の青山学院大学《あおやまがくいんだいがく》のルーツとなる。

「少年《しょうねん》よ大志《たいし》を抱《いだ》け」の農学者《のうがくしゃ》

245/282

クラーク

生《せい》 没《ぼつ》▶1826年《ねん》7月《がつ》31日《にち》～1886年《ねん》3月《がつ》9日《か》

アメリカとドイツで化学《かがく》・植物学《しょくぶつがく》を学《まな》び、農業教育《のうぎょうきょういく》に力《ちから》をそそいだ。のちに日本政府《にほんせいふ》の要請《ようせい》で外国人教師《がいこくじんきょうし》としてやとわれ、札幌農学校《さっぽろのうがっこう》（現在《げんざい》の北海道大学《ほっかいどうだいがく》）の初代教頭《しょだいきょうとう》となる。農業指導《のうぎょうしどう》のほか、学校施設《がっこうしせつ》も充実《じゅうじつ》させ、農場《のうじょう》を開設《かいせつ》してアメリカ式《しき》の合理的《ごうりてき》な畜舎《ちくしゃ》「モデルバーン」を建設《けんせつ》した。

イラスト●きさらぎ

日本《にほん》の近代化《きんだいか》のためにやとわれた外国人《がいこくじん》

殖産興業《しょくさんこうぎょう》をめざす明治新政《めいじしんせい》府《ふ》にまねかれた多《おお》くの外国《がいこく》人教師《じんきょうし》たちは、各分野《かくぶんや》にわたって日本《にほん》の近代化《きんだいか》に貢献《こうけん》した。とくに近代化《きんだいか》の象徴《しょうちょう》といえるのが建築《けんちく》で、日本《にほん》の建築界《けんちくかい》に大《おお》きく貢献《こうけん》したジョサイヤ・コンドルなどによって、レンガや石《いし》づくりの本格的《ほんかくてき》な西洋建築物《せいようけんちくぶつ》が建《た》てられ、都市《とし》の景観《けいかん》を近《きん》代的《だいてき》に変《か》えていった。

●コンドルが構造設計《こうぞうせっけい》をおこなったビザンチン様式《ようしき》のニコライ堂《どう》

246/282

田《た》中《なか》正《しょう》造《ぞう》

足《あし》尾《お》銅《どう》山《ざん》の公《こう》害《がい》を天《てん》皇《のう》に直《じき》訴《そ》

出身	下野国《しもつけのくに》
生没《せいぼつ》	1841年《ねん》12月《がつ》15日《にち》～1913年《ねん》9月《がつ》4日《か》
重要度《じゅうようど》	30%

日本《にほん》の公害問題《こうがいもんだい》の原点《げんてん》

自由民権運動《じゆうみんけんうんどう》で活躍《かつやく》し、1890年《ねん》の第《だい》1回《かい》総選挙《そうせんきょ》で当選《とうせん》して衆議院《しゅうぎいん》議員《ぎいん》となる。足尾銅山《あしおどうざん》の鉱毒問題《こうどくもんだい》で現地《げんち》の被害状《ひがいじょう》況《きょう》を調査《ちょうさ》し、あまりのひどさに帝国議会《ていこくぎかい》で事件《じけん》の解決《かいけつ》をせまったがとりあげられず、議員《ぎいん》を辞職《じしょく》して明治天皇《めいじてんのう》に直訴《じきそ》するなど、命《いのち》がけで鉱毒問題《こうどくもんだい》の解決《かいけつ》につくした。

イラスト●平林知子《ひらばやしともこ》

247/282

平《ひら》塚《つか》らいてう

反《はん》戦《せん》をかかげた女《じょ》性《せい》解《かい》放《ほう》運《うん》動《どう》家《か》

出身	東京府《とうきょうふ》
生没《せいぼつ》	1886年《ねん》2月《がつ》10日《か》～1971年《ねん》5月《がつ》24日《か》
重要度《じゅうようど》	40%

女性《じょせい》の権利《けんり》を守《まも》れ！

大学生《だいがくせい》のとき、日露戦《にちろせん》争《そう》が起《お》きて国家主義的《こっかしゅぎてき》な風潮《ふうちょう》が強《つよ》くなった社会《しゃかい》に幻滅《げんめつ》し、文学《ぶんがく》にめざめる。女性差別《じょせいさべつ》の社会《しゃかい》での女性《じょせい》解放《かいほう》に興味《きょうみ》をもち、女性《じょせい》のための文芸誌《ぶんげいし》『青鞜《せいとう》』を創刊《そうかん》。女性《じょせい》の自我《じが》の確《かく》立《りつ》をうったえ、さらに市《いち》川房江《かわふさえ》らと新婦人協会《しんふじんきょうかい》を結成《けっせい》して、女性《じょせい》の権利《けんり》保《ほ》護運動《ごうんどう》で活躍《かつやく》した。

イラスト●神矢柊《かみやしゅう》

248/282

幸《こう》徳《とく》秋《しゅう》水《すい》

理想《りそう》の社会《しゃかい》を追《お》い求《もと》めた思想家《しそうか》

大逆事件《たいぎゃくじけん》で処刑《しょけい》される

明治《めいじ》の思想家《しそうか》。新聞記者《しんぶんきしゃ》のときに社会主義《しゃかいしゅぎ》に関心《かんしん》をもち、帝国主義《ていこくしゅぎ》を批判《ひはん》。その後《ご》、無政府主義者《むせいふしゅぎしゃ》（アナキスト）となり、アメリカにわたってロシア人《じん》アナキストと交流《こうりゅう》して帰国《きこく》。のちに社会革命党《しゃかいかくめいとう》を結成《けっせい》するが、1910年《ねん》、明治天皇《めいじてんのう》の暗殺《あんさつ》を計画《けいかく》したという口実《こうじつ》で逮捕《たいほ》され、処刑《しょけい》された。

出《しゅっ》身《しん》	高知県《こうちけん》
生《せい》没《ぼつ》	1871年《ねん》11月《がつ》5日《か》～1911年《ねん》1月《がつ》24日《か》
重要度《じゅうようど》	30%

イラスト●Natto-7

249/282

内《うち》村《むら》鑑《かん》三《ぞう》

キリスト教《きょう》の日本化《にほんか》をめざした宗教家《しゅうきょうか》

無教会派《むきょうかいは》のキリスト教《きょう》

札幌農学校《さっぽろのうがっこう》でクラーク博士《はかせ》の影響《えいきょう》でキリスト教《きょう》徒《と》になり、卒業後《そつぎょうご》に渡米《とべい》して神学《しんがく》を学《まな》ぶ。帰国《きこく》して教師《きょうし》になるが、教育勅語《きょういくちょくご》にたいする不敬事件《ふけいじけん》など、さまざまな事件《じけん》を起《お》こしてやめさせられる。その後《ご》、みずからの信仰《しんこう》にもとづき、信仰《しんこう》に教会《きょうかい》はいらないという無教会《むきょうかい》派《は》のキリスト教《きょう》をひらく。

出《しゅっ》身《しん》	江戸《えど》
生《せい》没《ぼつ》	1861年《ねん》3月《がつ》23日《にち》～1930年《ねん》3月《がつ》28日《にち》
重要度《じゅうようど》	30%

イラスト●クニヨネ

日本史《にほんし》 Pick up!

現代《げんだい》に息《いき》づく財閥《ざいばつ》

日本《にほん》の近代化《きんだいか》の裏《うら》で日本経済《にほんけいざい》を支配《しはい》したのは財閥《ざいばつ》だった

日本《にほん》を牛耳《ぎゅうじ》った総合財閥《そうごうざいばつ》

財閥《ざいばつ》とは、「家族《かぞく》または同族《どうぞく》によって出資《しゅっし》された親会社《おやがいしゃ》を中心《ちゅうしん》として、その子会社《こがいしゃ》にさまざまな産業《さんぎょう》の経営《けいえい》をさせている企業《きぎょう》集団《しゅうだん》」のこと。近代《きんだい》の日本《にほん》では、財閥《ざいばつ》が日本経済《にほんけいざい》を支配《しはい》していた。

典型的《てんけいてき》な日本《にほん》の財閥《ざいばつ》は、総合《そうごう》財閥《ざいばつ》といって、金融《きんゆう》、商社《しょうしゃ》、流通《りゅうつう》、重化学工業《じゅうかがくこうぎょう》などにまんべんなく投資《とうし》をしていた。

そのトップに君臨《くんりん》していたのが４大財閥《だいざいばつ》の三井財閥《みついざいばつ》、三菱財《みつびしざい》閥《ばつ》、住友財閥《すみともざいばつ》、安田財閥《やすだざいばつ》である。このうち三井財閥《みついざいばつ》と住友財閥《すみともざいばつ》は、前身《ぜんしん》が江戸時代《えどじだい》の御用商人《ごようしょうにん》（幕府《ばくふ》や大名《だいみょう》から特権《とっけん》をあたえられていた商人《しょうにん》）で、明治政府《めいじせいふ》の政商《せいしょう》（政治家《せいじか》とむすびついていた事業家《じぎょうか》）から成長《せいちょう》したのが三菱財閥《みつびしざいばつ》と安田財閥《やすだざいばつ》である。明《めい》治時代《じじだい》、同《おな》じく政商《せいしょう》から財閥《ざいばつ》になったのはほかに、古河財閥《ふるかわざいばつ》、大倉財閥《おおくらざいばつ》、藤田財閥《ふじたざいばつ》などがある。

GHQによって解体《かいたい》

こうして明治《めいじ》から大正《たいしょう》、昭和《しょうわ》（戦前《せんぜん》）にかけて、つぎつぎに財《ざい》閥《ばつ》が生《う》まれた。しかし太平洋戦《たいへいようせん》争《そう》で日本《にほん》が負《ま》けると、戦勝国《せんしょうこく》のアメリカは４大財閥《だいざいばつ》をふくむ日《に》本経済《ほんけいざい》を牛耳《ぎゅうじ》っていた15の財閥《ざいばつ》を解体《かいたい》した。

こうして財閥《ざいばつ》はとりのぞかれ、経済《けいざい》は民主化《みんしゅか》された。しかし、三菱《みつびし》・三井《みつい》・住友《すみとも》などの企業《きぎょう》グループはいまもなおのこり、日《に》本《ほん》を代表《だいひょう》する大企業《だいきぎょう》をかかえ、日本経済《にほんけいざい》に強《つよ》い影響力《えいきょうりょく》をもちつづけている。

日本《にほん》の4大財閥《だいざいばつ》

現代《げんだい》のメガバンクなどの母体《ぼたい》となった日本《にほん》の財閥《ざいばつ》を知《し》ろう！

財閥《ざいばつ》	創始者《そうししゃ》	創業《そうぎょう》	概要《がいよう》
三井財閥《みついざいばつ》	三井高利《みついたかとし》	1673年《ねん》	江戸時代《えどじだい》に有名《ゆうめい》な総合商店《そうごうしょうてん》としてさかえた「越《えち》後屋《ごや》」がはじまりだといわれる。1876年《ねん》には三《みつ》井銀行《いぎんこう》を創業《そうぎょう》。現在《げんざい》の三井《みつい》グループ
三菱財閥《みつびしざいばつ》	岩崎弥太郎《いわさきやたろう》	1870年《ねん》	明治維新後《めいじいしんご》、坂本龍馬《さかもとりょうま》と親交《しんこう》のあった岩崎弥《いわさきや》太郎《たろう》が日本最大級《にほんさいだいきゅう》の派閥《はばつ》をきずいた。のちに造船業《ぞうせんぎょう》などで財《ざい》をなす。現在《げんざい》の三菱《みつびし》グループ
住友財閥《すみともざいばつ》	住友政友《すみともまさとも》	江戸時代《えどじだい》初期《しょき》	世界最古《せかいさいこ》ともいわれ、400年以上《ねんいじょう》の歴史《れきし》をほこった財閥《ざいばつ》。昭和初期《しょうわしょき》は、重化学工業《じゅうかがくこうぎょう》を中心《ちゅうしん》に発展《はってん》した。現在《げんざい》の住友《すみとも》グループ
安田財閥《やすだざいばつ》	安田善次郎《やすだぜんじろう》	1887年《ねん》	1866年《ねん》にできた両替専門《りょうがえせんもん》の安田商店《やすだしょうてん》からはじまった。1876年《ねん》に第三国立銀行《だいさんこくりつぎんこう》を設立《せつりつ》し、巨《きょ》万《まん》の富《とみ》をえた。現在《げんざい》はみずほ銀行《ぎんこう》などが有名《ゆうめい》

ポイント!

GHQがおこなった財閥解体《ざいばつかいたい》の実態《じったい》

戦時中《せんじちゅう》に軍需産業《ぐんじゅさんぎょう》とむすびついて巨大《きょだい》な利益《りえき》をあげ、日本経済《にほんけいざい》を独占《どくせん》していた財《ざい》閥《ばつ》をＧＨＱ（連合国軍最高司令官総司令《れんごうこくぐんさいこうしれいかんそうしれい》部《ぶ》）は解体《かいたい》した。財閥《ざいばつ》の解体《かいたい》は「産業界《さんぎょうかい》に競争《きょうそう》をとりもどそう」というのが名目《めいもく》だったが、「欧米《おうべい》の脅威《きょうい》となる日本《にほん》の経《けい》済体制《ざいたいせい》をこわす」というのが本音《ほんね》。ただ、ＧＨＱはかんじんの銀行《ぎんこう》に手《て》をつけなかった。その銀行《ぎんこう》を中心《ちゅうしん》に旧財閥系《きゅうざいばつけい》の企業《きぎょう》がむすびついてグループ化《か》し、三井《みつい》や三《みつ》菱《びし》はいまも存在《そんざい》しつづけている。

●当時《とうじ》のおもかげをのこす三井本店《みついほんてん》

250/282

渋《しぶ》沢《さわ》栄《えい》一《いち》

日本《にほん》資本主義《しほんしゅぎ》の父《ちち》といわれた実業家《じつぎょうか》

イラスト●安采《あんざい》サチエ

出身	武蔵国《むさしのくに》
生没	1840年《ねん》3月《がつ》16日《にち》～1931年《ねん》11月《がつ》11日《にち》
重要度	50%

能力パラメータ

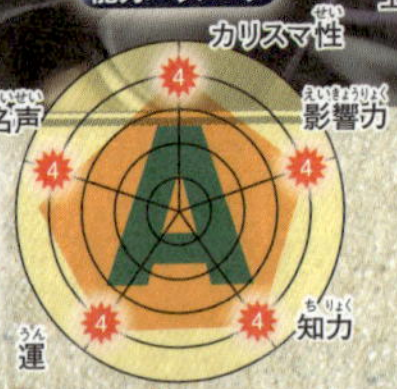

幕臣《ばくしん》から実業家《じつぎょうか》へ

江戸幕府《えどばくふ》の使節団《しせつだん》とともにフランスにわたり、欧米《おうべい》の最《さい》先端《せんたん》の政治《せいじ》、産業《さんぎょう》、経済《けいざい》を学《まな》んで帰国《きこく》。明治新政府《めいじしんせいふ》では大《おお》蔵官僚《くらかんりょう》として税《ぜい》、銀行《ぎんこう》、貨幣《かへい》、鉄道《てつどう》など新制度《しんせいど》の導入《どうにゅう》にたずさわる。退官後《たいかんご》は実業家《じつぎょうか》となり、第一国立銀行《だいいちこくりつぎんこう》のほか、さまざまな企業《きぎょう》の設立《せつりつ》にかかわった。

歴史《れきし》のウラ側《がわ》

第一国立銀行《だいいちこくりつぎんこう》と東京証券取引所《とうきょうしょうけんとりひきじょ》を設立《せつりつ》

みずほ銀行《ぎんこう》の前身《ぜんしん》となる第一国立銀行《だいいちこくりつぎんこう》は、渋沢《しぶさわ》栄一《えいいち》の立案《りつあん》によって創設《そうせつ》された日本初《にほんはつ》の銀行《ぎんこう》である。「国立《こくりつ》」とあるが民間経営《みんかんけいえい》の銀行《ぎんこう》で、渋《しぶ》沢《さわ》が頭取《とうどり》となり、紙幣《しへい》の発行《はっこう》もみとめられていた。また、渋沢《しぶさわ》は東京株式取引所《とうきょうかぶしきとりひきじょ》（現在《げんざい》の東京《とうきょう》証券取引所《しょうけんとりひきじょ》）の設立《せつりつ》も提唱《ていしょう》。渋沢《しぶさわ》のほか、実業《じつぎょう》界《かい》の大物《おおもの》も賛同《さんどう》して設立《せつりつ》がみとめられた。まさしく渋沢《しぶさわ》は日本金融界《にほんきんゆうかい》の神様《かみさま》である。

JR深谷駅《ふかやえき》

日本初《にほんはつ》のレンガ製造会社《せいぞうがいしゃ》をつくった渋沢栄一《しぶさわえいいち》にちなんだつくり

251/282

五代友厚《ごだいともあつ》

大阪《おおさか》を発展《はってん》させた薩摩隼人《さつまはやと》

出身《しゅっしん》	薩摩国《さつまのくに》
生没《せいぼつ》	1836年《ねん》2月《がつ》12日《にち》～1885年《ねん》9月《がつ》25日《にち》
重要度《じゅうようど》	30%

イラスト●凹《うさぎ》

開国《かいこく》こそすすむべき道《みち》

薩摩藩《さつまはん》で早《はや》くから頭角《とうかく》をあらわし、開国論者《かいこくろんしゃ》として名《な》をはせる。１８６５年《ねん》に薩摩藩使節《さつまはんしせつ》としてヨーロッパを視察《しさつ》。帰国《きこく》後《ご》、薩摩藩《さつまはん》の会計係《かいけいがかり》となり、実業家《じつぎょうか》の手腕《しゅわん》を発揮《はっき》しはじめる。明治新政府《めいじしんせいふ》からはなれて大阪《おおさか》を地盤《じばん》に政商《せいしょう》となり、低迷《ていめい》していた大阪経済《おおさかけいざい》の復活《ふっかつ》と発展《はってん》につくした。

252/282

岩崎弥太郎《いわさきやたろう》

巨万《きょまん》の富《とみ》をきずいた明治《めいじ》の政商《せいしょう》

出身《しゅっしん》	土佐国《とさのくに》
生没《せいぼつ》	1835年《ねん》1月《がつ》9日《か》～1885年《ねん》2月《がつ》7日《か》
重要度《じゅうようど》	40%

イラスト●むなぁげ

三菱財閥《みつびしざいばつ》の創始者《そうししゃ》

幕末《ばくまつ》、後藤象二郎《ごとうしょうじろう》とともに土佐藩《とさはん》の海運業《かいうんぎょう》を担当《たんとう》し、長崎《ながさき》で活躍《かつやく》。廃藩置県《はいはんちけん》で土佐藩《とさはん》の官職《かんしょく》を失《うしな》い、海運業商社《かいうんぎょうしょうしゃ》の九十九《つくも》商会《しょうかい》の経営者《けいえいしゃ》となると、三菱商会《みつびししょうかい》に社名《しゃめい》を変更《へんこう》。政府《せいふ》の保護《ほご》をうけた政商《せいしょう》として、西南戦争《せいなんせんそう》や台湾《たいわん》出兵《しゅっぺい》の軍需品輸送《ぐんじゅひんゆそう》で巨万《きょまん》の富《とみ》をきずき、三菱財閥《みつびしざいばつ》の基礎《きそ》をかためた。

歴史《れきし》の転換点《てんかんてん》 その10

日清《にっしん》・日露戦争《にちろせんそう》

日本《にほん》が欧米列強《おうべいれっきょう》と対等《たいとう》の地位《ちい》を確立《かくりつ》した戦争《せんそう》

この出来事《できごと》が起《お》きた年《とし》

1894年《ねん》・1904年《ねん》

朝鮮《ちょうせん》をめぐる争《あらそ》い

1894年《ねん》、明治政府《めいじせいふ》は朝鮮《ちょうせん》で大規模《だいきぼ》な農民反乱《のうみんはんらん》が起《お》きたことをきっかけに、朝鮮半島《ちょうせんはんとう》へ軍《ぐん》を派遣《はけん》した。同時《どうじ》に朝鮮《ちょうせん》から内《ない》乱鎮圧《らんちんあつ》をたのまれた清《しん》も軍《ぐん》を派《は》遣《けん》。そのまま日清両国《にっしんりょうこく》は宣戦《せんせん》を布告《ふこく》し、開戦《かいせん》となった。

軍隊《ぐんたい》が近代化《きんだいか》されていた日本《にほん》軍《ぐん》は、軍隊《ぐんたい》の装備《そうび》が古《ふる》い清軍《しんぐん》にたいし、優勢《ゆうせい》に戦《たたか》いをすすめ、朝鮮半島《ちょうせんはんとう》と遼東半島《りょうとうはんとう》などを占《せん》領《りょう》。戦争《せんそう》に勝《か》った日本《にほん》は下関条《しものせきじょう》約《やく》をむすび、おもに朝鮮《ちょうせん》の独立《どくりつ》、清国領土《しんこくりょうど》の割譲《かつじょう》、多額《たがく》の賠償金《ばいしょうきん》などを清《しん》にみとめさせた。

圧倒的不利《あっとうてきふり》をくつがえす

しかし、この条約内容《じょうやくないよう》に不満《ふまん》をもったロシアはフランスとドイツとともに、遼東半島《りょうとうはんとう》の返還《へんかん》を日本《にほん》に求《もと》めた（三国干渉《さんごくかんしょう》）。日《に》本《ほん》は泣《な》く泣《な》く要求《ようきゅう》に応《おう》じるが、ロシアは遼東半島《りょうとうはんとう》を清《しん》から租借《そしゃく》（一定期間《いっていきかん》借りること）し、そのまま半島《はんとう》を支配《しはい》した。

その後《ご》、ロシアは満州《まんしゅう》に兵《へい》をとどめ、南下《なんか》の動《うご》きを見《み》せはじめる。これを危険《きけん》と見《み》た日本《にほん》は日英同盟《にちえいどうめい》をむすび、ロシアと交《こう》渉《しょう》にのぞむが不調《ふちょう》におわり、ついに日露戦争《にちろせんそう》が開戦《かいせん》。圧倒的《あっとうてき》不《ふ》利《り》とされた日本《にほん》だったが、日本《にほん》海海戦《かいかいせん》で勝利《しょうり》をおさめた。

その後《ご》、アメリカの仲介《ちゅうかい》で講《こう》和《わ》条約《じょうやく》をむすび、朝鮮半島《ちょうせんはんとう》の優《ゆう》越権《えつけん》や樺太割譲《からふとかつじょう》などをロシアにみとめさせたのである。

関連《かんれん》する人物《じんぶつ》

253/282

乃《の》木《ぎ》希《まれ》典《すけ》

長州出身《ちょうしゅうしゅっしん》の陸軍大将《りくぐんたいしょう》。日清戦争《にっしんせんそう》では旅団長《りょだんちょう》で活躍《かつやく》。日露戦争《にちろせんそう》では第《だい》３軍司令官《ぐんしれいかん》として旅順《りょじゅん》の攻撃《こうげき》にあたり、203高地《こうち》を占領《せんりょう》。頂上《ちょうじょう》からの攻撃《こうげき》でロシア艦隊《かんたい》を殲滅《せんめつ》した。

生《せい》 没《ぼつ》▶ 1849年《ねん》12月《がつ》25日《にち》～1912年《ねん》9月《がつ》13日《にち》

イラスト●ZeNOx

イラスト●天辰公瞭《あまたつきとあき》

254/282

東《とう》郷《ごう》平《へい》八《はち》郎《ろう》

薩摩藩出身《さつまはんしゅっしん》の海軍大将《かいぐんたいしょう》。日清戦争《にっしんせんそう》では軍艦《ぐんかん》「浪速《なにわ》」の艦長《かんちょう》として活躍《かつやく》。日露戦争《にちろせんそう》では連合艦隊司令長官《れんごうかんたいしれいちょうかん》となって海軍《かいぐん》を指揮《しき》。ロシアのバルチック艦隊《かんたい》に勝利《しょうり》した。

生《せい》 没《ぼつ》▶ 1848年《ねん》1月《がつ》27日《にち》～1934年《ねん》5月《がつ》30日《にち》

ポイント!

日本海海戦《にほんかいかいせん》で 日本《にほん》が奇跡的《きせきてき》な勝利《しょうり》！

同盟国《どうめいこく》イギリスの暗躍《あんやく》で、バルチック艦隊《かんたい》は航行《こうこう》をじゃまされ、つかれきった状態《じょうたい》で日本海海戦《にほんかいかいせん》をむかえる。日本《にほん》はその間《かん》（約《やく》７ヵ月《げつ》）、砲撃《ほうげき》の猛特訓《もうとっくん》をつんでいた。本番《ほんばん》では参謀《さんぼう》・秋山真之《あきやまさねゆき》の迎撃作戦《げいげきさくせん》もはまり、世界最強《せかいさいきょう》の艦隊《かんたい》に一方的《いっぽうてき》な勝利《しょうり》をおさめた。

●日本《にほん》と中国《ちゅうごく》が釣《つ》ろうとしている魚《さかな》（朝鮮《ちょうせん》）をロシアもねらっているという風刺画《ふうしが》

255/282

山《やま》本《もと》五《い》十《そ》六《ろく》

太平洋戦争《たいへいようせんそう》の連合艦隊司令長官《れんごうかんたいしれいちょうかん》

イラスト●威澄蓮《いずみれん》

真珠湾攻撃《しんじゅわんこうげき》を指揮《しき》

16歳《さい》のときに海軍兵学校《かいぐんへいがっこう》に入学《にゅうがく》し、卒業後《そつぎょうご》すぐ日露戦争《にちろせんそう》に従軍《じゅうぐん》。35歳《さい》でアメリカ駐在《ちゅうざい》武官《ぶかん》となる。帰国後《きこくご》、海軍航空本部長《かいぐんこうくうほんぶちょう》、海軍次官《かいぐんじかん》を歴任《れきにん》。日独伊三国同盟《にちどくいさんごくどうめい》に反対《はんたい》したが、太平洋戦争《たいへいようせんそう》では連合艦隊《れんごうかんたい》司令長官《しれいちょうかん》として、真珠湾攻撃《しんじゅわんこうげき》やミッドウェー海戦《かいせん》の指揮《しき》をとった。

出身《しゅっしん》	新潟県《にいがたけん》
生没《せいぼつ》	1884年《ねん》4月《がつ》4日《か》～1943年《ねん》4月《がつ》18日《にち》
重要度《じゅうようど》	50%

能力パラメータ

歴史《れきし》のウラ側《がわ》

山本五十六《やまもといそろく》はアメリカに勝《か》てないことを知《し》っていた！

日米決戦《にちべいけっせん》について、山本五十六《やまもといそろく》は「はじめの半年《はんとし》か1年《ねん》のあいだはずいぶんあばれてごらんにいれる。しかしながら2年《ねん》、3年《ねん》となればまったく確信《かくしん》はもてぬ」と、国力《こくりょく》の差《さ》を痛感《つうかん》していた。しかし、個人《こじん》がいくら不利《ふり》だとうったえても、戦争《せんそう》をするかどうかを決《き》めるのは政府《せいふ》。結局《けっきょく》、開戦《かいせん》が決定《けってい》し、山本《やまもと》は有利《ゆうり》なかたちで戦争《せんそう》に突入《とつにゅう》するため、真珠湾《しんじゅわん》に奇襲《きしゅう》をかけた。

真珠湾攻撃《しんじゅわんこうげき》の様子《ようす》

日本軍《にほんぐん》の爆弾《ばくだん》がアメリカの空母《くうぼ》などを炎上《えんじょう》させた

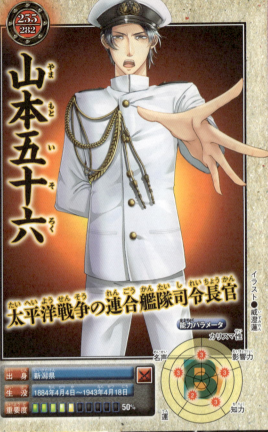

256
282

東条英機《とうじょうひでき》

対米戦争《たいべいせんそう》につきすすんだ陸軍《りくぐん》トップ

イラスト●坪井亮平《つぼいりょうへい》

出身《しゅっしん》	東京府《とうきょうふ》	
生没《せいぼつ》	1884年《ねん》12月《がつ》30日《にち》〜1948年《ねん》12月《がつ》23日《にち》	
重要度《じゅうようど》		70%

能力《のうりょく》パラメータ

日米開戦《にちべいかいせん》を強《つよ》く主張《しゅちょう》

陸軍大学校《りくぐんだいがっこう》を卒業《そつぎょう》し、以後《いご》、陸軍少将《りくぐんしょうしょう》、関東軍《かんとうぐん》の憲兵隊司令官《けんぺいたいしれいかん》、参謀長《さんぼうちょう》をへて陸軍大臣《りくぐんだいじん》となり、アメリカとの戦争《せんそう》を主張《しゅちょう》。内閣総理大臣《ないかくそうりだいじん》になると太平洋戦争《たいへいようせんそう》を起《お》こすが、戦局《せんきょく》が悪化《あっか》して退陣《たいじん》。敗戦後《はいせんご》は戦争犯罪人《せんそうはんざいにん》として、極東国際軍事裁判《きょくとうこくさいぐんじさいばん》にかけられ、絞首刑《こうしゅけい》となった。

極東国際軍事裁判《きょくとうこくさいぐんじさいばん》

連合国側《れんごうこくがわ》がおこなった国際裁判《こくさいさいばん》。A級戦犯《きゅうせんぱん》全員《ぜんいん》にきびしい処分《しょぶん》がくだされた

衝撃《しょうげき》スクープ!

最後《さいご》まで開戦《かいせん》を止《と》めようとしていた!?

東条英機《とうじょうひでき》は皇居《こうきょ》での首相任命《しゅしょうにんめい》の際《さい》、昭《しょう》和天皇《わてんのう》から対米戦争回避《たいべいせんそうかいひ》に力《ちから》をつくすよういわれた。天皇《てんのう》への忠誠心《ちゅうせいしん》が強《つよ》い東条《とうじょう》は、天皇《てんのう》の言葉《ことば》を聞《き》き、いったん開戦《かいせん》を白紙《はくし》にもどしている。

歴史《れきし》の転換点《てんかんてん》 その11

日本《にほん》の降伏《こうふく》でおわった3年《ねん》9ヵ月《げつ》にわたる激戦《げきせん》

太平洋戦争《たいへいようせんそう》

この出来事《できごと》が起《お》きた年《とし》
1941年《ねん》～1945年《ねん》

アメリカの経済制裁《けいざいせいさい》が引《ひ》き金《がね》

１９３０年代以降《ねんだいいこう》、ドイツがイギリスをのぞくヨーロッパ全《ぜん》土《ど》を支配《しはい》しようかというころ、満州国建国《まんしゅうこくけんこく》や日中戦争《にっちゅうせんそう》などで国《こく》際的《さいてき》に孤立《こりつ》していた日本《にほん》は、ドイツ・イタリアに近《ちか》づき、その後《ご》、日独伊三国同盟《にちどくいさんごくどうめい》をむすんだ。ファシズム色《しょく》を一気《いっき》に強《つよ》めた日《に》本《ほん》は、さらなる勢力拡大《せいりょくかくだい》と物資《ぶっし》獲得《かくとく》をめざして、大陸《たいりく》を南進《なんしん》しはじめる。

こうした日本《にほん》の動《うご》きをうけ、日米関係《にちべいかんけい》は急激《きゅうげき》に悪化《あっか》。日本《にほん》はアメリカから経済制裁《けいざいせいさい》をうけることになった。軍需物資《ぐんじゅぶっし》のほとんどをアメリカにたよっていた日本《にほん》はこの処置《しょち》にこまり、アメリカの怒《いか》りをしずめようと和平《わへい》交渉《こうしょう》にのぞんだ。しかし、アメリカの提案《ていあん》した条件《じょうけん》は日本《にほん》が合《ごう》意《い》できる内容《ないよう》ではなかったため、ついに１９４１年《ねん》、日本《にほん》がハワイの真珠湾《しんじゅわん》を攻撃《こうげき》。太平洋戦争《たいへいようせんそう》がはじまった。

絶望的《ぜつぼうてき》に悪化《あっか》した戦局《せんきょく》

開戦《かいせん》して間《ま》もなく、日本海軍《にほんかいぐん》は太平洋《たいへいよう》の島々《しまじま》をつぎつぎに占《せん》拠《きょ》するなど勢力《せいりょく》を拡大《かくだい》し、戦局《せんきょく》を優位《ゆうい》にすすめていった。

しかし、１９４２年《ねん》にミッドウェー海戦《かいせん》で日本海軍《にほんかいぐん》が歴史的《れきしてき》大敗《たいはい》をきっすると、戦局《せんきょく》は一変《いっぺん》する。アメリカの猛反撃《もうはんげき》をうけた日本《にほん》は、南太平洋《みなみたいへいよう》の重要拠《じゅうようきょ》点《てん》・ガダルカナル島《とう》から撤退《てったい》することになった。

関連《かんれん》する人物《じんぶつ》

257/282

杉《すぎ》原《はら》千《ち》畝《うね》

日本《にほん》が太平洋戦争《たいへいようせんそう》に突入《とつにゅう》するなか、外交《がいこう》官《かん》として第二次世界大戦時中《だいにじせかいたいせんじちゅう》のリトアニアに赴任《ふにん》。ドイツ軍《ぐん》に虐殺《ぎゃくさつ》されそうなユダヤ人《じん》を保護《ほご》して、命《いのち》をかけて守《まも》った。

生没年《せいぼつねん》▶1900年《ねん》1月《がつ》1日《たち》～1986年《ねん》7月《がつ》31日《にち》

イラスト●きさらぎ

おもな流《なが》れ

1941年《ねん》12月《がつ》8日《か》	真珠湾攻撃《しんじゅわんこうげき》に成功《せいこう》
1941年《ねん》12月《がつ》10日《か》	マレー沖海戦《おきかいせん》に勝利《しょうり》
1942年《ねん》1月《がつ》2日《か》	フィリピン・マニラ占領《せんりょう》
1942年《ねん》2月《がつ》15日《にち》	シンガポール占領《せんりょう》
1942年《ねん》4月《がつ》18日《にち》	日本《にほん》が初空襲《はつくうしゅう》にあう
1942年《ねん》6月《がつ》5日《か》	ミッドウェー海戦《かいせん》にやぶれる
1943年《ねん》5月《がつ》29日《にち》	アッツ島守備隊玉砕《とうしゅびたいぎょくさい》
1944年《ねん》10月《がつ》23日《にち》	レイテ沖海戦《おきかいせん》に敗北《はいぼく》
1945年《ねん》3月《がつ》10日《か》	東京大空襲《とうきょうだいくうしゅう》
1945年《ねん》4月《がつ》1日《たち》	アメリカ軍《ぐん》、沖縄本土上陸《おきなわほんどじょうりく》
1945年《ねん》8月《がつ》6日《か》	広島《ひろしま》に原爆《げんばく》が投下《とうか》される
1945年《ねん》8月《がつ》9日《か》	長崎《ながさき》に原爆《げんばく》が投下《とうか》される
1945年《ねん》8月《がつ》14日《か》	ポツダム宣言《せんげん》を受諾《じゅだく》
1945年《ねん》8月《がつ》15日《にち》	玉音放送《ぎょくおんほうそう》で終戦《しゅうせん》が知《し》らされる

日本軍《にほんぐん》の転機《てんき》となったミッドウェー海戦以降《かいせんいこう》は補《ほ》給《きゅう》もままならず、くるしい戦《たたか》いをしいられた

日本《にほん》は完全《かんぜん》に守《まも》りにまわることになり、もはやなすすべもなく、ついに本土攻撃《ほんどこうげき》をゆるした。硫黄島《いおうとう》での敗戦《はいせん》、東京大空襲《とうきょうだいくうしゅう》、沖縄《おきなわ》での敗戦《はいせん》と、日本《にほん》の敗北《はいぼく》はほとんど決定的《けっていてき》な状況《じょうきょう》だったが、軍部《ぐんぶ》は断固《だんこ》として戦《たたか》う意志《いし》をしめしつづけた。

しかし、広島《ひろしま》と長崎《ながさき》に原子爆弾《げんしばくだん》を投下《とうか》されたことで、政府《せいふ》は連合国《れんごうこく》が提示《ていじ》した無条件降伏《むじょうけんこうふく》のうけ入《い》れを決定《けってい》する。そして1945年《ねん》、昭和天皇《しょうわてんのう》はラジオで国民《こくみん》に敗戦《はいせん》を伝《つた》え、戦後《せんご》、日本《にほん》はアメリカの占領下《せんりょうか》におかれることになった。

258
282

吉《よし》田《だ》茂《しげる》

ワンマンでならした和製《わせい》・チャーチル

出身	東京府《とうきょうふ》
生没《せいぼつ》	1878年《ねん》9月《がつ》22日《にち》～1967年《ねん》10月《がつ》20日《か》
重要度《じゅうようど》	70%

イラスト●はとまめ

戦後《せんご》日本《にほん》のキーマン

大学卒業後《だいがくそつぎょうご》、外交官《がいこうかん》となり、イタリアとイギリスの駐在大使《ちゅうざいたいし》をつとめる。第二次世界大戦《だいにじせかいたいせん》後《せんご》は日本自由党《にほんじゆうとう》の総裁《そうさい》になり、長期政権《ちょうきせいけん》となる吉田内閣《よしだないかく》を組織《そしき》。日本国憲法《にほんこくけんぽう》の制定《せいてい》をはじめ、サンフランシスコ講和条約《こうわじょうやく》や日米安全保障条約《にちべいあんぜんほしょうじょうやく》の調印《ちょういん》などで、大《おお》きな役割《やくわり》をはたした。

サンフランシスコ講和条約《こうわじょうやく》

この条約《じょうやく》がむすばれたことで日本《にほん》は占《せん》領下《りょうか》からの独立《どくりつ》をはたした

衝撃《しょうげき》スクープ!

マッカーサーと仲《なか》がよかった吉田茂《よしだしげる》

連合国軍最高司令官《れんごうこくぐんさいこうしれいかん》のマッカーサーは、最高権力者《さいこうけんりょくしゃ》である自分《じぶん》に会《あ》ってもまったく臆《おく》さず、ジョークまでいう吉田茂《よしだしげる》を「おもしろいやつ」だと、気《き》に入《い》っていたという。

259/282

マッカーサー

日本《にほん》を占領《せんりょう》した連合軍《れんごうぐん》の総司令官《そうしれいかん》

イラスト●ファルゼーレ

絶大《ぜつだい》な権力《けんりょく》をもっていた

アメリカの陸軍軍人《りくぐんぐんじん》で、太平洋戦争中《たいへいようせんそうちゅう》は、西南太平洋方面《せいなんたいへいようほうめん》連合軍司令官《れんごうぐんしれいかん》として活躍《かつやく》した。戦後《せんご》は大統領《だいとうりょう》から全権《ぜんけん》をゆだねられ、連合国軍最高司令官総司令部《れんごうこくぐんさいこうしれいかんそうしれいぶ》（ＧＨＱ）の最高司令官《さいこうしれいかん》として、占領下《せんりょうか》の日本《にほん》に赴任《ふにん》。日本《にほん》を民主化《みんしゅか》させるためのさまざまな改革《かいかく》を実施《じっし》した。

出身《しゅっしん》	アメリカ
生没《せいぼつ》	1880年《ねん》1月《がつ》26日《にち》〜1964年《ねん》4月《がつ》5日《か》
重要度《じゅうようど》	60%

能力《のうりょく》パラメータ

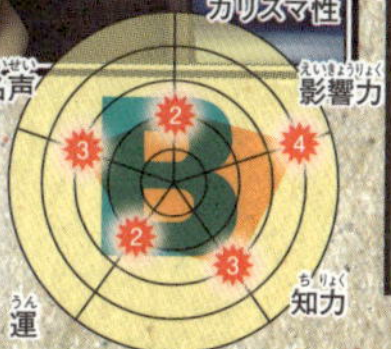

厚木海軍飛行場《あつぎかいぐんひこうじょう》

1945年《ねん》8月《がつ》30日《にち》、連合国軍総司令官《れんごうこくぐんそうしれいかん》のマッカーサーが乗《の》った「バターン号《ごう》」が着陸《ちゃくりく》した

歴史《れきし》のウラ側《がわ》　日本《にほん》を大《おお》きく変《か》えたGHQ

日本《にほん》の占領政策《せんりょうせいさく》を実施《じっし》したＧＨＱは、連合国軍《れんごうこくぐん》とは名《な》ばかりで、スタッフはアメリカの軍人《ぐんじん》と民間人《みんかんじん》で構成《こうせい》されていた。占領軍《せんりょうぐん》としてＧＨＱの命令《めいれい》は絶対《ぜったい》で、公職追放《こうしょくついほう》、財閥解体《ざいばつかいたい》、教育改革《きょういくかいかく》、言論統制《げんろんとうせい》、農地改革《のうちかいかく》、警察改革《けいさつかいかく》、選挙制度改革《せんきょせいどかいかく》、そして「象徴天皇《しょうちょうてんのう》」「戦争《せんそう》の放棄《ほうき》」「人権主義《じんけんしゅぎ》」をもりこんだ新憲法《しんけんぽう》の制定《せいてい》など、日本《にほん》の民主化《みんしゅか》と弱体化《じゃくたいか》をすすめていったのである。

歴史《れきし》の転換点《てんかんてん》 その12

日本《にほん》のふたつの憲法《けんぽう》

新《あら》たな憲法《けんぽう》が公布《こうふ》され、天皇主権《てんのうしゅけん》から国民主権《こくみんしゅけん》へ！

この出来事《できごと》が起《お》きた年《とし》

1946年《ねん》

「臣民《しんみん》」としての国民《こくみん》

１８７６年《ねん》、明治天皇《めいじてんのう》は「憲法《けんぽう》の草案《そうあん》をつくるべし」との勅命《ちょくめい》をくだした。そこで明治新政府《めいじしんせいふ》の伊藤博文《いとうひろぶみ》らはプロイセン（ドイツ）の憲法《けんぽう》を参考《さんこう》に草案《そうあん》をつくった。そして１８８９年《ねん》、近代日本《きんだいにほん》ではじめての憲法《けんぽう》「大日本帝国憲法《だいにっぽんていこくけんぽう》」が発布《はっぷ》されたのである。

大日本帝国憲法《だいにっぽんていこくけんぽう》では、天皇《てんのう》は絶対不可侵《ぜったいふかしん》の存在《そんざい》であり、「統治権《とうちけん》」「立法権《りっぽうけん》」「軍《ぐん》の指揮権《しきけん》」の３つの権利《けんり》（天皇大権《てんのうたいけん》）をもっていた。さらに憲法《けんぽう》のもと、日本国民《にほんこくみん》は天皇《てんのう》に支配《しはい》される「臣民《しんみん》」となり、絶対的《ぜったいてき》な服従《ふくじゅう》が規範《きはん》とされ、個人《こじん》の権利《けんり》よりも天皇《てんのう》の命令《めいれい》が優先《ゆうせん》された。

象徴天皇《しょうちょうてんのう》と軍備《ぐんび》の放棄《ほうき》

いっぽう、太平洋戦争《たいへいようせんそう》のあと、ＧＨＱの指導《しどう》でつくられた日本国憲法《にほんこくけんぽう》では、天皇《てんのう》の地位《ちい》は、「日本国《にっぽんこく》の象徴《しょうちょう》であり、日本国民統合《にほんこくみんとうごう》の象徴《しょうちょう》」とさだめられた。天皇《てんのう》は政治的《せいじてき》な力《ちから》をもたず、「天皇主権《てんのうしゅけん》」から「国民主権《こくみんしゅけん》」に変《か》わったのである。

さらに日本国憲法《にほんこくけんぽう》では、国民《こくみん》は人間《にんげん》らしく生《い》きていくための基本的人権《きほんてきじんけん》（平等権《びょうどうけん》・自由権《じゆうけん》・社会権《しゃかいけん》・参政権《さんせいけん》・請求権《せいきゅうけん》）をもち、だれにもおかせない永久的《えいきゅうてき》な権利《けんり》として保障《ほしょう》された。

また、ふたつの憲法《けんぽう》の大《おお》きなちがいといえば「戦争《せんそう》の放棄《ほうき》」である。大日本帝国憲法《だいにっぽんていこくけんぽう》では、

ふたつの憲法《けんぽう》のちがい

日本国憲法は、それまでの憲法と何がちがうのだろう？

大日本帝国憲法《だいにっぽんていこくけんぽう》		日本国憲法《にほんこくけんぽう》
天皇《てんのう》	主権《しゅけん》	国民《こくみん》
国《くに》の元首《げんしゅ》、神聖不可侵《しんせいふかしん》	天皇《てんのう》	日本国《にっぽんこく》・日本国民統合《にほんこくみんとうごう》の象徴《しょうちょう》
天皇《てんのう》が陸海軍《りくかいぐん》を統帥《とうすい》、兵役《へいえき》の義務《ぎむ》	軍隊《ぐんたい》	戦力《せんりょく》は保持《ほじ》しない（平和主義《へいわしゅぎ》、戦争《せんそう》の放棄《ほうき》）
法律《ほうりつ》の範囲内《はんいない》で自由《じゆう》や権利《けんり》をみとめる	人権《じんけん》	永久不可侵《えいきゅうふかしん》の権利《けんり》として、基本的人権《きほんてきじんけん》を保障《ほしょう》する
天皇《てんのう》の協賛機関《きょうさんきかん》	国会《こっかい》	国権《こっけん》の最高機関《さいこうきかん》
天皇《てんのう》をたすけて政治《せいじ》をおこなう	内閣《ないかく》	国会《こっかい》にたいして責任《せきにん》を負《お》う
天皇《てんのう》の名《な》による裁判《さいばん》	裁判所《さいばんしょ》	司法権《しほうけん》の独立《どくりつ》
制限選挙《せいげんせんきょ》	選挙《せんきょ》	普通選挙《ふつうせんきょ》

ポイント!

「憲法改正《けんぽうかいせい》」ってなんだろう!?

日本国憲法《にほんこくけんぽう》の話題《わだい》として、メディアによくとりあげられるのが「憲法改正《けんぽうかいせい》」。日本《にほん》国憲法《こくけんぽう》は70年《ねん》も前《まえ》につくられた憲法《けんぽう》のため、現代社会《げんだいしゃかい》にあっていない面《めん》も多《おお》いといわれる。しかし、最高法規《さいこうほうき》である憲法《けんぽう》はかんたんに変《か》えることができない。まず、両院《りょういん》の国会議員全体《こっかいぎいんぜんたい》の３分《ぶん》の２以上《いじょう》の賛成《さんせい》があってはじめて、国会《こっかい》で改正案《かいせいあん》が決《き》まる。そして国民投票《こくみんとうひょう》をおこない、２分《ぶ》の１を超《こ》える賛成《さんせい》があって、ようやく憲法《けんぽう》の改正《かいせい》がみとめられるのだ。

軍隊《ぐんたい》をもつことがゆるされ、臣民《しんみん》たる国民《こくみん》には兵役《へいえき》の義務《ぎむ》があったが、日本国憲法《にほんこくけんぽう》では軍隊《ぐんたい》をもつことは禁止《きんし》された。

しかし、軍備《ぐんび》の放棄《ほうき》を明文化《めいぶんか》した日本国憲法第《にほんこくけんぽうだい》９条《じょう》にかんしては、国際社会《こくさいしゃかい》の現実《げんじつ》を目《ま》の当《あ》たりにして、自衛隊《じえいたい》の設置《せっち》など独自《どくじ》の解釈《かいしゃく》がなされている。

超重要人物《ちょうじゅうようじんぶつ》ファイル!
No.025

戦後《せんご》の歴代首相《れきだいしゅしょう》たち

日本《にほん》のすすむべき道《みち》をしめしてきたリーダーを紹介!

自由民主党《じゆうみんしゅとう》の初代総裁《しょだいそうさい》

260/282

鳩《はと》山《やま》一《いち》郎《ろう》

生《せい》　没《ぼつ》▶1883年《ねん》1月《がつ》1日《たち》～1959年《ねん》3月《がつ》7日《か》

戦前《せんぜん》はふたつの内閣《ないかく》で文《もん》部大臣《ぶだいじん》をつとめ、戦時中《せんじちゅう》は軍部《ぐんぶ》の独裁《どくさい》を強《つよ》く批判《ひはん》した。戦後《せんご》、日本自由党《にほんじゆうとう》を結成《けっせい》して総裁《そうさい》に就任《しゅうにん》するが、GHQによって公職《こうしょく》追放《ついほう》される。復帰《ふっき》すると日本民主党《にほんみんしゅとう》を結成《けっせい》し、民《みん》主党《しゅとう》と自由党《じゆうとう》の保守合同《ほしゅごうどう》を実現《じつげん》させた。

イラスト●奥田《おくだ》みき

ノーベル平和賞《へいわしょう》を受賞《じゅしょう》

261/282

佐《さ》藤《とう》栄《えい》作《さく》

生《せい》　没《ぼつ》▶1901年《ねん》3月《がつ》27日《にち》～1975年《ねん》6月《がつ》3日《か》

戦後《せんご》、民主自由党《みんしゅじゆうとう》で官房《かんぼう》長官《ちょうかん》となる。その後《ご》、衆《しゅう》議院議員《ぎいんぎいん》に当選《とうせん》をはたし、大蔵大臣《おおくらだいじん》や郵政大臣《ゆうせいだいじん》を歴任《れきにん》。1964年《ねん》に内閣総《ないかくそう》理大臣《りだいじん》に就任《しゅうにん》し、7年《ねん》8ヵ月《げつ》の長期連続政権《ちょうきれんぞくせいけん》をになった。非核三原則《ひかくさんげんそく》が評《ひょう》価《か》され、ノーベル平和賞《へいわしょう》を受賞《じゅしょう》した。

イラスト●なんばきび

安保闘争《あんぽとうそう》をまき起《お》こした
昭和《しょうわ》の妖怪《ようかい》

262
282

岸《きし》信《のぶ》介《すけ》

イラスト●平林知子《ひらばやしともこ》

生《せい》　没《ぼつ》▶1896年《ねん》11月《がつ》13日《にち》～1987年《ねん》8月《がつ》7日《か》

東京帝国大学《とうきょうていこくだいがく》を卒業《そつぎょう》したあと、官僚《かんりょう》として勤務《きんむ》。その後《ご》、政治家《せいじか》になり、東条内《とうじょうない》閣《かく》で商工大臣《しょうこうだいじん》などを歴任《れきにん》した。戦後《せんご》、A級戦犯《きゅうせんぱん》として逮捕《たいほ》されるも不起訴《ふきそ》となって政界《せいかい》に復帰《ふっき》。日本民主党《にほんみんしゅとう》を結成《けっせい》して幹《かん》事長《じちょう》や外務大臣《がいむだいじん》を歴任《れきにん》した。1957年《ねん》には内閣総理大臣《ないかくそうりだいじん》に就任《しゅうにん》。1960年《ねん》、日米安全《にちべいあんぜん》保障条約改定《ほしょうじょうやくかいてい》の国会承認《こっかいしょうにん》を強行《きょうこう》したことが安保闘争《あんぽとうそう》の火種《ひだね》となった。

ポイント!

日本《にほん》の首相《しゅしょう》の任期《にんき》はどうしてもみじかくなる!?

1964年《ねん》に佐藤栄作《さとうえいさく》が内閣総理《ないかくそうり》大臣《だいじん》となり、７年《ねん》８ヵ月《げつ》という長期政権《ちょうきせいけん》を樹立《じゅりつ》した。これは一《いち》首相《しゅしょう》の連続政権《れんぞくせいけん》としては史上最《しじょうさい》長《ちょう》（2016年現在《ねんげんざい》）である。佐藤《さとう》のような長期政権《ちょうきせいけん》はまれで、中《なか》曽根康弘以降《そねやすひろいこう》、ほとんどが短期《たんき》政権《せいけん》で、長《なが》くつづいたのは橋本《はしもと》龍太郎《りゅうたろう》、小泉純一郎《こいずみじゅんいちろう》、安倍晋三《あべしんぞう》ぐらい。任期《にんき》がみじかくなる理《り》由《ゆう》として、派閥政治《はばつせいじ》によるもちまわり、解散総選挙《かいさんそうせんきょ》が多《おお》い、政《せい》権交代《けんこうたい》などがあげられる。

●戦後《せんご》のおもな首相《しゅしょう》

代位《だいい》	総理大臣《そうりだいじん》	就任年月《しゅうにんねんげつ》
第《だい》42代《だい》	鈴木貫太郎《すずきかんたろう》	1945年《ねん》4月《がつ》
第《だい》43代《だい》	東久邇宮稔彦王《ひがしくにのみやなるひこおう》	1945年《ねん》8月《がつ》
第《だい》58～60代《だい》	池田勇人《いけだはやと》	1960年《ねん》7月《がつ》
第《だい》66代《だい》	三木武夫《みきたけお》	1974年《ねん》12月《がつ》
第《だい》67代《だい》	福田赳夫《ふくだたけお》	1976年《ねん》12月《がつ》
第《だい》71～73代《だい》	中曽根康弘《なかそねやすひろ》	1982年《ねん》11月《がつ》
第《だい》74代《だい》	竹下《たけした》　登《のぼる》	1987年《ねん》11月《がつ》
第《だい》76～77代《だい》	海部俊樹《かいふとしき》	1989年《ねん》8月《がつ》
第《だい》78代《だい》	宮沢喜一《みやざわきいち》	1991年《ねん》11月《がつ》
第《だい》79代《だい》	細川護熙《ほそかわもりひろ》	1993年《ねん》8月《がつ》
第《だい》82～83代《だい》	橋本龍太郎《はしもとりゅうたろう》	1996年《ねん》1月《がつ》
第《だい》87～89代《だい》	小泉純一郎《こいずみじゅんいちろう》	2001年《ねん》4月《がつ》
第《だい》93代《だい》	鳩山由紀夫《はとやまゆきお》	2009年《ねん》9月《がつ》

263
282

戦《せん》後《ご》最《さい》大《だい》のリーダー

田《た》中《なか》角《かく》栄《えい》

強《きょう》力《りょく》な指《し》導《どう》力《りょく》をもった不《ふ》世《せい》出《しゅつ》の政《せい》治《じ》家《か》

出《しゅっ》身《しん》	新潟県《にいかたけん》
生《せい》没《ぼつ》	1918年《ねん》5月《がつ》4日《か》～1993年《ねん》12月《かつ》16日《にち》
重要《じゅうよう》度《と》	80%

能力《のうりょく》パラメータ

イラスト●末冨正直《すえとみまさなお》

とんとん拍子《ひょうし》に出世《しゅっせ》

尋常高等小学校卒業後《じんじょうこうとうしょうがっこうそつぎょうご》に上京《じょうきょう》。中央工学校《ちゅうおうこうがっこう》を卒業《そつぎょう》して建築会社《けんちくがいしゃ》を設立《せつりつ》するが、兵役《へいえき》により従軍《じゅうぐん》。帰国後《きこくご》に土木会社《どぼくがいしゃ》を設立《せつりつ》する。

1947年《ねん》の衆議院議員選挙《しゅうぎいんぎいんせんきょ》で民主党公認《みんしゅとうこうにん》で初当選《はつとうせん》し、政界入《せいかいい》り。民主党《みんしゅとう》と日本自由党《にほんじゆうとう》の保守合同《ほしゅごうどう》でできた民主自由党《みんしゅじゆうとう》の選挙部長《せんきょぶちょう》となる。その後《ご》、自由民主党《じゆうみんしゅとう》の岸信介内閣《きしのぶすけないかく》で郵政大臣《ゆうせいだいじん》として初入閣《はつにゅうかく》すると、政調会長《せいちょうかいちょう》、大蔵大臣《おおくらだいじん》、幹事長《かんじちょう》、通産大臣《つうさんだいじん》など、政府《せいふ》や党《とう》の重職《じゅうしょく》を歴任《れきにん》。1972年《ねん》、佐藤栄作総裁《さとうえいさくそうさい》の後継者争《こうけいしゃあらそ》いでライバルの福田赳夫《ふくだたけお》をおさえ、54歳《さい》で内閣総理大臣《ないかくそうりだいじん》となると、総裁選《そうさいせん》のマニフェストで「日本列島改造論《にほんれっとうかいぞうろん》」をかかげ、国土開発《こくどかいはつ》を積極的《せっきょくてき》にすすめた。さらに訪中《ほうちゅう》して日中国交回復《にっちゅうこっこうかいふく》を達成《たっせい》する。

しかし、次第《しだい》に支持率《しじりつ》が低下《ていか》しはじめ、1974年《ねん》の参議院選挙《さんぎいんせんきょ》で自民党《じみんとう》が敗北《はいぼく》。月刊誌《げっかんし》に金脈政治《きんみゃくせいじ》の実態《じったい》をあばく記事《きじ》がのったこともひびき、退陣《たいじん》を決意《けつい》する。その後《ご》、1976年《ねん》にロッキード社《しゃ》から収賄疑惑《しゅうわいぎわく》で逮捕《たいほ》されて自民党《じみんとう》を離党《りとう》（ロッキード事件《じけん》）。それでも党内《とうない》に強力《きょうりょく》な発言力《はつげんりょく》をもちつづけ、「闇将軍《やみしょうぐん》」の異名《いみょう》をとり、戦後最大《せんごさいだい》のリーダーとして注目《ちゅうもく》をあびる。

偉人《いじん》の名言《めいげん》

約束《やくそく》したら、かならず果《は》たせ。できない約束《やくそく》はするな。

解説《かいせつ》

できないことをできないとはっきりいうことも大切《たいせつ》

田中角栄《たなかかくえい》が総理《そうり》だったとき、東京《とうきょう》・目白《めじろ》の自宅《じたく》には朝《あさ》から陳情《ちんじょう》しようという客《きゃく》がひっきりなしにおとずれたという。角栄《かくえい》は彼《かれ》らひとりひとりと対面《たいめん》して要望《ようぼう》を聞《き》き、できることはできる、できないことはできないとはっきりこたえ、曖昧《あいまい》な返答《へんとう》はいっさいしなかった。そして約束《やくそく》したことはかならず実行《じっこう》につうした。有言実行《ゆうげんじっこう》こそ角栄《かくえい》のポリシーであり、「天性《てんせい》の人《ひと》たらし」といわれた魅力《みりょく》のひとつだった。

超重要人物《ちょうじゅうようじんぶつ》ファイル！

No.026

偉大《いだい》なる日本《にほん》の創業者《そうぎょうしゃ》

敗戦《はいせん》のどん底《ぞこ》から日本《にほん》を経済大国《けいざいたいこく》に引《ひ》きあげたビジネスリーダーたち

トヨタ自動車《じどうしゃ》の創業者《そうぎょうしゃ》

264/282 豊《とよ》田《だ》喜《き》一《いち》郎《ろう》

生《せい》　没《ぼつ》▶ 1894年《ねん》6月《がつ》11日《にち》〜1952年《ねん》3月《がつ》27日《にち》

大学卒業後《だいがくそつぎょうご》、父《ちち》の経営《けいえい》する豊田紡織《とよたぼうしょく》に入社《にゅうしゃ》する。渡米《とべい》したときに見《み》た、自動車産業《じどうしゃさんぎょう》の将来性《しょうらいせい》に注目《ちゅうもく》し、アメリカ車《しゃ》に対抗《たいこう》できる国産自動車《こくさんじどうしゃ》をつくることを決意《けつい》。社内《しゃない》に自動車部門《じどうしゃぶもん》（のちのトヨタ自動車工業《じどうしゃこうぎょう》）を新設《しんせつ》し、発展《はってん》の礎《いしずえ》をきずいた。

イラスト●ファルゼーレ

ホンダを創業《そうぎょう》した「おやじさん」

265/282 本《ほん》田《だ》宗《そう》一《いち》郎《ろう》

生《せい》　没《ぼつ》▶ 1906年《ねん》11月《がつ》17日《にち》〜1991年《ねん》8月《がつ》5日《か》

東京《とうきょう》の自動車修理工場《じどうしゃしゅうりこうじょう》ででっち奉公《ほうこう》したあと、のれんわけのかたちで独立《どくりつ》。自動車修理業《じどうしゃしゅうりぎょう》で成功《せいこう》したが、本田技術研究所《ほんだぎじゅつけんきゅうしょ》、本田技研工業《ほんだぎけんこうぎょう》を設立《せつりつ》してオートバイ製造《せいぞう》に乗《の》り出《だ》す。世界的《せかいてき》なオートレースにも参加《さんか》し、「世界《せかい》のホンダ」となった。

イラスト●桐矢隆《きりやたかし》

266 / 282

松下幸之助《まつしたこうのすけ》

松下電器《まつしたでんき》をきずいた経営《けいえい》の神様《かみさま》

生《せい》　没《ぼつ》▶1894年《ねん》11月《がつ》27日《にち》～1989年《ねん》4月《がつ》27日《にち》

小学校《しょうがっこう》を４年《ねん》でやめ、大阪《おおさか》に出《で》て商家《しょうか》ででっち奉公《ぼうこう》をしているときに、電車《でんしゃ》工事《こうじ》を見《み》て電気事業《でんきじぎょう》を志《こころざ》す。電灯検査《でんとうけんさ》員《いん》をしながら電気器具《でんききぐ》を研究《けんきゅう》し、松下《まつした》電器器具製作所《でんききぐせいさくしょ》を立《た》ちあげ、改良《かいりょう》ソケットなどで大成功《だいせいこう》をおさめる。その後《ご》、松下電器産業《まつしたでんきさんぎょう》を設立《せつりつ》し、世界有数《せかいゆうすう》の電《でん》器会社《きがいしゃ》に成長《せいちょう》させた。

イラスト●tocca+

267 / 282

盛田昭夫《もりたあきお》

ソニーを創業《そうぎょう》した世界的《せかいてき》なビジネスマン

生《せい》　没《ぼつ》▶1921年《ねん》1月《がつ》26日《にち》～1999年《ねん》10月《がつ》3日《か》

太平洋戦争中《たいへいようせんそうちゅう》、海軍技術中尉時代《かいぐんぎじゅつちゅういじだい》に、軍需電子機器《ぐんじゅでんしきき》の開発《かいはつ》にかかわっていた井深大《いぶかまさる》と知《し》りあい、終戦後《しゅうせんご》、井深《いぶか》らとともに東京通信工業株式会社《とうきょうつうしんこうぎょうかぶしきがいしゃ》（現在《げんざい》のソニー）を設立《せつりつ》する。営業《えいぎょう》の第一線《だいいっせん》にあってトランジスタラジオやウォークマンなどを世界《せかい》にうりこみ、ソニーを世界的企業《せかいてききぎょう》に育《そだ》てた。

イラスト●きさらぎ

驚異的《きょういてき》すぎる株価《かぶか》の値上《ねあ》がり

終戦後《しゅうせんご》の日本《にほん》の株式市場《かぶしきしじょう》は、強烈《きょうれつ》なインフレによって低迷《ていめい》がつづいた。しかし、取引所《とりひきじょ》の再開《さいかい》など制度面《せいどめん》の整備《せいび》がすすみ、さらに朝鮮《ちょうせん》戦争《せんそう》の特需《とくじゅ》で株価《かぶか》はいっきに息《いき》をふきかえした。高度《こうど》経済成長《けいざいせいちょう》によって驚異的《きょういてき》なのびを見《み》せ、１９６０年《ねん》に株価《かぶか》は、朝鮮戦争《ちょうせんせんそう》の前後《ぜんご》とくらべて、なんと20倍近《ばいちか》くまで上昇《じょうしょう》した。

●好景気《こうけいき》で活況《かっきょう》を見《み》せる東京証《とうきょうしょう》券取引所《けんとりひきじょ》

歴史《れきし》の転換点《てんかんてん》

その13

高度経済成長期《こうどけいざいせいちょうき》の日本《にほん》

復興《ふっこう》にむかった日本《にほん》は世界《せかい》に例《れい》をみない経済成長《けいざいせいちょう》をとげた

この出来事《できごと》が起《お》きた年《とし》

1955年《ねん》〜

毎日新聞社提供《まいにちしんぶんしゃていきょう》

●高度経済成長期《こうどけいざいせいちょうき》の1964年《ねん》に開催《かいさい》された東京《とうきょう》オリンピック

朝鮮戦争《ちょうせんせんそう》による特需《とくじゅ》

戦後《せんご》、日本《にほん》は焼《や》け野原《のはら》から復興《ふっこう》した。１９４０年代《ねんだい》は食糧《しょくりょう》難《なん》との戦《たたか》いだったが、１９５０年代《ねんだい》に入《はい》ると、朝鮮戦争《ちょうせんせんそう》の特需《とくじゅ》で生活水準《せいかつすいじゅん》は徐々《じょじょ》に戦前《せんぜん》のレベルにもどりはじめた。

１９５０年代《ねんだい》なかばになると、経済成長率《けいざいせいちょうりつ》が年平均《ねんへいきん》10％以上《いじょう》（欧米《おうべい》の２〜４倍《ばい》）と急激《きゅうげき》なのびを見《み》せた。それまで石炭《せきたん》にたよっていたエネルギーが石油《せきゆ》に変《か》わり、太平洋沿岸《たいへいようえんがん》に臨海工業地帯《りんかいこうぎょうちたい》がつくられ、コンビナートが立《た》ちならんだ。

工業製品《こうぎょうせいひん》の輸出《ゆしゅつ》は好調《こうちょう》で、設備投資《せつびとうし》が活発《かっぱつ》におこなわれ、投資《とうし》が投資《とうし》を呼《よ》んで株価《かぶか》も急上昇《きゅうじょうしょう》。１９５５年《ねん》からの好景気《こうけいき》はそれぞれ「神武景気《じんむけいき》」（１９５５〜57年《ねん》）、「岩戸景気《いわとけいき》」（１９５８〜61年《ねん》）と名《な》づけられ、「もはや戦後《せんご》ではない」といわれるようになり、日本《にほん》は先進国《せんしんこく》へのあゆみを踏《ふ》み出《だ》した。

高度《こうど》経済《けいざい》成長期《せいちょうき》の電化《でんか》製品《せいひん》

1950年代後半《ねんだいこうはん》、「白黒《しろくろ》テレビ・冷蔵庫《れいぞうこ》・洗濯機《せんたくき》」は「三種《さんしゅ》の神器《じんぎ》」と呼《よ》ばれ、テレビから流《なが》れてくるコマーシャルも、国民《こくみん》の消費意《しょうひい》欲《よく》をおおいに高《たか》めた。その後《ご》、1960年代《ねんだい》なかばになると、「マイカー・カラーテレビ・クーラー」の「3Cブーム」が起《お》き、家庭《かてい》に普及《ふきゅう》していった。

●洗濯機《せんたくき》

洗濯機《せんたくき》の登場《とうじょう》も家事時間《かじじかん》の短縮《たんしゅく》に役立《やくだ》った

●カラーテレビ

流《なが》れてくるCMが国民《こくみん》の消《しょう》費意欲《ひいよく》を高《たか》めた

●冷蔵庫《れいぞうこ》

冷蔵庫《れいぞうこ》の普及《ふきゅう》でビールや清涼飲料水《せいりょういんりょうすい》の消費《しょうひ》がふえた

東芝未来科学館所蔵《とうしばみらいかがくかんしょぞう》

所得《しょとく》の上昇《じょうしょう》で消費《しょうひ》が拡大《かくだい》

１９６０年《ねん》には、内閣《ないかく》が「所《しょ》得倍増計画《とくばいぞうけいかく》」を発表《はっぴょう》。国民《こくみん》の所《しょ》得《とく》はふえ、「三種《さんしゅ》の神器《じんぎ》」と呼《よ》ばれる「白黒《しろくろ》テレビ・冷蔵庫《れいぞうこ》・洗《せん》濯機《たくき》」が消費意欲《しょうひいよく》を高《たか》め、好景《こうけい》気《き》を引《ひ》っぱった。

さらに、１９６０年代《ねんだい》なかばには、技術革新《ぎじゅつかくしん》と設備投資《せつびとうし》がすすむ重化学工業《じゅうかがくこうぎょう》の分野《ぶんや》で、鉄《てつ》鋼《こう》・電気製品《でんきせいひん》の輸出《ゆしゅつ》が増大《ぞうだい》し、戦後最長《せんごさいちょう》（１９６５～70年《ねん》）の「いざなぎ景気《けいき》」がはじまった。

しかし、こうした史上空前《しじょうくうぜん》の好景気《こうけいき》は、１９７３年《ねん》のオイルショックによって、突然《とつぜん》おわりをつげた。

268/282

力道山《りきどうざん》

１９３９年《ねん》に二《に》所《しょ》ノ関《せき》部《べ》屋《や》に入門《にゅうもん》し、１９５０年《ねん》に廃業《はいぎょう》。翌年《よくとし》にプロレスへ転向《てんこう》し、日本《にほん》プロレスを設立《せつりつ》。テレビ放送《ほうそう》のはじまりとともにプロレスが一大《いちだい》ブームとなり、空《から》手《て》チョップの力道山《りきどうざん》は国民《こくみん》のヒーローとなった。

出《しゅっ》身《しん》	朝鮮《ちょうせん》
生《せい》没《ぼつ》	1924年《ねん》11月《がつ》14日《か》～1963年《ねん》12月《がつ》15日《にち》

イラスト●平林《ひらばやし》知《とも》子《こ》

269/282

円谷幸吉《つぶらやこうきち》

自衛隊体育学校《じえいたいたいいくがっこう》で長距《ちょうきょ》離《り》ランナーとして活躍《かつやく》。20キロの世界記録《せかいきろく》を出《だ》して注目《ちゅうもく》され、１万《まん》メートルとマラソンの東京五輪《とうきょうごりん》代表《だいひょう》となる。マラソンで銅《どう》メダルを獲得《かくとく》し、メキシコ五輪《ごりん》でもメダルを期《き》待《たい》されたが自殺《じさつ》した。

出《しゅっ》身《しん》	福島県《ふくしまけん》
生《せい》没《ぼつ》	1940年《ねん》5月《がつ》13日《にち》～1968年《ねん》1月《がつ》9日《か》

イラスト●Natto-7

270/282

白井義男《しらいよしお》

戦時下《せんじか》の１９４３年《ねん》にプロボクシング入《い》り。１９４９年《ねん》にフライ・バンタム級《きゅう》の２階級《かいきゅう》の日本王《にほんおう》者《じゃ》となる。１９５２年《ねん》に世界王者《せかいおうじゃ》ダド・マリノをたおして日本初《にほんはつ》の世界《せかい》チャンピオンになり、戦後《せんご》の日本《にほん》に元気《げんき》をあたえた。

出《しゅっ》身《しん》	東京都《とうきょうと》
生《せい》没《ぼつ》	1923年《ねん》11月《がつ》23日《にち》～2003年《ねん》12月《がつ》26日《にち》

イラスト●なんばきび

271/282

川《かわ》上《かみ》哲《てつ》治《はる》

熊本県立工業学校《くまもとけんりつこうぎょうがっこう》を卒業《そつぎょう》した1938年《ねん》に巨人《きょじん》に入団《にゅうだん》。翌《よく》シーズンに首位打者《しゅいだしゃ》となり、「ボールが止《と》まって見《み》える」の名言《めいげん》で、打撃《だげき》の神様《かみさま》と呼《よ》ばれた。引退後《いんたいご》は巨人《きょじん》の監督《かんとく》となり、チームを9年連続《ねんれんぞく》の日本一《にっぽんいち》にみちびいた。

出身	熊本県《くまもとけん》
生没	1920年《ねん》3月《がつ》23日《にち》～2013年《ねん》10月《がつ》28日《にち》

イラスト●合間太郎《あいまたろう》

272/282

沢《さわ》村《むら》栄《えい》治《じ》

高校《こうこう》を中退《ちゅうたい》して全日本《ぜんにっぽん》に参加《さんか》。ベーブ・ルースらがいるメジャーリーグ選抜《せんばつ》をおさえる快投《かいとう》を見《み》せる。その後《ご》、プロ野球《やきゅう》に入《はい》り、巨人《きょじん》でタイトルを総《そう》なめにする大活躍《だいかつやく》を見《み》せたが、太平洋戦争《たいへいようせんそう》で戦死《せんし》した。

出身《しゅっしん》	三重県《みえけん》
生没《せいぼつ》	1917年《ねん》2月《がつ》1日《たち》～1944年《ねん》12月《がつ》2日《か》

イラスト●ファルゼーレ

273/282

猪《いの》熊《くま》功《いさお》

大学《だいがく》4年《ねん》のときに柔道《じゅうどう》の全日本選手権《ぜんにっぽんせんしゅけん》で初出場《はつしゅつじょう》で初優勝《はつゆうしょう》。柔道《じゅうどう》がはじめて五輪競技《ごりんきょうぎ》となった東京《とうきょう》五輪《ごりん》で、重量級《じゅうりょうきゅう》の代表《だいひょう》となり、3試合連続《しあいれんぞく》1本勝《ぽんが》ちで金《きん》メダル。つづく世《せ》界選手権《かいせんしゅけん》の無差別級《むさべつきゅう》でも優勝《ゆうしょう》し、3冠《かん》を達成《たっせい》した。

出身	神奈川県《かながわけん》
生没	1938年《ねん》2月《がつ》4日《か》～2001年《ねん》9月《がつ》28日《にち》

イラスト●クニヨネ

超重要人物《ちょうじゅうようじんぶつ》ファイル!
No.027

日《に》本《ほん》人《じん》のノーベル賞《しょう》受《じゅ》賞《しょう》者《しゃ》

さまざまな分野《ぶんや》で世界《せかい》にみとめられてきた日本《にほん》の才能《さいのう》

日本人初《にほんじんはつ》のノーベル賞受賞者《しょうじゅしょうしゃ》

274/282 湯《ゆ》川《かわ》秀《ひで》樹《き》

生《せい》　没《ぼつ》▶1907年《ねん》1月《がつ》23日《にち》～
1981年《ねん》9月《がつ》8日《か》

京都帝国大学卒業後《きょうとていこくだいがくそつぎょうご》、同《どう》大学《だいがく》の教授《きょうじゅ》となり、原子《げんし》核理論《かくりろん》の研究《けんきゅう》を志《こころざ》す。1934年《ねん》に原子核《げんしかく》をつくる素粒子《そりゅうし》に中間子《ちゅうかんし》があるという構想《こうそう》を発表《はっぴょう》。のちにこの考《かんが》えが証明《しょうめい》され、ノーベル物理学賞《ぶつりがくしょう》を受賞《じゅしょう》。アインシュタインとも親《しん》交《こう》があった。

イラスト●ぺそ

海外《かいがい》でもみとめられた文豪《ぶんごう》

275/282 川《かわ》端《ばた》康《やす》成《なり》

生《せい》　没《ぼつ》▶1899年《ねん》6月《がつ》14日《か》～
1972年《ねん》4月《がつ》16日《にち》

1924年《ねん》に同人誌《どうじんし》『文芸時代《ぶんげいじだい》』を創刊《そうかん》し、西欧《せいおう》の前衛文学《ぜんえいぶんがく》をとり入《い》れた「新感覚派《しんかんかくは》」と呼《よ》ばれる新《あたら》しい文学運動《ぶんがくうんどう》を起《お》こした。「伊豆《いず》の踊子《おどりこ》」「雪国《ゆきぐに》」などの名作《めいさく》をつぎつぎと生《う》み出《だ》し、1968年《ねん》にノーベル文学賞《ぶんがくしょう》を受賞《じゅしょう》した。

イラスト●zeNOx

量子電磁力学《りょうしでんじりきがく》の
発展《はってん》に貢献《こうけん》した学者《がくしゃ》

276/282 朝《とも》永《なが》振《しん》一《いち》郎《ろう》

生《せい》　没《ぼつ》▶1906年《ねん》3月《がつ》31日《にち》～1979年《ねん》7月《がつ》8日《か》

理論物理学者《りろんぶつりがくしゃ》。京都帝国大学《きょうとていこくだいがく》を卒業《そつぎょう》後《ご》、理化学研究所《りかがくけんきゅうじょ》の研究員《けんきゅういん》となる。超《ちょう》短波回路《たんぱかいろ》とマグネトロンの発振理論《はっしんりろん》の研究《けんきゅう》で文化勲章《ぶんかくんしょう》を受章《じゅしょう》し、1965年《ねん》、量《りょう》子電気力学《しでんきりきがく》の基礎的研究《きそてきけんきゅう》によってノーベル物理学賞《ぶつりがくしょう》を受賞《じゅしょう》した。湯川秀樹《ゆかわひでき》とは中学《ちゅうがく》・高校《こうこう》・大学《だいがく》と同期入学《どうきにゅうがく》・卒業《そつぎょう》の間柄《あいだがら》だった。

イラスト●ポン介《すけ》

277/282 江《え》崎《ざき》玲《れ》於《お》奈《な》

レオ・エサキで知《し》られる
世界的物理学者《せかいてきぶつりがくしゃ》

生《せい》　没《ぼつ》▶1925年《ねん》3月《がつ》12日《にち》～

東京大学卒業《とうきょうだいがくそつぎょう》後《ご》、川西機械製作所《かわにしきかいせいさくしょ》（現《げん》在《ざい》の富士通《ふじつう》テン）に入社《にゅうしゃ》し、東京通信《とうきょうつうしん》工業《こうぎょう》（現在《げんざい》のソニー）に移籍《いせき》。その後《ご》、アメリカのIBMワトソン研究所《けんきゅうじょ》に移《い》籍《せき》。不純物《ふじゅんぶつ》の濃度《のうど》の高《たか》い半導体《はんどうたい》を接合《せつごう》した「エサキダイオード」を発明《はつめい》。量《りょう》子力学《しりきがく》のトンネル理論《りろん》を考《かん》えだし、ノーベル物理学賞《ぶつりがくしょう》を受賞《じゅしょう》した。

イラスト●むなぁげ

平和賞《へいわしょう》の受賞者《じゅしょうしゃ》は日本《にほん》でただひとり

1974年《ねん》に佐藤栄作《さとうえいさく》元《もと》首《しゅ》相《しょう》が、ノーベル平和賞《へいわしょう》を受《じゅ》賞《しょう》した。首相《しゅしょう》のとき、佐藤《さとう》はアメリカから小笠原諸島《おがさわらしょとう》と沖縄《おきなわ》を返還《へんかん》させることに成功《せいこう》。さらに非核三原則《ひかくさんげんそく》を提唱《ていしょう》し、1970年《ねん》に核拡《かくかく》散防止条約《さんぼうしじょうやく》に署名《しょめい》したことが評価《ひょうか》された。前年《ぜんねん》の受賞《じゅしょう》者《しゃ》である米国《べいこく》のキッシンジャー国務長官《こくむちょうかん》の推薦《すいせん》があったとされている。

●オスロ大学講堂《だいがくこうどう》での授賞式《じゅしょうしき》に出席《しゅっせき》した佐藤栄作《さとうえいさく》

278/282

黒《くろ》澤《さわ》明《あきら》

世界《せかい》の注目《ちゅうもく》をあびる

日本映画史《にほんえいがし》にのこる巨匠《きょしょう》。『姿三四郎《すがたさんしろう》』で映画監督《えいがかんとく》としてデビューし、1950年《ねん》に『羅《ら》生門《しょうもん》』を撮影《さつえい》。国内《こくない》での評価《ひょうか》はあまり高《たか》くなかったが、ベネチア国際映画祭《こくさいえいがさい》で金獅子賞《きんじししょう》(グランプリ)とアカデミー賞《しょう》名誉賞《めいよしょう》を受賞《じゅしょう》。いちやく世界《せかい》中《じゅう》から注目《ちゅうもく》をあびるようになった。

出身《しゅっしん》	東京府《とうきょうふ》
生没《せいぼつ》	1910年《ねん》3月《がつ》23日《にち》～1998年《ねん》9月《がつ》6日《か》
重要度《じゅうようど》	50%

能力《のうりょく》パラメータ

歴史《れきし》のウラ側《がわ》

世界中《せかいじゅう》で評価《ひょうか》される黒澤映画《くろさわえいが》

『羅生門《らしょうもん》』『七人《しちにん》の侍《さむらい》』などの世界的傑作《せかいてきけっさく》を生《う》み出《だ》した黒澤明《くろさわあきら》。アメリカのアカデミー協会《きょうかい》は、世界中《せかいじゅう》の映画《えいが》ファンをたのしませ、映画界《えいがかい》に多《た》大《だい》な影響《えいきょう》をおよぼしてきた功績《こうせき》に敬意《けいい》をはらい、黒澤《くろさわ》に特別名誉賞《とくべつめいよしょう》をおくった。授賞式《じゅしょうしき》で黒澤《くろさわ》をエスコートしたジョージ・ルーカスとスピルバーグは、「映画《えいが》とは何《なに》かにこたえた数少《かずすく》ない映《えい》画人《がじん》」と黒澤《くろさわ》を紹介《しょうかい》したという。

羅生門《らしょうもん》

日本《にほん》での評価《ひょうか》は低《ひく》かったが、ベネチア映画祭《えいがさい》で金獅子賞《きんじししょう》を受賞《じゅしょう》した

279/282

手《て》塚《づか》治《おさ》虫《む》

あらゆる分野《ぶんや》に影響《えいきょう》をあたえた漫画《まんが》の神様《かみさま》

イラスト●平林知子《ひらばやしともこ》

出身《しゅっしん》	大阪府《おおさかふ》
生没《せいぼつ》	1928年《ねん》11月《がつ》3日《か》〜1989年《ねん》2月《がつ》9日《か》
重要度《じゅうようど》	50%

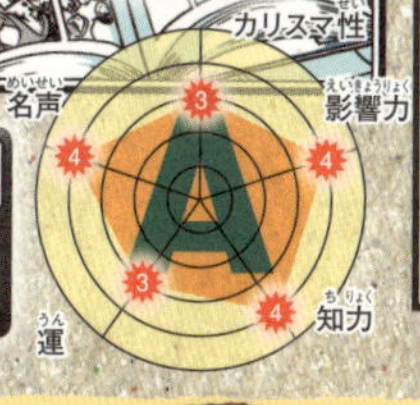

ストーリー漫画《まんが》を確立《かくりつ》

終戦後《しゅうせんご》、4コマ漫画《まんが》『マアチャンの日記帳《にっきちょう》』でデビュー。生命《せいめい》の尊《とうと》さをテーマにすぐれた作品《さくひん》を出《だ》して、漫画《まんが》の概念《がいねん》を変《か》え、数々《かずかず》の新《あたら》しい表現方法《ひょうげんほう》でストーリー漫画《まんが》を確立《かくりつ》し、漫画《まんが》を芸術《げいじゅつ》にまで高《たか》めた。さらに虫《むし》プロダクションを設立《せつりつ》し、アニメーションを大衆《たいしゅう》に深《ふか》く浸透《しんとう》させた。

トキワ荘跡地《そうあとち》

トキワ荘《そう》は手塚治虫《てづかおさむ》ら著名《ちょめい》な漫画家《まんがか》が住《す》んでいたことで有名《ゆうめい》

歴史《れきし》のウラ側《がわ》 手塚治虫《てづかおさむ》が生《う》み出《だ》した日本《にほん》のアニメ文化《ぶんか》

おさないころからディズニー映画《えいが》が好《す》きだった手塚治虫《てづかおさむ》は、アニメーションに関心《かんしん》をもち、みずからその制作会社《せいさくがいしゃ》である「虫《むし》プロダクション(虫《むし》プロ)」を設立《せつりつ》。『鉄腕《てつわん》アトム』や『ジャングル大帝《たいてい》』などのテレビアニメやそのキャラクターは絶大《ぜつだい》な人気《にんき》をはくした。また、手塚《てづか》の虫《むし》プロは多《おお》くのアニメーターを輩出《はいしゅつ》。日本《にほん》におけるアニメ文化《ぶんか》の拡大《かくだい》に大《おお》きく貢献《こうけん》した。

超重要人物《ちょうじゅうようじんぶつ》ファイル！

No.028

日《に》本《ほん》の漫《まん》画《が》文《ぶん》化《か》をきずいた偉《い》人《じん》

「クールジャパン」といわれるマンガやアニメの巨《きょ》人《じん》たち

ギャグ漫画《まんが》をきわめた天才《てんさい》

280/282

赤《あか》塚《つか》不《ふ》二《じ》夫《お》

生《せい》　没《ぼつ》▶ 1935年《ねん》9月《がつ》14日《か》～
2008年《ねん》8月《がつ》2日《か》

手塚治虫《てづかおさむ》にあこがれて上《じょう》京《きょう》し、貸本漫画《かしほんまんが》でプロ漫《まん》画《が》家《か》デビュー。はじめは少女漫画《しょうじょまんが》を執筆《しっぴつ》していたが、ギャグ漫画《まんが》に方針《ほうしん》を転換《てんかん》。『おそ松《まつ》くん』などで人気《にんき》をはくし、『天才《てんさい》バカボン』でギャグ漫画《まんが》の第一人者《だいいちにんしゃ》の地位《ちい》を不動《ふどう》にした。

イラスト●きさらぎ

子《こ》どもを魅了《みりょう》した「仮面《かめん》ライダー」

281/282

石《いし》ノ森《もり》章《しょう》太《た》郎《ろう》

生《せい》　没《ぼつ》▶ 1938年《ねん》1月《がつ》25日《にち》～
1998年《ねん》1月《がつ》28日《にち》

学生時代《がくせいじだい》に手塚治虫《てづかおさむ》のアシスタントをつとめ、「漫《まん》画《が》少年《しょうねん》」にて『二級天使《にきゅうてんし》』でプロ漫画家《まんがか》デビュー。その後《ご》はSF漫画《まんが》から学《がく》習《しゅう》漫画《まんが》まで幅広《はばひろ》いジャンルの作品《さくひん》を生《う》み出《だ》し、『仮《か》面《めん》ライダー』など特撮作《とくさつさく》品《ひん》の原作者《げんさくしゃ》としても活躍《かつやく》した。

イラスト●奥田《おくだ》みき

ドラえもんの生《う》みの親《おや》 282/282

藤子《ふじこ》·F·不二雄《ふじお》(藤本弘《ふじもとひろし》)

生《せい》　没《ぼつ》▶1933年《ねん》12月《がつ》1日《たち》～1996年《ねん》9月《がつ》23日《にち》

小学校《しょうがっこう》のときに安孫子素雄《あびこもとお》(のちの藤子不二雄《ふじこふじお》Ⓐ)と出《で》あって漫画《まんが》を合作《がっさく》しはじめ、17歳《さい》で漫画家《まんがか》デビュー。上京《じょうきょう》して『ドラえもん』『パーマン』など児童漫画《じどうまんが》の傑作《けっさく》を世《よ》に出《だ》す。1988年《ねん》に安孫子《あびこ》とのコンビを解消《かいしょう》し、児童漫画《じどうまんが》を中心《ちゅうしん》に執筆《しっぴつ》をつづけた。トキワ荘《そう》にいたメンバーで、石《いし》ノ森章《もりしょう》太郎《たろう》や赤塚不二夫《あかつかふじお》などとともに漫画《まんが》を描《えが》きつづけた。

イラスト●ナチコ

ポイント！ 漫画家《まんがか》ユニット藤子不二雄《ふじこふじお》の実態《じったい》

藤本弘《ふじもとひろし》と安孫子素雄《あびこもとお》のふたりが、1951年《ねん》にコンビを結成《けっせい》。1954年《ねん》から藤子不二雄《ふじこふじお》の名《な》で漫画家生活《まんがかせいかつ》をスタートさせた。ただ、合作《がっさく》していたのははじめのころだけで、以降《いこう》は藤本《ふじもと》、安孫子《あびこ》それぞれが単独《たんどく》で作品《さくひん》を書《か》き、それを藤子不二雄《ふじこふじお》の名前《なまえ》で発表《はっぴょう》していた。しかし、藤本《ふじもと》が児童漫画《じどうまんが》、安孫子《あびこ》が青年《せいねん》・大人向《おとなむ》けの漫画《まんが》に専念《せんねん》することになり、「おたがいに藤子不二雄《ふじこふじお》の名前《なまえ》にたよらず一本立《いっぽんだ》ちしよう」ということでコンビを解消《かいしょう》した。

小学校《しょうがっこう》で知《し》りあい、「藤子不二雄《ふじこふじお》」の名《な》でコンビ漫画家《まんがか》になった藤本弘《ふじもとひろし》(左《ひだり》)と安孫子素雄《あびこもとお》

日《に》本《ほん》史《し》年《ねん》表《ぴょう》

時《じ》代《だい》	西暦《せいれき》	出来事《できごと》
縄文《じょうもん》時《じ》代《だい》	紀《き》元《げん》前《ぜん》1万《まん》年《ねん》ごろ	縄文《じょうもん》時代《じだい》がはじまる
弥生《やよい》時《じ》代《だい》	紀《き》元《げん》前《ぜん》500年《ねん》ごろ	米《こめ》づくりがはじまる
	239	卑弥呼《ひみこ》が中国《ちゅうごく》に遣《つか》いをおくる
古墳《こふん》時《じ》代《だい》	538	仏教《ぶっきょう》が日本《にほん》に伝《つた》わる
	587	蘇我馬子《そがのうまこ》が物部守屋《もののべのもりや》をほろぼす
飛鳥《あすか》時《じ》代《だい》	593	聖徳太子《しょうとくたいし》が摂政《せっしょう》になる
	607	小野妹子《おののいもこ》を隋《ずい》に派遣《はけん》する（遣隋使《けんずいし》）
	645~646	中大兄皇子《なかのおおえのおうじ》と中臣鎌足《なかとみのかまたり》ら、蘇我入鹿《そがのいるか》を暗殺《あんさつ》。大化《たいか》の改新《かいしん》がはじまる
	663	白村江《はくすきのえ》の戦《たたか》い
	672	壬申《じんしん》の乱《らん》が起《お》こる
奈良《なら》時《じ》代《だい》	710	平城京《へいじょうきょう》に都《みやこ》がうつる
	712	『古事記《こじき》』が編《へん》さんされる
	720	『日本書紀《にほんしょき》』が編《へん》さんされる
	753	鑑真《がんじん》が日本《にほん》にくる

平《へい》安《あん》時《じ》代《だい》	794	桓武天皇《かんむてんのう》が都《みやこ》を平安京《へいあんきょう》にうつす
	801	坂上田村麻呂《さかのうえのたむらまろ》が蝦夷《えみし》をたおす
	806	最澄《さいちょう》が天台宗《てんだいしゅう》を、空海《くうかい》が真言宗《しんごんしゅう》をひらく
	866	藤原氏《ふじわらし》が摂関政治《せっかんせいじ》をはじめる
	901	菅原道真《すがわらのみちざね》が大宰府《だざいふ》に追放《ついほう》される
	935	平将門《たいらのまさかど》の乱《らん》が起《お》こる
	939	藤原純友《ふじわらのすみとも》の乱《らん》が起《お》こる
	1000年《ねん》ごろ	紫式部《むらさきしきぶ》の『源氏物語《げんじものがたり》』が完成《かんせい》する
	1016	藤原道長《ふじわらのみちなが》が摂政《せっしょう》になる
	1051	前九年《ぜんくねん》の役《えき》がはじまる
	1083	後三年《ごさんねん》の役《えき》がはじまる
	1086	白河上皇《しらかわじょうこう》が院政《いんせい》をはじめる
	1156	保元《ほうげん》の乱《らん》
	1159	平治《へいじ》の乱《らん》
	1167	平清盛《たいらのきよもり》が太政大臣《だいじょうだいじん》になる
	1180	源平《げんぺい》の戦《たたか》いがはじまる
鎌《かま》倉《くら》時《じ》代《だい》	1185年《ねん》ごろ	源氏《げんじ》が平氏《へいし》をほろぼす。鎌倉幕府《かまくらばくふ》が成立《せいりつ》
	1189	源 義経《みなもとのよしつね》が藤原泰衡《ふじわらのやすひら》に攻《せ》められ、自害《じがい》する

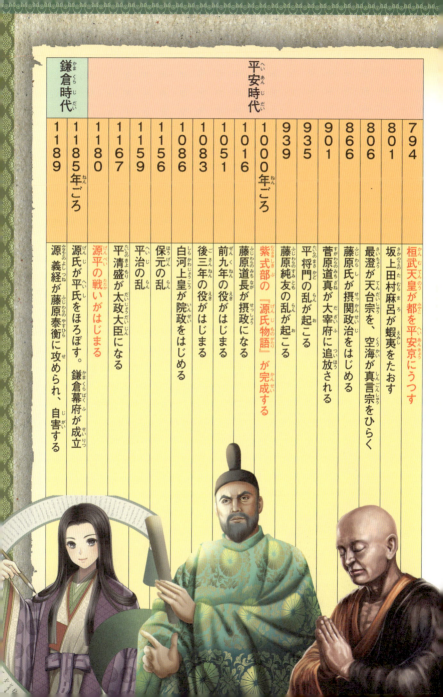

時代	年	できごと
鎌倉《かまくら》時代《じだい》	1192	源《みなもとの》頼朝《よりとも》が征夷大将軍《せいいたいしょうぐん》に任命《にんめい》される
	1203	執権政治《しっけんせいじ》がはじまる
	1219	源《みなもとの》実朝《さねとも》が公暁《くぎょう》にころされる
	1221	承久《じょうきゅう》の乱《らん》
	1232	『御成敗式目《ごせいばいしきもく》』が制定《せいてい》される
	1274	文永《ぶんえい》の役《えき》
	1281	弘安《こうあん》の役《えき》
	1333	新田義貞《にったよしさだ》が鎌倉《かまくら》を攻《せ》め落《お》とす。鎌倉幕府《かまくらばくふ》滅亡《めつぼう》
室町《むろまち》時代《じだい》	1333~1336	後醍醐天皇《ごだいごてんのう》による建武《けんむ》の新政《しんせい》
	1336	足利尊氏《あしかがたかうじ》が入京《にゅうきょう》。室町幕府《むろまちばくふ》が成立《せいりつ》。後醍醐天皇《ごだいごてんのう》が吉野《よしの》にうつり、南朝《なんちょう》と北朝《ほくちょう》に分裂《ぶんれつ》
	1392	南朝《なんちょう》と北朝《ほくちょう》が統一《とういつ》される
	1404	勘合貿易《かんごうぼうえき》がはじまる
	1467	応仁《おうにん》の乱《らん》がはじまる
戦国《せんごく》時代《じだい》	1495	北条早雲《ほうじょうそううん》が小田原城《おだわらじょう》をうばう
	1543	種子島《たねがしま》に鉄砲《てっぽう》が伝来《でんらい》
	1549	フランシスコ・ザビエルが鹿児島《かごしま》にくる
	1553	武田信玄《たけだしんげん》と上杉謙信《うえすぎけんしん》による川中島《かわなかじま》の戦《たたか》いがはじまる

時代	年	できごと
戦国《せんごく》時代《じだい》	1555	厳島《いつくしま》の戦《たたか》い勃発《ぼっぱつ》。毛利《もうり》元就《もとなり》が陶《すえ》晴賢《はるかた》を撃退《げきたい》する
	1560	織田《おだ》信長《のぶなが》が桶狭間《おけはざま》で今川《いまがわ》義元《よしもと》を撃破《げきは》
	1571	織田《おだ》信長《のぶなが》が比叡山《ひえいざん》を焼《や》き討《う》ちにする
	1573	織田《おだ》信長《のぶなが》が室町《むろまち》幕府《ばくふ》をほろぼす
安土《あづち》・桃山《ももやま》時代《じだい》	1582	明智《あけち》光秀《みつひで》による本能寺《ほんのうじ》の変《へん》が起《お》こる。豊臣《とよとみ》秀吉《ひでよし》の「中国《ちゅうごく》大返《おおがえ》し」
	1583	豊臣《とよとみ》秀吉《ひでよし》が賤ヶ岳《しずがたけ》で柴田《しばた》勝家《かついえ》を撃破《げきは》
	1590	豊臣《とよとみ》秀吉《ひでよし》が天下《てんか》を統一《とういつ》する
	1592	朝鮮《ちょうせん》出兵《しゅっぺい》がはじまる
	1600	関ヶ原《せきがはら》の戦《たたか》い
江戸《えど》時代《じだい》	1603	徳川《とくがわ》家康《いえやす》が征夷大将軍《せいいたいしょうぐん》に。江戸《えど》幕府《ばくふ》が成立《せいりつ》
	1612	宮本《みやもと》武蔵《むさし》と佐々木《ささき》小次郎《こじろう》が巌流島《がんりゅうじま》で決闘《けっとう》
	1614	大坂《おおさか》冬《ふゆ》の陣《じん》
	1615	大坂《おおさか》夏《なつ》の陣《じん》。豊臣家《とよとみけ》滅亡《めつぼう》
	1637	島原《しまばら》・天草《あまくさ》一揆《いっき》。天草《あまくさ》四郎《しろう》戦死《せんし》
	1641	鎖国《さこく》の完成《かんせい》
	1685	徳川《とくがわ》綱吉《つなよし》が「生類憐《しょうるいあわれ》みの令《れい》」を制定《せいてい》
	1689	松尾《まつお》芭蕉《ばしょう》が『奥《おく》の細道《ほそみち》』の旅《たび》に出《で》る

江戸時代《えどじだい》

1702	赤穂浪士《あこうろうし》が吉良邸《きらてい》に討《う》ち入《い》り
1716	徳川吉宗《とくがわよしむね》による享保《きょうほう》の改革《かいかく》がはじまる
1767	田沼意次《たぬまおきつぐ》が側用人《そばようにん》になる
1774	杉田玄白《すぎたげんぱく》らによる『解体新書《かいたいしんしょ》』が刊行《かんこう》される
1787	松平定信《まつだいらさだのぶ》による寛政《かんせい》の改革《かいかく》がはじまる
1800	伊能忠敬《いのうただたか》が測量《そくりょう》をはじめる
1837	大塩平八郎《おおしおへいはちろう》の乱《らん》
1841	水野忠邦《みずのただくに》主導《しゅどう》の天保《てんぽう》の改革《かいかく》がはじまる
1853	ペリーが黒船《くろふね》に乗《の》って浦賀《うらが》に来航《らいこう》
1854	日米和親条約《にちべいわしんじょうやく》がむすばれる
1857	吉田松陰《よしだしょういん》が松下村塾《しょうかそんじゅく》をひらく
1858	日米修好通商条約《にちべいしゅうこうつうしょうじょうやく》がむすばれる
1860	桜田門外《さくらだもんがい》の変《へん》で井伊直弼《いいなおすけ》が暗殺《あんさつ》される
1863	薩英戦争《さつえいせんそう》が起《お》こる
1864	新撰組《しんせんぐみ》が池田屋《いけだや》をおそう（池田屋事件《いけだやじけん》）。 高杉晋作《たかすぎしんさく》が藩《はん》の実権《じっけん》をにぎる
1866	薩長同盟《さっちょうどうめい》がむすばれる

明治《めいじ》時代《じだい》	1868	戊辰戦争《ぼしんせんそう》がはじまる。明治維新《めいじいしん》
	1877	西南戦争《せいなんせんそう》。西郷隆盛《さいごうたかもり》が戦死《せんし》する
	1889	大日本帝国憲法《だいにっぽんていこくけんぽう》が発布《はっぷ》される
	1890	第一回帝国議会《だいいっかいていこくぎかい》がひらかれる
	1894	日清戦争《にっしんせんそう》がはじまる
	1904	日露戦争《にちろせんそう》がはじまる。東郷平八郎《とうごうへいはちろう》と乃木希典《のぎまれすけ》が活躍《かつやく》
	1910	韓国併合《かんこくへいごう》
大正《たいしょう》時代《じだい》	1923	関東大震災《かんとうだいしんさい》が発生《はっせい》する
昭和《しょうわ》時代《じだい》	1931	満州事変《まんしゅうじへん》が起《お》こる
	1932	満州国《まんしゅうこく》が建国《けんこく》される
	1937	日中戦争《にっちゅうせんそう》がはじまる
	1941	太平洋戦争《たいへいようせんそう》がはじまる。山本五十六《やまもといそろく》の活躍《かつやく》
	1945	広島《ひろしま》・長崎《ながさき》に原爆《げんばく》が落《お》とされる
	1946	日本国憲法《にほんこくけんぽう》が公布《こうふ》される
	1951	サンフランシスコ講和条約《こうわじょうやく》が締結《ていけつ》される
	1964	東京《とうきょう》オリンピックが開催《かいさい》される
	1989	昭和天皇崩御《しょうわてんのうほうぎょ》。平成《へいせい》に改元《かいげん》

人《じん》名《めい》索《さく》引《いん》

あ行《ぎょう》

青木《あおき》昆陽《こんよう》……153
赤塚《あかつか》不二夫《ふじお》……244
芥川《あくたがわ》龍之介《りゅうのすけ》……208
明智《あけち》光秀《みつひで》……87／89／90／91／93／115
朝倉《あさくら》義景《よしかげ》……113
浅井《あざい》長政《ながまさ》……113
足利《あしかが》尊氏《たかうじ》……51／70／71／72／73／74／75／82
足利《あしかが》義昭《よしあき》……87／91／115
足利《あしかが》義政《よしまさ》……77／81
足利《あしかが》義満《よしみつ》……74／76／82
篤姫《あつひめ》……175／176
安倍晴明《あべのせいめい》……45
阿部《あべ》正弘《まさひろ》……171／184
天草《あまくさ》四郎《しろう》……162
尼子《あまご》晴久《はるひさ》……113
アマテラス……20／21
新井《あらい》白石《はくせき》……134
井伊《いい》直弼《なおすけ》……175／180／190
井伊《いい》直政《なおまさ》……101／117
池田《いけだ》光政《みつまさ》……137
池坊《いけのぼう》専慶《せんけい》……83
イザナギ……20／21
イザナミ……20／21
石田《いしだ》三成《みつなり》……94／95
石《いし》ノ森《もり》章太郎《しょうたろう》……244
和泉《いずみ》式部《しきぶ》……49
板垣《いたがき》退助《たいすけ》……200
一休《いっきゅう》宗純《そうじゅん》……79
市川《いちかわ》団十郎《だんじゅうろう》……150
伊藤《いとう》若冲《じゃくちゅう》……157
伊藤《いとう》博文《ひろぶみ》……174／190／196／197／201／210／228
伊能《いのう》忠敬《ただたか》……142
猪熊《いのくま》功《いさお》……239
井原《いはら》西鶴《さいかく》……141／150
今川《いまがわ》義元《よしもと》……108
岩倉《いわくら》具視《ともみ》……172／190／191／194／199
岩崎《いわさき》弥太郎《やたろう》……217／219
ウィリアムズ主教《しゅきょう》……212
上杉《うえすぎ》景勝《かげかつ》……97／115
上杉《うえすぎ》謙信《けんしん》……102／103／115
上杉《うえすぎ》鷹山《ようざん》……136
宇喜多《うきた》秀家《ひでいえ》……110／117
歌川《うたがわ》広重《ひろしげ》……156
内村《うちむら》鑑三《かんぞう》……215
運慶《うんけい》……6／66
栄西《えいさい》……69
江崎《えさき》玲於奈《れおな》……241
榎本《えのもと》武揚《たけあき》……190
大石《おおいし》良雄《よしお》……161
大岡《おおおか》忠相《ただすけ》……153／161
大隈《おおくま》重信《しげのぶ》……200／201
大塩《おおしお》平八郎《へいはちろう》……147
お市《いち》の方《かた》……88／113／122／133
大久保《おおくぼ》利通《としみち》……172／186／197／199／201
大友《おおとも》宗麟《そうりん》……112
緒方《おがた》洪庵《こうあん》……153／204
沖田《おきた》総司《そうじ》……182／183
織田《おだ》信長《のぶなが》……6／86／87／88／89／90／91／93／99／100／101／108／110／113／115／119／122／193／194
小野妹子《おののいもこ》……23／25／83
小野小町《おののこまち》……36／48

か行《ぎょう》

快慶《かいけい》……6／66
柿本人麻呂《かきのもとのひとまろ》……36
春日局《かすがのつぼね》……127／139
和宮《かずのみや》……175／177／190
片倉《かたくら》小十郎《こじゅうろう》……97
葛飾《かつしか》北斎《ほくさい》……154／156
勝《かつ》海舟《かいしゅう》……167／169／171／188／192
桂《かつら》小五郎《こごろう》……170／190／191／197
加藤《かとう》清正《きよまさ》……95／133
狩野《かのう》正信《まさのぶ》……83

鴨長明《かものちょうめい》……67
河合曾良《かわいそら》……141
川上哲治《かわかみてつはる》……239
川端康成《かわばたやすなり》……240
観阿弥《かんあみ》……76／82／83
桓武天皇《かんむてんのう》……35
鑑真《がんじん》……32
岸信介《きしのぶすけ》……194／231／233
吉川元春《きっかわもとはる》……111／114
紀貫之《きのつらゆき》……36／48
吉備真備《きびのまきび》……37
行基《ぎょうき》……32
空海《くうかい》……33
楠木正成《くすのきまさしげ》……73／75／82
クラーク……213
黒澤明《くろさわあきら》……242
黒田官兵衛《くろだかんべえ》……96／114
黒田長政《くろだながまさ》……6／114／117
幸徳秋水《こうとくしゅうすい》……215
小西行長《こにしゆきなが》……114／117
小早川隆景《こばやかわたかかげ》……110／111
小早川秀秋《こばやかわひであき》……111／114
小林一茶《こばやしいっさ》……151
小村寿太郎《こむらじゅたろう》……210
近藤勇《こんどういさみ》……182／183／190／192
江《ごう》……139
後白河法皇《ごしらかわほうおう》……53／55
後醍醐天皇《ごだいごてんのう》……71／72／73／74／75／82
五代友厚《ごだいともあつ》……219

さ行《ぎょう》

西郷隆盛《さいごうたかもり》……160／166／167／169／171／176／186／188／189／190／194／199
最澄《さいちょう》……33
斎藤道三《さいとうどうさん》……108
酒井忠次《さかいただつぐ》……101
榊原康政《さかきばらやすまさ》……100
坂上田村麻呂《さかのうえのたむらまろ》……34／35
坂本龍馬《さかもとりょうま》……159／167／168／169／190／192／193／210
佐々木小次郎《ささきこじろう》……159
佐々成政《さっさなりまさ》……89
佐藤栄作《さとうえいさく》……230／231／233／241
真田信繁《さなだのぶしげ》……104／105／132
真田信之《さなだのぶゆき》……105
沢村栄治《さわむらえいじ》……239
三条実美《さんじょうさねとみ》……190／191
ザビエル……120／121
渋沢栄一《しぶさわえいいち》……218
島津斉彬《しまづなりあきら》……167／176／186／187
島津久光《しまづひさみつ》……172／187
島津義弘《しまづよしひろ》……112／117
白河上皇《しらかわじょうこう》……51／52／53
聖徳太子《しょうとくたいし》……22／23／24／25／28／29／124
聖武天皇《しょうむてんのう》……31／32／38
持統天皇《じとうてんのう》……24／30／37
柴田勝家《しばたかついえ》……88／89／91／93／122／133
シーボルト……152
島左近《しまさこん》……94
ジョン万次郎《まんじろう》……185
白井義男《しらいよしお》……238
親鸞《しんらん》……68／69
推古天皇《すいこてんのう》……23／24／25
菅原道真《すがわらのみちざね》……44
杉原千畝《すぎはらちうね》……225
杉田玄白《すぎたげんぱく》……143
スサノオ……20／21
崇徳上皇《すとくじょうこう》……53
清少納言《せいしょうなごん》……47
関孝和《せきたかかず》……152
雪舟《せっしゅう》……78
千利休《せんのりきゅう》……118／119
世阿弥《ぜあみ》……76／82／83
蘇我入鹿《そがのいるか》……26／27／28／29
蘇我馬子《そがのうまこ》……24／25／28／29
蘇我蝦夷《そがのえみし》……28／29

た行《ぎょう》

平清盛《たいらのきよもり》……53／54／55

平《たいらの》将《まさ》門《かど》……50
高《たか》杉《すぎ》晋《しん》作《さく》……173／174／190／197
滝《たき》沢《ざわ》馬《ば》琴《きん》……151
武《たけ》田《だ》信《しん》玄《げん》……97／102／103
竹《たけ》中《なか》半《はん》兵《べ》衛《え》……96
太《だ》宰《ざい》治《おさむ》……208
立《たち》花《ばな》宗《むね》茂《しげ》……112
田《た》中《なか》角《かく》栄《えい》……232／233
田《た》中《なか》正《しょう》造《ぞう》……214
田《た》沼《ぬま》意《おき》次《つぐ》……135
伊《だ》達《て》政《まさ》宗《むね》……97／106／163
近《ちか》松《まつ》門《もん》左《ざ》衛《え》門《もん》……141／150
千《ち》葉《ば》周《しゅう》作《さく》……158／159
千《ち》代《よ》……110／123
重《ちょう》源《げん》……66
長《ちょう》宗《そ》我《か》部《べ》元《もと》親《ちか》……111
津《つ》田《だ》梅《うめ》子《こ》……211
円《つぶら》谷《や》幸《こう》吉《きち》……238
手《て》塚《づか》治《おさ》虫《む》……243
天《てん》智《じ》天《てん》皇《のう》……26／27／28／29／30／31／36
天《てん》武《む》天《てん》皇《のう》……30／36／37
東《とう》郷《ごう》平《へい》八《はち》郎《ろう》……221
東《とう》条《じょう》英《ひで》機《き》……223
東《とう》洲《しゅう》斎《さい》写《しゃ》楽《らく》……155
藤《とう》堂《どう》高《たか》虎《とら》……94／117
遠《とお》山《やま》景《かげ》元《もと》……161
徳《とく》川《がわ》家《いえ》定《さだ》……175／176／184
徳《とく》川《がわ》家《いえ》茂《もち》……130／131／175／177
徳《とく》川《がわ》家《いえ》光《みつ》……126／127／130／131／159
徳《とく》川《がわ》家《いえ》康《やす》……90／91／93／97／98／99／100／101／104／105／110／116／117／123／127／130／131／139
徳《とく》川《がわ》綱《つな》吉《よし》……128／130／131／134
徳《とく》川《がわ》光《みつ》圀《くに》……71／160
徳《とく》川《がわ》慶《よし》喜《のぶ》……130／131／172／181／188／190／191／199
徳《とく》川《がわ》吉《よし》宗《むね》……129／130／131／135／153／161
舎《とね》人《り》親《しん》王《のう》……37
朝《とも》永《なが》振《しん》一《いち》郎《ろう》……241
豊《とよ》田《だ》喜《き》一《いち》郎《ろう》……234
豊《とよ》臣《とみ》秀《ひで》吉《よし》……6／39／84／88／89／90／91／92／93／94／95／96／99／100／104／110／111／112／114／115／119／122／123／133
豊《とよ》臣《とみ》秀《ひで》頼《より》……93／111／132／133
道《どう》鏡《きょう》……32
道《どう》元《げん》……69
ドーラ……213

な行《ぎょう》

直《なお》江《え》兼《かね》続《つぐ》……97
中《なかとみの》臣《かま》鎌《たり》足……26／27／28／29／31
夏《なつ》目《め》漱《そう》石《せき》……207
新《にい》島《じま》襄《じょう》……211
日《にち》蓮《れん》……64／68
新《にっ》田《た》義《よし》貞《さだ》……71／73／74／75
新《に》渡《と》戸《べ》稲《いな》造《ぞう》……206
二《にの》宮《みや》尊《そん》徳《とく》……145
丹《に》羽《わ》長《なが》秀《ひで》……88／89／91
額《ぬか》田《たの》王《おおきみ》……36
ねね……123
乃《の》木《ぎ》希《まれ》典《すけ》……160／221
野《の》口《ぐち》英《ひで》世《よ》……205

は行《こう》

支《は》倉《せくら》常《つね》長《なが》……163
鳩《はと》山《やま》一《いち》郎《ろう》……230
塙《はなわ》保《ほ》己《き》一《いち》……151
樋《ひ》口《ぐち》一《いち》葉《よう》……209
土《ひじ》方《かた》歳《とし》三《ぞう》……182／183／190
卑《ひ》弥《み》呼《こ》……16／17／18／19
平《ひら》賀《が》源《げん》内《ない》……144
平《ひら》塚《つか》らいてう……214
福《ふく》沢《ざわ》諭《ゆ》吉《きち》……153／204
福《ふく》島《しま》正《まさ》則《のり》……94／95／117／133
藤《ふじ》子《こ》・F・不《ふ》二《じ》雄《お》……245
藤《ふじ》原《わらの》清《きよ》衡《ひら》……43
藤《ふじ》原《わらの》純《すみ》友《とも》……50
藤《ふじ》原《わらの》道《みち》綱《つなの》母《はは》……49
藤《ふじ》原《わらの》道《みち》長《なが》……40／41／42／45／49／51

藤原秀衡《ふじわらのひでひら》……43
藤原不比等《ふじわらのふひと》……31
藤原良房《ふじわらのよしふさ》……42
藤原頼通《ふじわらのよりみち》……42
ヘボン……212
ペリー……178／179／184
北条氏綱《ほうじょううじつな》……109
北条氏康《ほうじょううじやす》……109
北条早雲《ほうじょうそううん》……109
北条時政《ほうじょうときまさ》……59／65
北条時宗《ほうじょうときむね》……62／64
北条時頼《ほうじょうときより》……65
北条政子《ほうじょうまさこ》……59／62／63／84
北条泰時《ほうじょうやすとき》……62／65
法然《ほうねん》……68
保科正之《ほしなまさゆき》……134
細川勝元《ほそかわかつもと》……80／81
細川ガラシャ《ほそかわ》……115／122
細川重賢《ほそかわしげかた》……136
細川忠興《ほそかわただおき》……115／117／194
堀田正睦《ほったまさよし》……128／184
本田宗一郎《ほんだそういちろう》……234
本多忠勝《ほんだただかつ》……105／117

ま行《ぎょう》

前島密《まえじまひそか》……211
前田利家《まえだとしいえ》……84／88／123
正岡子規《まさおかしき》……209
まつ……84／123
松尾芭蕉《まつおばしょう》……140／141
マッカーサー……227
松下幸之助《まつしたこうのすけ》……235
松平容保《まつだいらかたもり》……186／191
松平定信《まつだいらさだのぶ》……135
松平治郷《まつだいらはるさと》……137
松平慶永《まつだいらよしなが》……187
水野忠邦《みずのただくに》……135／161
源義家《みなもとのよしいえ》……51
源義経《みなもとのよしつね》……43／53／59／60／61
源義朝《みなもとのよしとも》……53／59／60
源頼朝《みなもとのよりとも》……43／53／58／59／60／61／62／63／65／67／84
宮沢賢治《みやざわけんじ》……209
宮本武蔵《みやもとむさし》……158／159
武蔵坊弁慶《むさしぼうべんけい》……61
夢窓疎石《むそうそせき》……82
陸奥宗光《むつむねみつ》……210
紫式部《むらさきしきぶ》……41／46／47
明治天皇《めいじてんのう》……198／199／228
毛利輝元《もうりてるもと》……110
毛利元就《もうりもとなり》……107
本居宣長《もとおりのりなが》……146
物部守屋《もののべのもりや》……25
森鷗外《もりおうがい》……208
盛田昭夫《もりたあきお》……235
森蘭丸《もりらんまる》……89

や行《ぎょう》

柳生宗矩《やぎゅうむねのり》……159
柳沢吉保《やなぎさわよしやす》……134
山内一豊《やまのうちかずとよ》……110／117／123
山内豊信《やまうちとよしげ》……187
ヤマトタケル……20
山名宗全《やまなそうぜん》……80／81
山本五十六《やまもといそろく》……222
山本勘助《やまもとかんすけ》……97
湯川秀樹《ゆかわひでき》……240
吉田兼好《よしだけんこう》……67
吉田茂《よしだしげる》……226
吉田松陰《よしだしょういん》……160／173／174／180／197
淀殿《よどどの》……84／123／133

ら行《ぎょう》

力道山《りきどうざん》……238
蓮如《れんにょ》……69

わ行《ぎょう》

和気清麻呂《わけのきよまろ》……39

【協力《きょうりょく》】

Afro　香取市立伊能忠敬記念館《かとりしりついのうただたかきねんかん》　Image Archives　石見銀山世界遺産《いわみぎんざんせかいいさん》センター　奥州市埋蔵文化財調査《おうしゅうしまいぞうぶんかざいちょうさ》センター　大阪城天守閣《おおさかじょうてんしゅかく》　大阪歴史博物館《おおさかれきしはくぶつかん》　大田市教育《おおだしきょういく》委員会《いいんかい》　京都国立博物館《きょうとこくりつはくぶつかん》　宮内庁《くないちょう》　建仁寺《けんにんじ》　国立国会図書館《こくりつこっかいとしょかん》　横手市教育委員《よこてしきょういくいいん》会《かい》　五島美術館《ごとうびじゅつかん》　埼玉県立歴史《さいたまけんりつれきし》と民俗《みんぞく》の博物館《はくぶつかん》　桜井市立埋蔵文化財《さくらいしりつまいぞうぶんかざい》センター　仙台市博物館《せんだいしはくぶつかん》　中尊寺《ちゅうそんじ》　東京国立博物館《とうきょうこくりつはくぶつかん》　東芝未来科学館《とうしばみらいかがくかん》　東大寺《とうだいじ》　徳川《とくがわ》ミュージアム　内閣府迎賓館《ないかくふげいひんかん》　奈良市観光協会《ならしかんこうきょうかい》　PIXTA　姫路市《ひめじし》　姫路《ひめじ》フォトバンク　福井県立図書館《ふくいけんりつとしょかん》　福岡市博物館《ふくおかしはくぶつかん》　photolibrary　藤田美術館《ふじたびじゅつかん》　ブラザー工業《こうぎょう》　広《ひろ》島市《しまし》　便利堂《べんりどう》　法隆寺《ほうりゅうじ》　名鏡勝朗《めいきょうかつろう》　もずふる　鹿苑寺《ろくおんじ》

【STAFF】

編集《へんしゅう》／株式会社《かぶしきがいしゃ》パブリカ

執筆《しっぴつ》／岡島慎二《おかじましんじ》

表紙《ひょうし》&本文《ほんぶん》デザイン／長久雅行《ながひさまさゆき》

イラスト／合間太郎《あいまたろう》、天辰公瞭《あまたつさとあき》、安采《あんざい》サチエ、威澄蓮《いずみれん》、凹《うさぎ》、えだまめ畑《ばたけ》、奥田《おくだ》みき、霞《かすみ》、かみやともひろ、神矢柊《かみやしゅう》、喜久家系《きくやけい》、菊屋《きくや》シロウ、きさらぎ、桐矢隆《きりやたかし》、クニヨネ、クロブチぬまま、塩花《しおはな》、鹿間《しかま》そよ子《こ》、シノメン、新堂《しんどう》アラタ、洵《じゅん》、末冨正直《すえどみまさなお》、zeNOx、田中《たなか》健一《けんいち》、たわわ実《みのる》、チェロキー、圓《つぶら》マルオ、坪井亮平《つぼいりょうへい》、冬炉夏扇《とうろかせん》、tocca+、トミダトモミ、ナチコ、Natto-7、なんばきび、橋本鳩《はしもときゅう》、はとまめ、東上文《とうじょうぶん》、平林知子《ひらばやしともこ》、ファルゼーレ、福田彰宏《ふくだあきひろ》、ぺそ、ホマ蔵《ぞう》、ぽしー、ポン介《すけ》、麻亜沙《まあさ》、まっつん！、祀花《まつりか》よう子《こ》、みつなり都《みやこ》、宮嶋緑子《みやじまみどりこ》、むなぁげ（五十音順《ごじゅうおんじゅん》）

校正《こうせい》／くすのき舎《しゃ》

日本《にほん》の歴史人物完全図鑑《れきしじんぶつかんぜんずかん》

発行者　永岡純一
発行所　株式会社永岡書店
〒176-8518　東京都練馬区豊玉上1-7-14
代表03（3992）5155　編集03（3992）7191
印刷　誠宏印刷株式会社
製本　ダイワビーツー

ISBN978-4-522-43490-1 C8021 ①